建校八十周年献礼

基于『做人教育』理念的学校课程建设

云南师范大学附属小学的实践探索

周 群 茶世俊 姜元涛 等◎著

科学出版社

北 京

内 容 简 介

贯彻落实国家"立德树人"根本任务，是每一所中小学校的重要课题。那么，若真正实现校本落实，实施机制是什么？

本书以云南师范大学附属小学为例，通过其七年来对"做人教育"理念的提炼、课程建设的理论研究和实践探索，以办学理念为思想纽带，以课程为主渠道，以专家指导、顶层设计、集思广益"三位一体"为研究路径，探讨了"立德树人"在学校的实施机制。

本书对关注"立德树人"校本实施机制的研究者、管理者有重要参考价值。

图书在版编目（CIP）数据

基于"做人教育"理念的学校课程建设：云南师范大学附属小学的实践探索 / 周群等著 . —北京：科学出版社，2019.6

ISBN 978-7-03-061590-9

Ⅰ.①基⋯　Ⅱ.①周⋯　Ⅲ.①小学-课程建设-研究　Ⅳ.①G622.3

中国版本图书馆CIP数据核字（2019）第113420号

责任编辑：朱丽娜　刘曹芃　崔文燕 / 责任校对：何艳萍

责任印制：徐晓晨 / 封面设计：润一文化

编辑部电话：010-64033934

E-mail：edu_psy@mail.sciencep.com

科 学 出 版 社 出版

北京东黄城根北街16号
邮政编码：100717
http://www.sciencep.com

北京九州迅驰传媒文化有限公司印刷

科学出版社发行　各地新华书店经销

*

2019年6月第 一 版　开本：720×1000　B5
2019年6月第 次印刷　印张：21 3/4
字数：380 000

定价：**129.00元**

（如有印装质量问题，我社负责调换）

编写委员会

序

　　云南师范大学附属小学（以下简称"云南师大附小"或"附小"）地处昆明，是云南省一所教育质量高、办学特色鲜明、深受群众好评的优质学校。附小的前身是国立西南联合大学（以下简称"西南联大"）附校。因此，她继承了西南联大及其附校的优秀办学传统，这在全国绝无仅有。不过说起来，以前我对附小也不熟悉，与附小的缘分来自2011年从国家教育行政学院调回云南师范大学的茶世俊博士。茶世俊博士与我多次说起他在参与附小办学理念提升和课程建设方面的研究，非常希望我给予指导。于是，2015年5月和2018年1月，我先后两次入校参观学习，见到了附小校长周群，并观看了课堂教学和学生活动，与课题组老师做了深度交谈。周群校长和课题团队成员探索课程改革的勇气、热情以及对专家指导意见的渴望，给我留下了深刻的印象。结合附小实际，我也对课题研究和书稿修改提出了一些参考性建议。周群校长从善如流，不少意见在本次修改稿中得以体现，我甚感欣慰。现在，应周群校长盛情相邀，我在这里写几句感受和心得，权且作为序言。

　　这本书的核心思想是探讨如何通过课程这一主渠道，把党的教育方针所提到的"立德树人"根本任务进行校本落实。这是一个很有价值的理论问题和亟须解决的实践问题。我们都知道，党的十九大报告将党的十八大报告所提的"把立德树人作为教育的根本任务"修改为"落实立德树人根本任务"，足见中央对落实立德树人根本任务的高度重视和务实态度。2014年发布的《教育部关于全面深化课程改革落实立德树人根本任务的意见》提出，"研究制订学生发展核心素养体系和学业质量标准",其目的就是把立德树人根本任务加以具体化,并通过课程改革加以落实。2016 年 9 月,《中国学生发展核心素养》研究成果发布,为立德树人根本任务的落实提供了方向指引。在以课程改革落实立德树人根本任务、发展学生核心素养的大背景下,附小基于课题研究出版的《基于"做人教育"理念的学校课程建设:云南师范大学附属小学的实践探索》,应该说是为在西南边疆地区学校贯彻落实国家教育政策做了一个榜样。他们的认识和做法在全国同行中有一定的先进性,这主要体现在以下两个方面。

一是将学校办学理念作为立德树人根本任务进行校本落实的思想纽带。国家教育政策是对全国各级各类学校的总体要求,是原则性和方向性的。学校对其如何落实,还要结合自身传统和实际。要将党和国家的总体要求转变为学校的具体办学行为,的确需要将立德树人根本任务转变为学校中观的思想体系——办学理念,而其中的核心内容就是育人目标。唯有如此,学校办学行为才能获得具体的、可指导实践的思想引领。附小开展"做人教育"时所提出的"三维六品"育人目标,就是把立德树人根本任务、社会主义核心价值观、学生发展核心素养等国家政策要求与学校办学传统与实际有机融合后提出来的,并成为以"良习修美德 好好做个人"为主题句的附小办学理念的核心内容。把"办学理念作为立德树人根本任务进行校本落实的思想纽带"这一普遍性认识具体化了,这是难能可贵的。

二是将课程作为立德树人根本任务校本落实的主渠道。回顾起来,我国第八次基础教育课程改革从 2001 年启动至今,我认为其先后经历了四个阶段:第一个阶段为执行阶段,即根据《基础教育课程改革纲要(试行)》,各个学校开足开齐课程;第二个阶段为突破阶段,即全国出现了一批学校,在课程建设中发挥示范引领作用;第三个阶段为创新阶段,即各学校围绕本校办学理念和培养目标,将国家、地方、学校三级课程进行创造性融合,构建富有特色的学校课程体系;第四个阶段为现在进入的转型阶段。这个转型指的是从单纯考察学生的基本知识和基本技能,转向考察学生的综合素质,而这个综合素质是以核心素养为主的。2015 年我第一次去附小指导时,附小在国家学生发展核心素养研究成果尚未正式发布的情况下,就已经在探讨将学生核心品质通过课程进行落实的问题,这符合我国基础教育课程改革第四个阶段的发展趋势，反映了周群校长和课题组成员认识上的前瞻性。应当说，各地各校在前三个阶段都积累了许多经验，但如何通过课程让学生核心素养的培养工作切实落地，却是一个尚未完全破解的难题。有的学校将党的教育方针写上了墙，将学校的办学理念融入校园文化，但在学生培养目标要求与课程进行有计划对接这一点上，做得远远不够。同样面对这一难题，附小采取了以下逻辑：立德树人根本任务的学习理解——立德树人要求具体化为做人品质并将其作为办学理念核心内容——以课程为主渠道来培养做人品质，这一思路是正确的。

综上所析，周群校长等合著的《基于"做人教育"理念的学校课程建设：云南师范大学附属小学的实践探索》的主要贡献，就在于探讨了立德树人进行校本落实的基本路径——以办学理念梳理为核心的认知路径与以学校课程建设为核心的实施路径，这在一定意义上为全国其他中小学提供了可参考的思想认识和案例经验。而且，附小是以科研的姿态主动地推进学校课程改革的，这种精神值得充分肯定。周群校长和茶世俊博士带着课题组成员，克服了种种困难，先后花了七年多的时间来探索立德树人的校本落实问题，真让我感动。他们的研究成果也让我感到欣慰。当然，书中有的内容还不够成熟，但作为一种探索，只要方向正确，具体认识和做法可以不断调整和完善。

衷心希望云南师范大学附属小学继续深化课程建设，早日取得更加丰硕的研究成果和更加可喜的育人成效，培养出谋求云南各族人民幸福生活和担当中华民族复兴大任的时代新人！

最后，我还要特别感谢周群校长和茶世俊博士将我对附小的指导实录摘要精心梳理并附于文后。其中谈到的一些观点和建议，本人文责自负，仅供课程建设的学校同仁参考。

胡新懿[①]

2018 年 12 月 3 日

① 胡新懿，特级教师，教育部基础教育课程改革专家，2014 年第一届及 2018 年第二届"国家级教学成果奖"评选委员会委员，国家教育行政学院第二至五届兼职教授。原国家督学、原教育部基础教育课程教材专家委员会委员及教育部基础教育课程改革实验区专家指导组组长。曾任清华大学附属中学校长、北京市海淀区教委副主任。

前　　言

　　从 2011 年下半年至今，我有幸持续参加了云南师范大学附属小学办学理念提炼与课程建设的课题研究。一路走来，是缘分，更是责任；有困难，更有推进；有焦虑，更有欣喜。回顾这 7 年，我切身体会到，这项研究是一个全体参与者情感融入与理性升华交织的过程，虽有瑕疵，但仍值得总结和分享。在本书即将付梓之际，我受课题组之托做以下回顾和介绍，以便为读者提供简要指引。

一、研究的缘起及过程

　　本书是附小承担的全国教育科学"十二五"规划课题"'立德树人'在小学教育中的课程化研究"的阶段性研究成果。之所以选择这样一个问题来研究，主要缘于我们的以下观察：有的学校在教学楼外墙、教室板报等醒目位置写着党的教育方针，不可谓不重视，但上墙上板并不等于入脑入心，这些要求并未真正转化为教师自觉的教育教学行为，出现所谓的"两张皮"现象——突出问题是有的教师看不见学生作为"人"的具体教育目标。事实上，立德树人根本任务作为中央政府对全国各级各类学校提出的总体要求，只是一种原则性、方向性的规定，要落实到具体的学校，必定需要一个与学校实际有机融合、创造性转化和有效落地的过程。那么，这一转化过程的路径和机制是什么？这是一个教育理论研究的基本问题，也是一个教育实践的重要问题。课题组对这一问题的追问，早在 2011 年启动办学理念梳理工作时即已萌生，到 2013 年开始课程建设研究时进一步明晰，并成为 5 年多来课题组全体成员边思考边实践的核心问题。

　　围绕此研究问题，本书研究大致分两个阶段。第一阶段是将德育主题"良习修美德 好好做个人"的思想内容进行梳理和系统化，并上升为学校的办学理念。其间，课题组通过访谈、问卷调查和文献查阅、名著阅读等方式，概括、提炼了学校"三种人""六品质"育人目标，具体表述为培养学生具备有爱心、负责任、善思考、能合作、有毅力且心态阳光六种做人品质（简称"六品质"），将来成为受人尊敬和欢迎、对社会有贡献且自己能感受幸福和快乐的人（简称"三种人"）。"三种人"处理的是个人与他人、个人与社会、个人与自己三个维度上的关系，因此"三种人""六品质"也合称做人教育的"三维六品"育人目标，并将其作为办学理念的核心要素。第二阶段是探讨如何通过课程来落实这一办学理念，这一阶段主要是围绕问题解决开展行动研究。其重要标志是为促进课程建设，2017年1月，课题组起草的"做人教育"课程建设指导意见作为学校文件下发，成为课程建设的指导纲领与行动指南。第一阶段花了两年多的时间，即从2011下半年到2013上半年，第二阶段则花了五年多时间，即从2013年下半年至2018年下半年。第二阶段研究不仅耗时长，而且更为艰难。尽管落实办学理念的工作，附小一直都在做（其中当然包括课程），但是要系统地思考和设计"做人教育"课程体系，对大多数教师甚至行政班子成员来说都是一个新的挑战。"良习修美德 好好做个人"办学理念也简称为"做人教育"理念。"做人教育"理念将党的立德树人根本任务结合附小实际具体化为"三维六品"育人目标，很朴素、接地气地回答了"立什么德""育什么人"的问题，并以此作为附小办学行为的纲领，发挥着思想上的认识衔接和实践上的指导作用。但附小毕竟不是课改实验学校，缺乏认识和经验，许多工作得摸着石头过河，有时甚至来回折腾，走"冤枉路"。正因如此，教育部基础教育课程改革指导专家胡新懿教授在2015年5月应邀来指导课题研究时，就不客气地指出课题研究团队"课程意识薄弱"的问题。也正是在那次会议后，课题负责人周群校长将研究重心转移到贯彻落实《教育部关于全面深化课程改革落实立德树人根本任务的意见》上，致力于探究具有附小特色的"做人教育"课程。

　　回看7年的研究过程，我们觉得课程建设研究中的瓶颈问题，是课程分类和体系构建。为了开阔这方面的认识视野，启迪思考，课题组骨干成员于2016年10月去重庆谢家湾小学做了专题考察，基于参观所得提出学科、活动、环境三类课程。后经胡新懿教授于2018年1月的指导，课题组提出围绕"做人教育""三维六品"育人目标的基础课程、拓展课程、个性三类课程和语言与交流、数学与科技等五个学习领域，形成了作为本书核心成果的"做人教育"课程体系。这一成果，来之不易。

二、核心概念与写作思路

本书最初有专章讨论办学理念与课程建设的概念界定和理论框架问题，后因本书作为实践操作类图书的定位和增强可读性的目标而取消，改为叙述附小历史发展故事和现状，在其中贯穿理论观点，并带出附小的"做人教育"理念。但即便如此，还是有必要对书中的两个核心概念加以操作性界定。

一是学校办学理念的概念及其表述框架。目前学界对学校办学理念的内涵众说纷纭，其下位概念如办学宗旨、校训、校风、教风、学风等表述更是丰富多样。经反复思考，我们认为，学校的问题归根结底是培养什么人的问题，因此学校办学理念的核心是学校全体成员对"培养什么人、怎样培养人"的一种价值追求和理性认识，而这种追求坚定性和认识合理性的外部标志是其是否成为师生行动指南。所谓价值追求，是指学校办学理念强调一所学校追求怎样的育人目标、提倡怎样的教育原则、遵循怎样的教育实施思路，以帮助学校成员明晰办学行为的方向和要求；所谓理性认识，是指学校办学理念是一个有清晰内容结构和合理提出依据的系统性的思想体系；所谓行动指南，是指学校办学理念要接地气、易于理解，有实践指导性。简言之，学校办学理念是围绕育人目标这一核心价值追求所建立起来的理性认识和行动指南，具体可分为育人目标、教育原则、教育实施思路三个表达要素。

二是学校课程体系的概念及其表述框架。本书所说的学校课程体系，指的是根据落实学校育人目标的需要，将所开设的国家课程、地方课程、校本课程按一定的分类进行重新优化、组合而成的课程结构，一般包括课程总目标、课程分类及其逻辑结构、各类课程的具体设置等主要内容。附小的课程体系，是围绕"做人教育"的"三维六品"育人目标，由基础课程、拓展课程、个性课程三个课程层次和语言与交流、数学与科技、艺术与审美、生命与健康、社会与实践五个学习领域组合而成的课程结构。这种表述只是一种阶段性的研究成果，有待今后进一步修改完善和实践检验。

本书定位是实践操作类书籍，并从可读性角度出发展开写作。第一章先讲述附小的两个校情——历史沿革与发展现状，从中带出理论。以此为基础，第二章梳理、构建和系统阐述"做人教育"理念；第三章探讨以"做人教育"理念为指导，由体系构建与开发实施两方面构成的学校课程建设；第四章分享若干"做人教育"课程案例；第五章概括"做人教育"课程的初步成效；第六章总结经验，并提出今后的课程建设方向。为生动还原课题组对课程建设的认识变化和进步过程，也是作为对辛勤奔波于全国各地述而不作的胡新懿教授的致敬，本书特意将胡新懿教授对附小的两次指导实录做了整理，附于文后，以飨读者。

三、研究的主要结论

通过研究，我们得到三个基本结论。首先，学校办学理念是立德树人根本任务校本落实的思想纽带，这是立德树人根本任务校本落实的认知路径。如果说，党的教育方针所提及的立德树人根本任务是宏观指导思想和总体要求，学校办学行为是微观教育实践，那么，办学理念就是连接宏观指导思想总体要求与微观教育实践之间的思想纽带。它比宏观指导思想具体，比微观教育实践抽象，属于一种"中层理论"，有助于解决宏观指导思想与微观教育实践在认识上的"两张皮"问题。以此为指导，附小基于教育方针与政策、学校办学传统等多个方面的思想源流，提出"良习修美德 好好做个人"的办学理念，并将育人目标作为这一办学理念的核心。

其次，课程是立德树人根本任务校本落实的主渠道，这是立德树人根本任务校本落实的实践路径。学校办学理念特别是其核心要素——育人目标是学校办学行为的种子，但种子是否发芽、开花、结果，取决于是否播撒在课程和教学的肥沃土壤里，即是否由育人目标统领学校课程建设。在我国基础教育课程改革走到注重学生发展核心素养的新阶段时，如何以学校办学理念尤其是育人目标统领课程建设，是一个具有普遍意义的话题。附小在这方面做了一些有益的尝试，主要表现为两个层面：一是围绕"三维六品"育人目标，探讨构建附小的学校课程体系，即将国家、地方、校本三级课程重构、优化为基础课程、拓展课程、个性课程三类课程，并将其初步分为语言与交流、数学与科技、艺术与审美、生命与健康和社会与实践五个学习领域。这些课程从面向全体学生到面向学生群，再到面向学生个体，逐层推开，彼此支撑，相得益彰，共同发挥整体育人功能。二是具体课程的开发与实施，从育人目标与课程目标融合切入，在课程内容选择、教学方法使用、教学评价与反思改进等各环节落实和渗透育人目标。要做到课程建设两个层面的有效衔接与全面融合，关键是育人目标一以贯之、前后一致、逻辑自洽。任一环节出现断裂，都会使"做人教育"理念的落实难以深入和持续。

最后，专家指导下的上下互动是办学理念提炼与课程建设的有效运行机制。专家提供指导、校长顶层设计、思想引领、资源整合与不懈推动，与师生、家长自下而上的集思广益结合，是附小 7 年研究的一个基本方式和运作机制。这一机制既充分发挥了校长的价值引导作用，又充分调动了师生积极性和创造性，促进了理念的提升和课程建设的共识形成。其中，周群校长的统筹规划、思想引领、过程督导等课程领导力至关重要，直接影响、推动和决定了研究进展；课程教学分管领导戴丽慧副校长、科研分管领导赵占国副校长、科研中心张馨文、教导处王珺主任、杨宏杰副主任等校级领导和中层干部致力于课题研究与实践推动，努力为研究成果的实践指向性和指导操作性进行把关；马晶、杨爱华等一批一线骨干教师或加班加点、任劳任怨开展研究，或率先垂范、大胆探索课程改革。所有这些，都是研究得以持续、深入进行的强大内生动力。同时，不可或缺的是，持续的外部专家智力支持，为研究提供了思想引领和研究指导，成为研究顺利进行的一个外部重要动因。研究期间，胡新懿教授高屋建瓴而又接地气的指导，帮助课题组不断修正研究的重点和方向；陈静副研究员对课程体系设计、课程案例修改等重点内容上，不时给予课题组关键性、操作性的指导；王艳玲教授基于个人丰富的课程理论研究对全书思路给予指导和肯定，帮助课题组坚定信心和责任感；姜元涛博士在全书内容关键点把握、教学案例修改、写作规范等方面对书稿质量进行把关。我在通读各章节基础上，注重全书内在逻辑一致性，并对办学理念内容、课程体系构建、课程建设经验与建议等重点内容进行了改写。

四、研究的不足及建议

本书作为探究性的课题研究成果，是基于学校课程建设初步实践所做的一种总结、思考和展望，但有的做法尚待改进，有的经验概括还不够准确。加上各章由不同作者分别写作，或致内容有一定重复或繁简不一，行文风格不尽相似，文字表述水平也还有一定差距。同时，后续研究还面临一些难题，比如，如何更加合理地构建学校"做人教育"课程体系，并根据课程体系做好国家课程、地方课程的校本实施和校本课程的特色建设；如何促进附小学生核心品质的学科衔接与学段细化，真正实现育人目标与各类课程的全方位深度融合等。要解决这些难题，关键是增强学校中层管理骨干的课程领导力和执行力，立足岗位认真落实附小"做人教育"课程建设指导意见，全面带动全校所有教师投入课程建设。根据需要，还可考虑成立课程建设与管理的专门机构来进行学校层面的统筹。

回顾这7年，既是附小理念提升和课程建设的7年，也是我从国家教育行政学院调回云南师范大学工作的7年。7年里，我深得周群校长和课程团队的信任，有机会持续参与这一重要研究，使我能在理念提升、课程建设实践方面得到比较丰富的积累。诚然，限于经验和能力，我在研究中也走过弯路。好在及时得到胡新懿教授、陈静副研究员、王艳玲教授等多位校外专家的指导、支持和帮助，这才使我有思路和信心克服了困难。在此，衷心感谢周群校长、各位专家和附小课题组全体老师的指导、帮助、包容和支持！

学校课程建设是一个过程，附小处于总结以往课程建设实践经验，按"做人教育"理念重新进行顶层设计、统筹谋划及初步落实的阶段，未来的课程建设之路还很漫长。但我相信，附小人有信心去克服困难，努力推进"做人教育"理念这一顶层设计思想在课程实践中循序渐进的落实。

最后，希望本书能对今后附小的课程建设产生积极的指导作用，衷心祝愿附小"做人教育"理念日益成为弥漫在校园上空和每一个角落的精神力量，成为流淌在管理者和教师每一根血管里的新鲜血液，并外化为师生自觉的教与学的行为。唯有如此，"做人教育"理念才能真正在附小生根、发芽、开花、结果！

茶世俊[①]

2018 年 7 月

---

① 茶世俊，云南师范大学副教授，北京大学教育学博士，国家教育行政学院云南培训基地办公室副主任，主要研究领域为教师教育、学校管理、教育政策。

目　　录

第一章
峥嵘岁月

  云南师大附小坐落在美丽的翠湖之滨，其前身是抗战烽火中诞生的国立西南联合大学附校。自 1939 年成立以来，一代代附小人共同努力，使其发展成为云南省基础教育中的知名学校，被多家媒体誉为"红土高原上基础教育的一面旗帜"。附小从烽火硝烟中的诞生到蓬勃发展的今天，其间经历的那些人、那些事为后人积累了许多宝贵的精神财富，帮助我们提升了对学校办学理念的认识。

第一节　云南师大附小的历史沿革

云南师大附小的发展走过了从西南联合大学（简称西南联大）附校到昆明师范学院附小的历史之路，筚路蓝缕，历尽艰辛。这一历程中积累的精神财富成为附小后来提炼学校办学理念的厚重办学传统。

一、硝烟中西南联大建校

1937 年 7 月 7 日卢沟桥事变爆发。不久，平津沦陷。著名的北方三校北京大学、清华大学、南开大学被迫南迁长沙，组成国立长沙临时大学继续办学。随后，南京沦陷，战火危及长沙，临时大学被迫再迁昆明。1938 年 2 月，临时大学师生分三路入滇：一路沿粤汉铁路至广州、香港，乘船至越南海防，转滇越铁路到昆明；一路沿湘桂公路经桂林、柳州至南宁，再经越南转滇越铁路到昆明；还有一路由黄钰生等 11 名教师和 284 名学生一起组成"湘黔滇旅行团"，徒步 3500 华里，历时 68 天进入昆明。一路上，黄钰生先生负责一切日常事务，其中旅行团经费管理这一工作责任重大。数万元的巨款现金中包括大量的银圆。他把钱装入长条布袋，缠在腰间，外罩学生军装。他所承受的艰辛和风险，别人是很难体会到的。黄钰生先生称这次旅行是阔气的、愉快的，是思想上、学术上获得丰收的旅行，行军中他总是走在最后并口诵一首打油诗"行年四十，徒步三千；腰缠万贯，独过山岗"，洋溢着乐观与自豪。[1] 1938 年 4 月，三路师生先后抵达昆明，临时大学改称国立西南联合大学，图 1-1 为国立西南联合大学校门。5 月

---

① 诸有莹.2008-01-02.黄钰生先生与西南联大师范学院.中华读书报,（第 3 版）

图 1-1　国立西南联合大学校门

4 日，西南联大开始上课。这位一路上事务繁重却不失革命浪漫主义精神的黄钰生先生，便是西南联大师范学院院长、日后西南联大师范学院附校的筹建负责人和校务委员会主任。

西南联大在昆八年，举步维艰，校舍、设备和资料等都十分匮乏。然而，智慧坚毅的联大人凭北京大学“民主、自由”之风、清华大学“严谨、认真”之风、南开大学“开拓、自由活泼”之风，克服了重重困难，培养了大批卓越人才，为民族危亡时期的文化和科学发展做出了杰出贡献。三校紧密融合发展，相得益彰，使当时的西南联大声名鹊起，三校校训融合而来的西南联大校训“刚毅坚卓”，也成为那个时代学者的代名词。“刚即刚强，不为恶劣环境所压服，不唯上是；毅即毅力，志倔之后绝不动摇，持之以恒；坚即坚强，团结必坚；卓即超乎寻常，学习成绩要优异。”[①] 结合云南师大附小学生的成长特点和实际需要，附小从“刚毅坚卓”中选择了“毅”字，提出了“有毅力”的品质要求。

西南联大秉承兼容并包精神，实行教授治校，重视师资队伍建设，从校长梅贻琦的著名论断——“所谓大学者，非谓有大楼之谓也，有大师之谓也”中可见一斑[②]。在西南联大 1938—1946 年的办学过程中，前后在校学生约 8000 人，毕业的本科生、专科生和硕士研究生共 3882 多人。西南联大毕业和肄业的学生

① 杨立德 .1900. 从校训看西南联大的个性 . 云南师范大学学报（哲学社会科学版），（4）：25-31
② 孟晓东 .2013. 大师之谓——至逝去的西南联大 . 江苏教育，（Z1）：113-114

分布在世界各地，其中有国际知名学者和许多为人类社会做出积极贡献的杰出人才。可供参考的数字是：① 1948 年中央研究院建立院士制度，首届院士 81 人中曾在西南联大任教者就有 27 人，占当时院士总数的 1/3。② 1955 年，中国科学院开始评选学部委员（1994 年改称院士）。首届学部委员、哲学社会科学学部委员、数理化学学部委员、生物地学学部委员、技术科学学部等共有西南联大师生59 人。③ 1955—1997 年，西南联大理、工学院及清华大学金属研究所、无线电研究所、农业研究所和航空工程研究所的教师，被评为中国科学院院士（学部委员）的有 72 人；学生被评为中国科学院院士（学部委员）的有 78 人，被评为中国工程院院士者有 12 人，2 人为双院士，故二者合计，学生被评为院士者有 88人。④两弹一星功勋奖章获得者 23 人中有西南联大师生 8 人。⑤黄昆、刘东生、朱光亚、叶笃正先后获 2001、2003、2005 年度国家最高科学技术奖。⑥杨振宁、李政道荣获 1957 年诺贝尔物理学奖。[①]西南联大师生在祖国处于水深火热时期的艰苦奋斗以及联大学子后来取得的辉煌成就，都体现了"铁肩担道义、妙手著文章""国家兴亡，匹夫有责"的担当精神和责任意识，传承到今天，便是云南师大附小学生的"负责任"品质。

二、成立西南联大师范学院

西南联大成立不久，1938 年秋天又增设师范学院。西南联大租借的昆华工校为当时西南联大师范学院所在地（图 1-2），黄钰生担任院长。对于理想的师范学院，黄钰生先生的头脑里有这样一个蓝图：吸取中外办师范学院的长处，既要像牛津大学的一个学院，又要像中国古代的一个书院。在教学上，讲大课的时候要少，学生向教师求教的时间要多；学生既要博览群书，又要注重实践。在管理上，要像南开中学那样，严格管理，每天早上要举行升旗仪式，学生的衣着整洁而不华丽，仪态端庄而不放荡，口不出秽语，行不习恶人。

除此之外，为使学生成为栋梁之材，在"通才教育"思想的指导下，贯彻"兼容并包，学术自由"的方针，黄钰生先生为西南联大师范学院制订了《国立西南联合大学师范学院学生毕业标准及考试办法》，对学生在知识、思想、态度、理念、人格方面提出了严格的要求，体现了三育并重，并要求学生从上述五方面着手，争当"足以领导青年，为人师表"的人才。为此，黄钰生先生亲自为西南联

---

① 西南联合大学北京校友会.2006.国立西南联合大学校史.北京：北京大学出版社：前言 2-3

图 1-2　西南联大租借的昆华工校，为西南联大师范学院所在地

大师范学院写了院歌，歌词"春风熙熙时雨滋兮，桃李向荣实累累兮"勉励师生像春风春雨那样辛勤育人，桃李满天下。他还精心设计了一种类似营火晚会的形式，让师生围着营火边跳边唱"传播光明"的歌，用形象的动作和歌声来启迪学生，把师范生喻为传播光明的使者，使他们热爱师范，献身教育[①]。至西南联大结束，师范学院的本科毕业生人数已近两百，极大地充实了云南基础教育一线师资队伍。

三、西南联大师范学院附校应运而生

1939 年 9 月 19 日，西南联大常委会决定呈请教育部拨专款筹设西南联大师范学院附校（简称附校），包括附中、附小及幼稚园，并设置附校校徽（图 1-3）。这既是为满足师范生实践教学的需要，也是为了满足西南联大教职工子女及昆明市儿童就读的需要。附属中小学执行三项任务，分别是：第一，为西南联大师范学院学生实习行政，训导及教学方法的场所；第二，为西南联大师范学院学生实验若干现代教育原理与技术之实验室；第三，为一般中等学校树立模范。在整个附校存在的 6 年时间里，这三项任务基本完成了[②]。1940 年 11 月，附校正式开学，为避免遭到日军空袭，各年级需错时上课，有时甚至被疏散到山坡上课。在昆明黄土坡东侧的山坡上，学生的课桌是一副可以折叠的支架，撑开后放一块油漆木板。座位也是可以折叠的小凳。午餐以馒头稀饭为主。这便是 1940 年附校学生

---

① 杨立德.1991.黄钰生先生在西南联大师范学院.云南师范大学学报（哲学社会科学版），（2）：80-85
② 云南师范大学校史编写组.1988.云南师范大学校史稿.昆明：云南师范大学学报编辑部：35

为避免空袭，到疏散地点上课的情形。尽管条件异常艰苦，但这样的上课情形并没有磨灭孩子对于知识的渴求。学校也对成绩优异的同学给予奖励，用以激励学生，图1-4为1944年西南联大师范学院附小给各年级学习优秀的同学颁奖。

在附校成立一周年的庆祝会上，附校校务委员会主任黄钰生先生讲到，中国在孩子周岁时有"抓周"的习惯，在附校"周岁"之际，他也要为附校"抓周"。黄钰生先生拿一架天秤放在桌上，又神秘地从口袋里拿出一个灯泡和一条绳子，他指了指天秤告诫同学们："要像天秤一样，在人生的道路上，遇事要公平"；他

图1-3　西南联大附校校徽

图1-4　1944年西南联大师范学院附小的各年级学习优秀的同学颁奖合影

拿起灯泡说："希望你们像灯泡一样，到任何地方都能发光，热情地对待你们的事业"；他拿起绳子教育大家："要像绳子那样，紧紧地团结在一起，团结才有力量。"[①] 今天的云南师大附小对合作精神的强调，便由此衍生而来。

　　黄钰生先生的每次教育都给了学生很大的启发。毕业于20世纪40年代的校友齐钟久老先生，在《附小情怀》一书中提到："我们的校长是师院校长黄钰生兼任，黄校长德高望重，是知名的教授，他常来学校指导，有时还给我们讲话。记得有一次他给我们讲了一个'隐身人'的故事，引起了我们对科学的兴趣。"当时常来学校的还有查良钊教授和张清常先生，他们都热心附小的教育。张清常先生还为附小作了校歌（图1-5），其歌词是："在这里，四季如春，在这里，心情振奋。我们要活泼有精神，守秩序，相敬相亲。我们读书要认真，知识要够，头脑要清新。能独立判断，能俭能勤，发奋努力，好好的做个人。"张清常先生在战火纷飞的年代就提出"好好做个人"的学生发展目标，触及了教育本真，令人尊敬，引人深思。今天的云南师大附小"好好做个人"的核心办学理念和对学生有爱心、善思考的品质要求，就源自对当年校歌中附校办学精神的解读和传承。

图1-5　西南联大附小校歌

---

① 杨立德.1991.黄钰生先生在西南联大师范学院.云南师范大学学报（哲学社会科学版），（2）：80-85

黄钰生先生曾用一句话概括附小——"年轻的园丁精心培育幼苗",他认为只有老师认真教,才有学生认真学,教好课的首要条件是教师要备好课,要求教师讲得清楚,使学生学得透彻,并且要当场练习以达到娴熟的目的[①]。除此之外,学校的老师们还及时进行家访,向家长反映学生的情况,多为反映优点,拒不向家长"告恶状"。齐钟久老先生在《美好时光》一文中提到邝仪真老师的两次家访,认为都有很好的效果,既使家长和老师有所沟通,又增加了师生间的感情[②]。1944 年,西南联大师范学院附属小学部分教师合影中,后排左 4 即为邝仪真老师(图 1-6)。

在附小校友、中国工程院院士徐匡迪看来,他在附小所受的教育是充满智慧的,是以德育为根本的,是附小教师用智慧开启了他求知的大门,用自身的德行感染他如何去做一个德才兼备的人,这样的启蒙教育令他至今都难以忘却。他为附小七十华诞题词"以智启蒙,育德树人"(图 1-7)。西南联大"刚毅坚卓"的精神和"好好做个人"的教育理念就这样传承到了附校孩子们的骨子里。

图 1-6　1944 年西南联大师范学院附小部分教师合影
注:后排左 4 为邝仪真老师

① 黄钰生 .1990. 回忆西南联大附小 . 云南师范大学学报(哲学社会科学版),(S1):10-12
② 齐钟久 .2015-06-12. 美好时光 .http://www.qhfx.edu.cn/news/details?newsid=4168.[2018-05-27]

图 1-7　校友徐匡迪为云南师大附小七十华诞题词

四、西南联大精神续写附小新篇章

为答谢云南人民对西南联大八年办学的鼎力支持，抗日战争胜利后，西南联大决定师范学院整建制留在昆明，以便为云南边疆继续培养基础教育人才。1946 年 5 月 4 日，西南联大举行最后一届结业典礼。7 月 31 日，西南联大正式结束，北京大学、清华大学、南开大学迁回原址，师范学院留昆独立设置。1946 年 8 月 1 日，"西南联合大学师范学院"改名为"国立昆明师范学院"，"国立西南联合大学师范学院附属小学"更名为"国立昆明师范学院附属小学"。1950 年，"国立昆明师范学院"更名"昆明师范学院"，西南联大师范学院附小也更名为"昆明师范学院附小"。1960 年 2 月，云南省教育厅试行中、小学九年一贯制，决定附中与附小合并，仍称"昆明师范学院附属中学"，由师范学院领导，成为学制改革试点单位，直到 1965 年 7 月，附中和附小才正式分开为两校。1984 年，"昆明师范学院"更名为"云南师范大学"，其附属小学也随之更名为"云南师范大学附属小学"。

抗战烽火中的西南联大使云南的教育文化得以发展壮大，盛极一时。其办学精神、校风、教风和学风影响了一代又一代人。从"联大附校"到"师大附小"，附小人始终秉承"刚毅坚卓"的办学精神和"好好做个人"的教育理念，在历经每一个年代，面临每一次机遇与挑战之时，都以不可撼动的勇气和"刚能立事"的信心及决心披荆斩棘，追求超越寻常的发展。

第二节　云南师大附小的发展现状

隽永的西南联大精神和附校办学传统，让云南师大附小勇立潮头，顺应时势，不断寻求可持续的发展道路。其中，集团化办学、校园环境建设、教师队伍专业发展、课程教学改革等在推动附小持续、健康发展的同时，所积累的丰富办学实践经验也深化着附小人对学校办学理念的认识和追求。

一、集团化办学大有可观

2016 年 7 月 8 日，云南师范大学附属小学呈贡校区落成典礼隆重举行。这是附小开拓的继文林、金安、金牛、樱花语校区之后的第五个校区。至此，附小已经形成"一校五区六个办学点"的集团化规模，全校占地面积 176.01 亩，有教学班 180 个，师生近 9000 人。

回顾近年的发展，附小迈出的每一步都承载着"刚毅坚卓"带给我们的一往无前、披荆斩棘的勇气和信心。2001 年 3 月，为响应国家扩大优质资源教育，以满足更多人群对高质量教育资源需求的号召，附小走出自 1940 年就与之紧密联系的文林街，在昆明城南北两隅分别建立了金牛、金安两个校区。成立之初，金牛校区 1～5 年级均只有一个教学班，97 名学生全部是转学生，条件不容乐观。时至今日，金牛校区的办学规模已发展至 24 个教学班、1400 多名学生。金安校区已发展为一校区两校点，金安校点（1～3 年级）位于金安小区内，金江校点（4～6 年级）紧邻云南省政府金江小区。2012 年 9 月，美丽的滇池之滨迎来了附小樱花语校区（官渡区诚明小学）。通过走集团化办学之路，学校规模日益壮大，在新时代，学校及每个师生在竞争压力和各种挑战面前毫不退缩。道不远人，正是承继优良的传统、融汇时代的精神，附小才获得了精准的坐标参考和精深的价值遵循。

天道酬勤，一代代附小人的努力奋斗迎来了学校教育教学质量的稳步提升。每年，在全省乃至全国的各项比赛中，附小所获奖项等级和获奖人数始终名列前茅。校合唱团曾在中央电视台全国少儿合唱比赛中荣获金奖，还登上维也纳金色大厅的舞台，获"世界童声合唱节"大奖；校艺术团获德国慕尼黑世界儿童舞蹈大赛金奖。学校也先后被授予"全国教育系统先进集体""全国推进素质教育先进学校""全国特色学校""云南省文明单位""云南省文明学校""云南省德育先进集体""身边的好学校""昆明市青少年科技教育示范学校"等几十个荣誉称号。

2017年9月11日，国家质检总局正式公示第三届中国质量奖提名候选名单，云南师范大学附属小学入围教育机构提名候选名单，成为全国范围内获公示的10所学校之一，也是云南省唯一入围的小学。2018年云南师范大学附属小学"少儿小博士：西南边疆小学综合育人体系的创新与实践"获国家基础教育教学成果奖二等奖。在这一届国家基础教育教学成果奖评选中，云南省只有两项成果获奖，云南师大附小成为云南省唯一一所获奖学校。这是周群校长带领附小人多年耕耘、坚守在基础教育第一线的结果。附小人携手努力再创佳绩，附小明天更辉煌！

二、日新月异的校园环境

战火纷飞时，简易搭造的课桌椅支撑起孩子们对知识的渴望，土坯房、泥操场就是孩子们玩乐的天堂。时至今日，校园环境已发生了翻天覆地的变化。学校一直不断改善和美化校园环境，用生动活泼、孩子们喜闻乐见的形式，开发和创设基于西南联大传统精神和附小教育理念的校园物质文化环境，宣扬和倡导和谐积极的精神文化环境，建立健全环境育人的有效制度，充分发挥环境对学校课程的辅助作用。"十二五"期间，附小整体规划了校园文化和绿化建设，校园景观凸显了学校的办学特色。通过对校园的改扩建，学校达到了国内一流校园文化建设的标准，为教师教书育人和学生成人成才营造了良好的环境。目前，全校有5个校区共有3330间教室；15个学生机房，1间教师机房，350台教师电脑，639台学生电脑；6个图书室，藏书共计170650册。

在文林校区，师生们每天进入校园都要先跟标志性建筑——"三色柱"打招呼。柱身分别为红、蓝、绿三色，象征着清华大学、北京大学、南开大学三所名校组成的"西南联大"血统。这一标志彰显了学校的悠久历史，寓意着对西南联大精神的传承与发扬。"千秋耻，终当雪，中兴业，须人杰"（图1-8）。岁月承载着历史的脚步，西南联大的精神正在附小传承。

行走在附小校园中，绿树环抱，鸟语花香，水声潺潺。眼之所及，一块块内容深刻的牌匾、一座座生动形象的雕塑定能吸引你的目光。"铁杵磨针""凿壁借光""萤囊映雪""滴水穿石"……每一座雕塑都藏着一个故事，激励和鞭策着孩子们成为主动学习、坚持不懈的人。"传承壁"为弘扬中华美德，图文并茂地展现"仁、义、礼、智、信、忠、孝、廉、毅、和"十个字的简义，启迪着孩子们的心智（图1-9）。

图1-8　三色柱　　　　　　　　　　　　图1-9　传承壁

　　走进教学楼，走廊文化异彩纷呈。以邓稼先、袁熙坤等西南联大杰出校友、古代名人故事、行为习惯歌、"少儿小博士"获得者、优秀画作等为内容，用照片、文字等方式在走廊生动呈现"会说话的墙壁"，告诉学生努力的方向和良好的习惯，浸润着学生的心灵。课间休息时，"小书虫"们最爱的就是各楼层的"走廊图书"，开放式书架里的图书内容丰富，孩子们在这里读书交流、共赏经典，让书香飘满校园。有限的空间里，连地面都在说话，镶铜清末昆明城地图、经典围棋和象棋棋局、"跳房子"九宫格等极具巧思的布置，让孩子们又多了一个嬉戏玩耍的去处。

　　附小的实践基地可谓乐趣无穷，深受孩子们的喜爱。"蜜蜂农场"里的农夫忙于采摘自己精心照料的瓜果蔬菜，"快乐厨房"里的小厨师为一顿大餐忙碌，"电脑医院"里坐诊的大夫是未来的IT精英，还有"陶艺室""天文观测室""百鸟园"……都是孩子们每周最期待去的地方。科普园地集知识性、趣味性、体验性于一体，这里有地球仪、星空图、日晷仪、齿轮模型……各种器材模型让孩子们在科学与艺术交融的环境里获得科学启迪，探究知识的奥秘。

总之,学校努力实现让校园里的一草一木、一砖一石都能说话,让物质环境具有文化渗透功能和育人功能,无声地陶冶学生情操,激发学生心中的爱。

三、打造优质高效的教师团队

如果说,集团化办学和跨校区管理更具有外延扩张的特征,那么教师队伍建设则是内涵建设的重中之重。附小始终坚持以尊重人、关心人和信任人为管理的出发点,不遗余力地创造一切条件去造就人、成全人和发展人,构建了以敬业为荣,用爱和责任工作的教师文化。作为核心竞争力,附小有一支纪律严明、踏实肯干、团结一心的教师队伍。和一代代附小人一样,每一位老师都在自己平凡的三尺讲台上无私奉献、奋斗不息。截至 2017 年 9 月,全校教师共 492 人,教职工中本科以上学历的人数占教职工总数的 99%。其中,41 人获硕士学位;特级教师 5 人,中小学正高级教师 1 人,中小学高级教师 29 人,中小学一级教师 223 人;省、市、区学科带头人及骨干教师 232 人。

教师队伍建设的核心,是在教师专业发展的不同成长阶段为其提供有针对性的支持服务。附小以"让教师与学生共同成长,让教师与学校一起发展"为目标,以推进师德师风教育为核心,不断创新教师培训机制,认真抓实教师校本培训,遵循教师专业成长的规律,坚持走"以机制保培训,以活动促培训,以骨干带培训,以科研助培训"之路,促进教师专业化发展和师资队伍建设。培训工作面向全体教师分层进行,开展了新教师的职前培训、教龄三年内教师的"师徒结对"工作、教龄五年内教师的"一线传真,促我成长"学习交流活动以及全校教师的业务培训、专题讲座、学科大教研等工作,为教师搭建了阶梯式、多样化的专业成长平台。

为培养出一支能与新课程同行的"研究型"教师队伍,附小通过课程的重构与开发,为教师找到专业发展的新的生长点。例如,坚持"同课异构""跨界整合教学""名师专题论坛"等教研方式,为教师搭建各种平台,使教师成为校本课程的开发者和研究者。学校还与北京市朝阳区呼家楼中心小学建立了"手拉手"的关系,定期开展远程同步教研、共享优质资源等活动,实施"互联网 +教学"战略,以最快捷的方式向发达地区学习先进经验,获取前沿信息,线上线下学习双管齐下,打破地域和时空限制,使学习效率实现质的飞跃。自 2011 年 1 月起,附小推出了教师"梯级培养"工程,通过制定的标准和程序,将肯钻、肯学、积极进取、教学实践有成效、有潜力或有经验的教师，选拔培养成各学科"教坛新秀""骨干教师、学科带头人"和"名师"，引导其快速成长，成为学校教育教学改革发展的中坚力量。

这个由近 500 位教师组成的优秀集体，通过梯级培养，引领辐射，在互相支持、互相合作、互相学习中实现了学校和教师群体的共同发展。"十二五"期间，学校先后有省级学科骨干 7 人，市级学科骨干 10 人，省级名师 1 人，春城名校长 1 人，优秀园丁 2 人，春城名师 2 人，市级教坛新秀 9 人，校级名师 21 人，五华区学科 30 人、骨干 17 人，区青年骨干 19 人，五华区教坛新秀 23 人、校级学科骨干 64 人，校级新秀 6 人，西山区名长 1 人，名师 1 人，西山区骨干 3 人，官渡区骨干 5 人。获国家级教学竞赛奖 38 人次，省级教学竞赛奖 85 人次，市级以上政府及教育部门获奖 58 人次。其中，近 40 位教师代表云南省参加全国各类教学比赛获奖，为云南省争得了荣誉，为附小扩大了社会影响。

四、以科研促课程教学改革

附小近年来课程与教学改革的深化，得益于科研化工作的稳步推进，尤其是国家级课题研究工作发挥了极大的引领、推动和支持作用。

2013 年，附小成功申报了云南省首席专家学术工作站重点站和云南省第四届教育科研实验学校，学校积极组织教师参加国家级和省级多项重点课题研究。2011 年 3 月，学校申报的全国教育科学规划领导小组办公室课题"促进小学生自主发展的校园文资源开发与利用研究"成功开题。此课题包括 14 个子课题，涵盖学校工作的方方面面。在周群校长的带领下，全体教师积极投入课题研究，通过研究、总结，构建了附小五大特色的校本课程体系——"经典诵读""民族大课间""现代书香之家""班级文化""少儿小博士"。2013 年 12 月，附小申报的课题"'立德树人'在小学教育中的课程化研究"再次被全国教育科学规划领导小组办公室批准立项，并于 2018 年初顺利结题。此课题的研究使学校在课程建设上又有了进一步的突破，本书就是这一课题的重要成果之一。2014 年，附小教师高红申报的"中缅边境地区国门学校建设现状、问题及对策研究"课题被云南省教育厅规划办批准立项。2016 年，附小教师范敏带领二年级教研室申报的"小学生生活实践技能课题研究"被云南省教育厅规划办批准立项。

目前，"把工作当作课题做，把问题当作课题解"的科研精神在附小蔚然成风，教育教学成果层出不穷。自 2014 年以来，附小有 75 篇论文获国家级、省级大奖，百余位教师先后参加全国、省、市各学科教学竞赛并获得优异成绩。300余万字的教学科研论文及其他成果在国家级、省级刊物发表，正式出版"小学教育研究丛书"之《小学教育理论与实践》《小学课程教学教案精选》《班主任金点子集锦》《优质学校创建的理论与实践》四本著作，并荣获云南省第十八次哲学社会科学优秀成果奖三等奖。为使学生继承发扬中华民族的传统美德，学校还组织老师编写了"礼敬中华优秀传统文化悦读国学经典"系列丛书，作为云南省的地方教材出版发行。此外，我校教师撰写的《我心目中的小学教育》论文集也由云南省教育厅《云南教育》出版发行。逾千万字的学科教辅材料辐射全省各州市县区，让先进的教学理念和方法惠泽老少边穷地区，推进了整个云南省的知识共享和教育均衡发展。

回首往昔峥嵘岁月，纵观近年蓬勃发展，附小人对未来的持续发展、健康发展充满信心。这信心，来源于附小人在新形势下对历史使命、自身责任的清醒认识，对国家和社会继往开来、不辱使命的强烈担当，也来源于对教育本真的不懈追求和对教育原点的回归与坚守。本书探讨的"良习修美德 好好做个人"的"做人教育"理念及其课程实践，便是立足教育原点的一种思索和探寻。

第二章
"做人教育"理念的生成

  依托厚重的办学传统和丰富的办学实践经验,2006—2018 年,附小的办学理念经历了一个从德育主题"良习修美德 好好做个人"上升为学校办学理念,并不断完善和细化的渐进式生成过程。这一过程从主题句提出,到寻求提出依据和完善论证逻辑,到将内部构成要素清晰化,再到具体内容的框架式表达,反映了办学理念内容梳理对提出者逻辑思维的挑战和课题组的理性应对。

第一节 "做人教育"理念的内容结构

附小"做人教育"理念开始提出时，缺乏对"良习修美德 好好做个人"内涵的具体阐释，难以自成逻辑，不利于理解交流和指导实践。经过认真探讨，附小形成了以"良习修美德 好好做个人"为主题句的一个较为系统的思想体系。在内容结构上，可以将其扩展育人目标、教育原则、教育实施思路三个方面的基本内容。这些内容有其内在的逻辑联系，对"做人教育"理念的意义表达能力和实践指导能力产生重要的影响。

一、以"做人品质"为核心的育人目标

附小把"好好做个人"作为育人目标，并通过习惯养成教育来培养学生好好做人所需要的品质和德行。经过反复讨论，附小将育人目标确定为，为学生将来成为"受人尊敬和欢迎、对社会有贡献且自己能感受幸福和快乐的人"打好品质基础，并提出具体要培养学生"有爱心、负责任、善思考、能合作、有毅力且心态阳光"六种核心品质或核心素养。六种"做人品质"是育人目标的核心，只有培养学生这些品质才能真正实现培养"三种人"的育人目标。

（一）培养学生将来做"受人尊敬和欢迎、对社会有贡献且自己能感受幸福和快乐的人"

附小为何把学生将来成为"受人尊敬欢迎、对社会有贡献且自己能感受幸福和快乐的人"作为育人目标？附小认为，人是一切社会关系的总和。在人所处

的各种社会关系中，个人与他人、个人与社会的关系是至关重要的两个方面。在处理个人与他人、个人与社会的关系时，人们还需要反观自己，反求诸己，关注个人与自我的关系。同时，个人与自我的关系又是其他社会关系存在的基础。因此，学做人就是要学习处理好个人与他人、个人与社会、个人与自我这三个维度的基本关系。下面对"三种人"的基本内涵、附小提出此类育人目标的原因及具体教育要求做简要阐述。

1. 受人尊敬和欢迎，是个人与他人相处和共事时的一种理想状态

一个人生活在这个世界，与人相处是一门必修课。人际交往和合作的重要性不言而喻，良好的人际交往为个人在生活中与他人和平相处、平等交流创造了前提条件。那么，如何与人相处呢？应该说，每个生命个体都有被尊敬的权利，也都有受他人欢迎的期望。如果被人轻视、排斥，这个人做人就是失败的。相反，一个受人尊敬和欢迎的人，必定人品好、有独立人格、有一定社会贡献和事业成就，有价值感、尊严感，值得别人尊敬，也必定是懂得尊重他人、为人友善、愿与人沟通、乐与人相处等，这样的人也容易被别人接纳和喜爱。

那么，附小为什么提倡学生做一个受人尊敬和欢迎的人呢？这与附小学生情况有关。总体来说，附小学生综合素质较高，今后继续就读好的学校和进入好的职业平台的概率较高，承担更大责任的机会也更多。做一个受人尊敬和欢迎的人，是附小人承担大任的重要因素。要学习做一个受人尊敬和欢迎的人，就要在平时的学习、交往中逐渐培养良好的品质，尤其是在与他人相处时，尊重他人、与人为善。在集体中，遵守承诺、文明言行，懂得分享和担当。能形成自食其力，服务社会的意识。拥有乐观向上的精神面貌，能感染身边的人。"受人尊敬和欢迎"中的这个"人"包括家人、同学、老师以及进入社会遇到的各类人，不论与哪一类人相处，受人尊敬和受人欢迎永远是良好人际关系的体现。

2. 对社会有贡献，是个人与社会关系的最佳状态

对社会有贡献是指个人能通过发挥自己的价值来推动社会发展。2014 年 5 月，习近平总书记在北京大学师生座谈会上的讲话中提到"有信念、有梦想、有奋斗、有奉献的人生，才是有意义的人生"[①]，可见对社会有贡献是实现人生意义

---

① 人民网 .2015-06-17. 盘点习近平与青年谈梦想的 7 则小故事 .http://politics.people.com.cn/n/2015/0725/c1001-27359460.html.[2018-07-21]

的一种途径。贡献有大有小，像毛泽东、周恩来等国家领导人对民族解放、国家富强和社会进步做出的贡献是巨大的，而一个普通的人安于本职、努力工作，也是在对社会做贡献。

那么，附小为什么强调，学生只要能够自食其力，就意味着做出了社会贡献呢？这是因为，附小学生中不少人家境优越，父辈能为其提供良好的成长条件甚至就业机会。在这种情况下，让学生明白做一个对社会有贡献的人的基本前提是不依靠父母而自食其力，这具有非常重要的现实意义。对附小学生来说，做一个对社会有贡献的人，是指他们通过努力学习，掌握一定的知识与技能；同时，要在平时的学习和生活中形成热爱劳动、主动担责、有付出才能获得回报的思想，养成勤俭节约的习惯。这些习惯和品质可以为学生成为自食其力的人奠定基础。

3. 感受幸福和快乐，是个人与自我相处时的最高境界

感受幸福和快乐，指的是能享受内心积极的情感体验，精神感到愉悦。能感受幸福和快乐的人会保持对生活、工作的热情，会善待自己，自信而快乐，能在人际交往中传递正能量。

那么，附小为什么强调学生要能感受幸福和快乐呢？我们感到当今社会人们经常会面临功利、浮躁的气氛，不少人关注外部世界，关注他人反应，却对自我的关心与呵护不足，有的人甚至被异化。这样的人是有欠缺的，我们不希望附小学生将来进入如此不堪的境地。相反，我们希望，附小人在承担社会责任、重视与他人交往时，也能关注内心，呵护自己，成为一个健全的人。对附小学生来说，我们所着力培养的是一种积极的心理感受，提倡的是一种在比较满足的心态下的情感体验，常怀感恩之心，无论身处何种境地，都学着从积极的一面找到属于自己的幸福和快乐。

综上所述，结合小学教育及小学生的特点，我们总结："三种人"的育人目标中"受人尊敬和欢迎"是做人的基本要求；"对社会有贡献"是做人更高层次的要求；"自己能感受幸福和快乐"是做人时处理个人与自我关系的最佳状态，也是处理好个人与他人、与社会的关系的情感体验结果。当一个人与他人相处时，受他人尊敬和欢迎是最基本、最健康的人际交往状态，是发展其他人际关系的前提。同时，人是社会的人，要在集体、社会中生活。能成长为自食其力并对社会有贡献的人，是国家、社会对小学培养人的基本要求，也是一个人好好做人的良好状态。除此之外，人在自我认识中要能感受到幸福和快乐，才能成为一个

健全的人。因此，附小所提倡的"好好做个人"，实际上就是引导和鼓励学生处理好这三种基本关系，成为"受人尊敬和欢迎、对社会有贡献且自己能感受幸福和快乐的人"。

（二）培养学生具备六种做人品质

在育人目标确定后，学生怎样才能成为育人目标中的"三种人"呢？接下来具体要考虑的是学生应当具备哪些做人品质，因为从培养什么人，到培养人的什么，才是教育的根本问题，对此要做根本性思考，并从细节上抓落实[①]。我们提出：要做育人目标中的"三种人"，学生必须具备"有爱心、负责任、善思考、能合作、有毅力且心态阳光"六种最基本、最核心的做人品质。

1. 有爱心

有爱心，是指对他人有关爱之心、同情之心，具备乐于助人的品质。有人说，爱是维系社会存在的纽带，也是我们人类借以维持自身发展和繁衍的基本力量。可以说，爱心是一个人的基本品质和社会的灵魂，爱心可以衍生多种美好的品质，人的其他品质可以说都是爱心的延伸[②]。拥有爱心品质的人拥有关心他人、体贴他人的积极情感，懂得在生活中体验爱并奉献自己的爱。一个人的爱心品质表现在对自己、对他人的关爱之心，同情之心，表现为乐于助人、关心集体等。

2. 负责任

从责任关系的角度出发，责任分为个人责任、家庭责任和社会责任。负责任，是指能认真做好自己分内每一件事的品质。责任心是个体自觉做好分内事务和履行道德义务的心理倾向[③]。它是一个人应该具备的基本素养，是健全人格的基础。一个具备责任心的人，会在集体中认识自己应承担的责任，将集体的目标当作个人目标而努力，在成长的过程中能逐渐要求自己做好分内事务，履行道德义务。

3. 善思考

善思考，是指能独立分析、勇于批判、敢于创新的品质。结合小学生思维

---

① 国家教育行政学院兼职教授、北京 14 中原校长王建宗对本书研究的指导。

② 王丹，刘雄娟，牛飞，等 .2017. 培养核心品质落实立德树人 . 经贸实践，（2）：153-154

③ 赵兴奎，张大均 .2007. 责任和责任心的涵义与结构 . 高等财经教育研究，4（1）：22-25

品质发展特点，我们理解的"善思考"品质是从思考的态度和能力两个维度来衡量的。其中，思考的态度是基础性的，它决定思维的方向；思考的能力则决定了思考的效果。思考的态度包括勤于观察、对事物保持好奇心、能主动发现问题等，可以用"乐思"来表述；思考的能力包括会收集整理信息、能有效记忆、大胆想象、质疑、能判断等，可以用"会思"来表述。

4. 能合作

能合作，是指善于借助集体力量实现共同目标的品质。社会在发展，人们越来越需要学会与他人合作，能与他人合作成为人们日后生存和发展所必备的品质。能合作包含两个层面：一是对合作的认同，即愿合作；二是参与合作，即会合作的能力。愿合作以认同集体目标为前提，在合作中相信并依靠同伴，而遵守规则、善于沟通、能分工协作是参与合作的基本方法。

5. 有毅力

有毅力，是指能坚持不懈地做好一件事情的品质。有学者认为毅力是一种意志和决心，是百折不挠的精神，是坚持、自信、有恒心、精益求精等优良品质的总称[①]。结合教育对象的特点，小学生有毅力是指小学生能坚持不懈地做好一件事情的品质。能坚持不懈地做好一件事，首先要目标专一，有追求优秀的愿望和动力；其次，在追求目标的过程中能有定力，不被干扰，持续付出，有勇气面对挫折。换言之，有毅力是指能确立目标并持之以恒地实现目标。

6. 心态阳光

心态阳光，是指一种积极向上、包容豁达、热情大方的心态和精神面貌。学校期望培养出来的学生具备阳光一样积极向上、乐观开朗、活泼有朝气的特点，并能在阳光的心态下发展培养其他核心品质。心态阳光品质要求小学生在做人与处事中，既能以乐观向上的积极态度面对一切，又有幸福感。

六种品质的关系如图 2-1 所示，六种品质中"有爱心"是做人的核心品质，是其他品质的灵魂；"心态阳光"是做人的基本心态，是一项基础性品质；"负责任、善思考、能合作、有毅力"是做人的优秀品质，支撑起一个人处事的行为准

---

① 李烈炎.1981. 毅力、情绪与学习. 教育研究，（12）：62-65

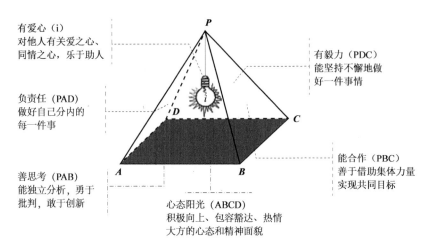

图 2-1 云南师大附小学生"做人品质"结构图

注：正中央的灯泡 i 表示有爱心；三角形 PAD 表示负责任；三角形 PAB 表示善思考；三角形 PDC 表示有毅力；
三角形 PBC 表示能合作；底面 ABCD 表示心态阳光

则和品质框架。"有爱心"和"心态阳光"两种品质是我们希望每一位学生都具备的，要尽力提升和培育。但由于个性差异，"负责任、善思考、能合作、有毅力"四种品质在学生中可能存在差异，在培养过程中会有所侧重。比如，有的学生思考能力强，但喜欢独处，合作精神不够强；有的学生思维能力不强，考试成绩不高，但有爱心、负责任，很受同学欢迎。

（三）以做人品质为核心的附小学生核心素养框架

综上分析，"受人尊敬和欢迎、对社会有贡献且自己能感受幸福和快乐"是附小做人教育的育人目标，这一目标的核心是培养学生的"有爱心、负责任、善思考、能合作、有毅力且心态阳光"六个基本品质。"六品质"和"三种人"之间存在内在的特殊关系，即"六品质"培养结果影响和决定着学生能否做好"三种人"。如果把正确处理个人与他人、个人与社会、个人与自我三个维度的关系简称"三维"，附小做人教育的"三种人"和"六品质"目标可以合称为"三维六品"育人目标（图 2-2）。至此，附小学生的核心素养框架得以初步形成。

为了使附小学生核心素养框架的表述更加具体，在教育实践中有更强的指导性、操作性，我们进一步讨论了做人品质的一、二级指标。其中，二级指标是培养的关键点。附小通过育人经验总结、专家指导、家长反馈、课题组讨论等途径深入研究，构建了《云南师范大学附属小学学生核心素养框架》（表 2-1）。框架分为基本维度和两级指标：基本维度为六个，即"有爱心、负责任、善思考、

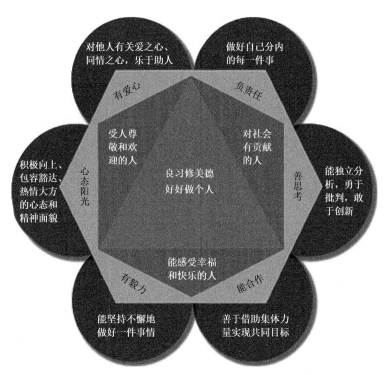

图 2-2　云南师大附小的"三维六品"育人目标

能合作、有毅力且心态阳光"六个品质。一级指标分别为有爱心包括的"爱自然、爱生命、爱集体";负责任包括的"个人责任、家庭责任、社会责任";善思考包括的"乐思、会思";能合作包括的"认同、参与";有毅力包括的"确立目标、持之以恒";心态阳光包括的"乐观向上、有幸福感",共 14 项。二级指标分别为亲近大自然、保护大自然、珍爱自己、有同情心、尊重他人等 49 项。

表 2-1　云南师范大学附属小学学生核心素养框架

维度	一级指标	二级指标
有爱心	爱自然	亲近大自然
		保护大自然
	爱生命	珍爱自己
		有同情心
		尊重他人
		与人为善
		平等对待一切生命

续表

维度	一级指标	二级指标
有爱心	爱集体	爱家庭
		爱学校
		爱家乡
		爱祖国
负责任	个人责任	认真完成学业
		坚持锻炼身体
		增强自理能力
		知错能改
		有安全意识
	家庭责任	主动做家务
		勤俭节约
		关心和体贴家长
		分享与担当
	社会责任	承担班级和学校的工作
		信守承诺
		文明言行
		遵纪守法
		有自食其力和服务社会的意识
善思考	乐思	勤于观察
		保持好奇心
		主动发现问题
	会思	收集和整理信息
		有效记忆
		大胆想象
		提问和质疑
		独立判断
能合作	认同	认可共同目标
		相信和依靠同伴
	参与	遵守规则
		善于沟通
		分工协作
有毅力	确立目标	目标专一
		追求优秀
	持之以恒	有自制力
		不懈努力
		有勇气面对挫折

续表

维度	一级指标	二级指标
心态阳光	乐观向上	有自信心
		管理情绪
		态度积极
	有幸福感	悦纳和宽容
		懂得感恩
		能欣赏和感受美

资料来源：云南师大附小职工代表大会 2017 年 1 月通过的云南师范大学附属小学"做人教育"课程建设指导意见

现在，走进附小的每间教室，大家都会看到黑板上方张贴着"良习修美德 好好做个人"这句话。每周一的升旗仪式结束时，校长会说："孩子们，让我们牢记我们的决心！"孩子们异口同声接道："良习修美德 好好做个人。""做人教育"理念已经深入人心。在"做人教育"理念的引领下，《云南师范大学附属小学学生核心素养框架》已成为学校教育教学、管理、科研等所有办学实践活动的行为指南，也已成为检验本书所探讨主题——学校课程建设是否有效落实育人目标的一把标尺。

二、"全员、全程、全方位"的教育原则

所谓"全员、全程、全方位"的教育原则，是指学校落实"做人教育"理念、培养学生六种品质所依据的行为准则。通过学校、家庭、社会的广泛参与，学校对各方面工作全力支持，自始至终地贯穿习惯养成教育，以好习惯成就学生优秀品质。简而言之，学校坚持人人都是教育工作者，时时彰显育人特色，事事处处都是教育阵地，即"全员、全程、全方位"的教育原则。

（一）全员育人

全员育人指学校的所有工作者，包括教师、管理者和后勤服务人员，全面落实"做人教育"理念，在培养学生核心品质的工作中（以下简称"做人教育工作"），教学生做人的同时，以身作则，行为示范。在附小，"做人教育"不仅是与班级管理和教学相关的班主任、教师们的工作，也是全体附小工作者共同的责任。附小清扫校园的保洁阿姨也加入"做人教育"工作中，并承担着一定的教育

责任,她们帮助学生培养尊重劳动、热爱劳动的意识。除此之外,学校还整合了家长和校外社会力量,力争在校内外取得育人合作,共同承担教育责任,力求最大限度地达到学生核心品质的内外兼修。

(二)全程育人

全程育人指学校对学生的六年学习始终贯穿习惯养成教育,由易到难、由低到高,循序渐进地培养学生的"六品质"。学校深入分析不同年龄段学生成长的心智特点及同一年龄段学生之间的个体差异,有针对性地制定育人方案,有计划、有目的地实施"做人教育"。例如,对一、二年级学生重点培养心态阳光的做人品质,对三、四年级学生重点培养善思考、负责任的品质,对五、六年级学生重点培养会合作、有毅力等品质。"有爱心"品质的培养则贯穿学生整个六年的小学生活中。每一种品质的培养都以螺旋上升的方式进行。全程育人强调学校从学生走入校门直到毕业,一步一个台阶地实施习惯养成教育,让好习惯成为学生做人品质的基石。

(三)全方位育人

全方位育人是指学校在方方面面都承担起育人职责。附小以课程教学、管理、教育科研、家校联系为载体实施"做人教育",让学生在学校这一生命乐园里健康快乐地成长。在"做人教育"理念的落实过程中,课程与教学是全方位育人的主渠道,课程占核心地位,并强调全学科育人。学校注重在管理方面落实"做人教育",以制度建设为抓手,坚持以制度管人、用制度管权、凭制度管校的民主管理体制,探索扁平化管理模式,让学生和老师、老师和领导之间的沟通与交流能更快、更高效,让老师们充分感受到教学生好好做人的意义。学校还充分借助课题研究的契机,运用教育科研来推进"做人教育"的理解和落实。

三、以课程为主渠道的教育实施思路

课程是学校教育的"心脏",有什么样的课程就有什么样的学校教育。因此,将培育和践行学生核心品质融入附小教育,关键在课程,学校必须以课程为抓手和主渠道。具体来说,课程体系构建和课程开发是关键环节,而育人目标的落实根本上要依靠每堂课的教学渗透。

（一）课程是落实办学理念的抓手和主渠道

学校"做人教育"理念要求培养学生"六品质"，使其将来成为"三种人"，但"做人教育"理念是一个抽象的理论表述，需要课程这一抓手和主渠道，才能有效落地。课程主要解决为什么教、教什么和学什么的问题，它是学校对育人目标、教学内容、教学活动方式等相关要素的系统规划、具体设计和组织实施。学校的发展虽然也需要依靠校园文化氛围的营造和熏陶，但根本上还需依靠课程才能深入、持续地落实"做人教育"理念。这是探讨"做人教育"实施思路时首先要建立的基本共识。自附小办学理念确立以来，许多教师根据学校提出的育人目标，在课程建设中进行自觉的探索和实践。其中，开展国家和地方课程的跨学科课程整合、引入联合国儿童基金会的"社会情感学习"课程、开展"少儿小博士"评选、在升旗仪式中讲述做人故事等，都是课程渗透"做人教育"理念的生动体现，在实践层面验证了上述认识的正确性。因此，我们认为，课程是附小落实"做人教育"理念的抓手和主渠道，也因此我们把学校课程称为"三维六品"做人教育课程。

（二）围绕育人目标的课程体系构建和课程开发是关键

以课程作为主渠道，就是要把办学理念作为一条主线，将其贯穿于以课程为核心的教育教学全过程，对教育教学行为进行"软约束"，引导学校及其成员按照办学理念的要求实施教育教学、管理和服务活动。要实现这一目标，必须做好两项工作。一是建构"做人教育"课程体系，即以"做人教育"为总要求，对学校所有课程进行梳理、分类，厘清和优化内部的逻辑关系。附小之前是以国家、地方和校本三级课程为基本课程结构的，但围绕育人目标，结合学校实际和办学需要，可以对三级管理课程进行新的统筹、优化和重构，提出和构建新的课程体系。二是课程开发，即结合国家课程标准要求，引导教师认清个人所担任课程在学校课程体系中的地位和价值，将附小"三维六品"纳入每一门课程，在重点做好国家和地方基础课程校本实施的基础上，立足学校实际开发补充性、有特色的基础课程、拓展课程和个性课程。

（三）育人目标的落实根本上依靠每堂课的教学渗透

课程是落实学校办学理念的主渠道，其中课堂是落实办学理念的主阵地。

只有课堂教学渗透了育人目标，办学理念才能真正落实。教师在教学目标设定、教学内容选择和教学流程设计上，要体现"做人教育"要求，认识学生个体差异，遵循学生认知规律。在课堂教学活动的组织中，要遵循学生的习惯养成规律，引导学生由简到难、由低层次到高层次地逐步养成良好的做人习惯；在教法和学法的选择上，要根据教学目标的特点，选择促进育人目标更高效落实的方法；在课堂管理方面，要以学生为本，创建适合培养学生做人品质的和谐教学环境和课堂氛围；在教学反思中，要以"做人教育"为导向，思考是否和在多大程度上完成了育人目标，不断总结经验教训，进一步提高以育人为中心的教育教学水平。总之，课堂是师生互动的主场所，"做人教育"的落实是在师生互动的过程中完成的。学生习惯的养成、品质的培养在一节节课堂教学中落实，在一门门学科教学目标达成的过程中实现。因此，课堂教学是否能完成培养学生品质的任务，是检验育人目标是否真正落实的主阵地。

综上所述，学生做人品质的培养、学校办学理念的践行离不开课程的浸润和课堂的滋养。面对知行脱节风险，从办学理念提炼到课程体系设计，再到课程开发，最后到课堂教学各环节之间的逻辑一致，都是育人目标落实的关键。正因为如此，附小提出和坚持以课程为主渠道的实施思路，以促进"做人教育"办学理念的有效落实。

第二节 "做人教育"理念的思想源流

附小的"做人教育"理念有其特定的提出依据和思想源流，主要包括教育方针与政策、西南联大及其附校办学传统、经典教育思想、校长教育思想、学校办学实践特色、师生育人目标共识六个方面。这些思想源流汇聚成上一节所述"做人教育"理念的主题句和基本内涵。

一、教育方针和教育政策

附小的办学理念在形成与发展的过程当中，不仅贯彻落实了党的教育方针、社会主义核心价值观和立德树人深化课程改革的意见，还遵循了学生发展核心素养的要求。

（一）党的教育方针

党的教育方针是附小办学理念的总体指导思想。党的十八大报告指出：全面贯彻党的教育方针，坚持教育为社会主义现代化建设服务、为人民服务，把立德树人作为教育的根本任务，培养德智体美全面发展的社会主义建设者和接班人[1]。党的十九大报告进一步指出，要全面贯彻党的教育方针，落实立德树人根本任务，发展素质教育，推进教育公平，培养德智体美全面发展的社会主义建设者和接班人[2]。党的教育方针集中回答了"培养什么人、怎样培养人"这两个教育的基本问题。附小"良习修美德　好好做个人"的"做人教育"理念，即培养学生的"三维六品"，恰好是对党的立德树人教育方针的校本化阐释，生动、具体地回答了"立什么德，树什么人"的问题。它使全校师生在认识上将总括性、原则性的立德树人根本任务结合学生和学校实际，落地转化为容易理解和操作的育人目标，从而成为党的教育方针校本化落实的思想纽带，成为学校办学行为和教育实践的指南。

（二）社会主义核心价值观

社会主义核心价值观是附小办学理念的重要思想来源。2013 年 12 月，中共中央办公厅印发《关于培育和践行社会主义核心价值观的意见》，明确提出以"倡导富强、民主、文明、和谐，倡导自由、平等、公正、法治，倡导爱国、敬业、诚信、友善"为基本内容的社会主义核心价值观，与中国特色社会主义发展要求相契合，与中华优秀传统文化和人类文明优秀成果相承接，是凝聚全党全社会价值共识作出的重要论断[3]。附小在讨论学生核心素养框架时将核心价值观的相关内容结合小学生发展特点和小学教育要求，作了甄选和融合。例如，将"爱国"、"友善"具体化，成为核心素养框架"有爱心"的二级指标"爱祖国""与人为善"；除此之外，学校还间接引用"敬业""诚信"作为核心素养框架"负责任"的二

---

[1]　胡锦涛 .2012-11-08. 胡锦涛在中国共产党第十八次全国代表大会上的报告 . http://cpc.people.com.cn/n/2012/1118/c64094-19612151-7.html.[2018-05-01]

[2]　习近平 .2017-10-08. 决胜全面建成小康社会夺取新时代中国特色社会主义伟大胜利——在中国共产党第十九次全国代表大会上的报告 .http://cpc.people.com.cn/n1/2017/1028/c64094-29613660-10.html.[2018-05-01]

[3]　中共中央办公厅 .2013-12-23. 中共中央办公厅印发《关于培育和践行社会主义核心价值观的意见》. http://www.wenming.cn/ll_pd/shzyhxjztx/201312/t20131223_1654835.shtml.[2018-05-01]

级指标"认真完成学业""信守承诺";将"文明"的要求具体到学生日常的行为规范中,以"文明言行"作为核心品质"负责任"的二级指标。以核心价值观作为学校"做人教育"目标的思想来源,为学校"做人教育"理念内容的丰富提升了高度并增强了时代感。

(三)立德树人深化课程改革的意见

2014年3月30日,《教育部关于全面深化课程改革落实立德树人根本任务的意见》(以下简称《课程改革意见》)出台①。这一政策文件的核心精神,是通过课程来落实立德树人根本任务,明确学校课程在人才培养中的核心作用,对完善课程建设、构建人才培养方案起着重要作用,是附小"做人教育"的总体方向和根本要求。《课程改革意见》特别指出,要求学校研究制订学生发展核心素养体系和学业质量标准;要根据学生的成长规律和社会对人才的需求,把对学生德智体美全面发展总体要求和社会主义核心价值观的有关内容具体化、细化,深入回答"培养什么人、怎样培养人"的问题。教育部将组织研究提出各学段学生发展核心素养体系,明确学生应具备的适应终身发展和社会发展需要的必备品格和关键能力,突出强调个人修养、社会关爱、家国情怀,更加注重自主发展、合作参与、创新实践。附小不断寻求符合学生发展的品质要求,制定《云南师范大学附属小学学生核心素养框架》,细化育人目标,正是对这一要求的贯彻落实。《课程改革意见》还指出,要在发挥各学科独特育人功能的基础上,充分发挥学科间的综合育人功能,开展跨学科主题教育教学活动,将相关学科的教育内容有机整合,提高学生综合分析问题、解决问题的能力。为落实这一要求,附小在课程建设实施思路里提出全学科育人,一方面要求对国家和地方课程进行校本实施,包括跨学科整合和各学科内部整合等;另一方面,在原有课程的基础上提炼、拓展和深化校本特色课程建设。

(四)中国学生发展核心素养

2016年9月13日,中国学生发展核心素养研究成果发布会在北京师范大学(简称"北师大")举行。该会议指出"核心素养以培养'全面发展的人'为核心,分为文化基础、自主发展、社会参与三个方面,综合表现为人文底蕴、科学

---

① 教育部.2014-04-08.教育部关于全面深化课程改革落实立德树人根本任务的意见.http://www.moe.edu.cn/srcsite/A26/s7054/201404/t20140408_167226.html

精神、学会学习、健康生活、责任担当、实践创新六大素养"[1]。核心素养更为具体地回答了"育什么人"的问题，是学校办学的战略指导，既要将其贯穿整个教育活动，又要将其渗透到各个学科。对照附小总结出的六种品质，强调对责任担当、健康生活、科学精神等内容的细化，如六种核心品质之一的"负责任"，与核心素养中社会参与层面的责任担当要求相同，要让学生明确责任意识，重视责任意识的养成。用核心品质"善思考"以及一级指标"乐思、善思"，二级指标"勤于观察、保持好奇心、主动发现问题、收集和整理信息、有效记忆、大胆想象"来落实六大核心素养中的"科学精神"。

通过将教育方针、政策与学校传统和实际结合，附小在对"培养什么人、怎样培养人"的重大问题的回答上坚持了社会主义办学方向，为学校后期办学理念的提升提供了政策理论的指导。

二、西南联大及其附校办学传统

办学传统指的是一所学校在长期的办学历程中形成的精神和思想，其中的一些内容在新时期依然符合时代发展需要。因此，历久弥新的办学传统得到传承和发扬，成为学校办学理念的思想渊源。附小的前身是抗战烽火中诞生的国立西南联合大学附设学校，作为西南联大的一部分，在当时艰难的办学历程中，仍然形成了许多值得后人继承发扬的优秀办学传统，其中不乏至今仍值得继承的教育思想。

（一）继承西南联大办学思想

三千里"行军"，一路上挥洒汗水、体验艰辛的同时，也洋溢着联大人的乐观与自豪，促使"三校"精神汇聚昆明。联大的一次校庆中，有人以对联"如云，如海，如山；自然，自由，自在"形容三校不同的作风：清华智慧如云，北大宽容如海，南开坚定如山。三校的校训各有旨趣，北大是"博学审问，慎思明辨"，清华是"自强不息，厚德载物"，南开是"允公允能，日新月异"。西南联大融汇三者，产生了"刚毅坚卓"的校训。[2]

---

① 柴葳，刘博智.2016-09-14 中国学生发展核心素养研究成果正式发布. http://www.jyb.cn/china/gnxw/201609/t20160914_673089.html
② 吴宝璋.2017-01-24.联大八年：刚毅坚卓传承薪火.云南日报，（第8版）

附小深受西南联大办学思想和传统的熏陶，突出体现在两个方面：其一，受西南联大校训"刚毅坚卓"的深刻启发。"刚毅坚卓"四个字内涵深刻，"刚"就是要坚强，要有一股劲儿，刚能立事；"毅"就是果断，有毅力，致果为毅；"坚"就是坚定；"卓"是超越寻常，看得高远，卓然而立。今天，云南师范大学仍使用这一校训，附小也继续传承西南联大校训中的办学思想，并且从"刚毅坚卓"所承载的精神文化中挖掘当代价值，用刚能立事的信心去拼搏，并将毅直接纳入做人品质中，即"有毅力"。其二，西南联大师生"铁肩膀担道义、妙手铸文章""国家兴亡，匹夫有责"的担当精神和责任意识等，凝练成"负责任"的做人品质，对于今天如何培养学生的社会责任感是非常有借鉴意义的。

（二）传承黄钰生先生的德育思想

在培育教师的摇篮——西南联大师范学院中，黄钰生先生非常重视师范生的培养，并亲自拟定了师范学院院歌歌词，让师范学院的学生明白要像春风春雨滋润万物般热爱教育工作、爱学生，献身教育事业。1940年，西南联大在其师范学院设立了附校，包括附中和附小。时任西南联大师范学院院长的黄钰生教授任附设学校主任，他在拟就的《附设学校成立趣旨》中有这么一段文字："我们宁愿要顽皮淘气的孩子而不愿要无生气的孩子。根据这种认识，本校对于每个儿童的兴趣、胆量、气质加以爱护，对于艺术、音乐、劳作、团体活动等表现自我的科目，将特别注意。本校同仁不敢希冀培植天才，但不践踏天才……"[①]遵循儿童发展的特点和坚持多方位评价的原则附小沿用至今。

黄钰生先生经常用形象的故事告诉学生深刻的做人哲理，正如本书在第一章中提到的"天秤、灯泡和绳子"等故事，为学生呈现了一堂堂精彩的课例。这些精彩的比喻无不体现了他所概括的附校办学思想："熏陶重于管理，实践重于说教；以校风熏陶学生之品德与情操，不以规章制度来束缚学生之活动与行为。"这些故事中蕴含的公正、热情、爱心、合作等思想，融入附小的做人品质提炼中。

（三）秉承校歌里"好好做个人"的教育思想

西南联大附校办学思想不仅体现在教师的一言一行中，还集中体现在那首

---

① 北京大学，清华大学，南开大学，云南师范大学.1998.国立西南联合大学史料（1）（总览卷）（精）.昆明：云南教育出版社：179

经典的校歌里。1943年，联大教授张清常先生给附校作的校歌，最后一句歌词就是"好好地做个人"，这直接成为"做人教育"理念的主题句。歌词的第一句就是："在这里四季如春，在这里有爱没有恨。""爱"是西南联大附校教育思想的核心，所以"有爱心"成为附小学生的六个做人品质之首。校歌里还唱道："知识要够，头脑要清新，能独立判断。"这体现了学校十分重视学生独立思考能力的培养。其中，"知识要够"是基础；"头脑清新"一方面是指清晰和独立的思维能力，另一方面则是指一个人要有辨别是非的能力，能不拘泥于习惯，有自己的独立判断和合适自身的明确志向。因此，"善思考"成为附小学生的六种品质之一。正如黄钰生先生经常告诫学生的："事有其时，事有其地，事有其实。"这要求学生保持清新的头脑，探察事物发展的规律和做事的时机。这种头脑清新、独立判断的思维品质，也是现代人应该具备的基本品质，需要云南师大附小在继承传统的基础上继续发扬，所以独立思考能力的培养是我们对学生培养的一个着力点。

综上，厚重的历史文化传统是附小办学理念提升的渊源。通过对西南联大及附校办学传统的梳理和凝练，附小确定了办学的突出特点，即重视德才兼备，以德引领智慧、以智促进德行，使学生在充满爱、活泼、开放的校园中快乐成长。昔日联大人在艰苦奋斗中形成的优秀办学传统，今天的附小人有责任弘扬，并使其熠熠生辉。

三、经典教育思想

任何思想和理念都不是凭空产生的，都有其深远的思想渊源。附小的做人教育理念亦是如此，它可以在古今中外的教育思想宝库中寻找到其根源与支撑。

（一）教育是培养人的活动，要教人做人

从事教育工作，首先要弄清教育是什么，即教育本质这一根本问题。我国教育界关于教育本质问题曾出现过争论，比较一致认可的观点是，教育是一种培养人的活动。"教育是培养人的活动。教育作为人类社会的特有活动，其最本质的特点就是对人的培养，通过培养人来为社会服务。这一特点贯穿于古今中外以至未来一切教育之中"[①]。因此，育人，即教人做人是教育的根本。两千多年前的苏格拉底曾明确指出，教育的任务就是要教人怎样做人，"如果经过教育而学会

[①] 吴宝璋.2017-01-24.联大八年：刚毅坚卓传承薪火.云南日报，（第8版）

了他们应当怎样做人的话,就能成为最优良最有用的人"①。无独有偶,在两千多年前的我国,孔子也明确地提出,要通过教育使人成为"君子"。我国近代教育家陶行知先生指出的"千教万教,教人求真;千学万学,学做真人"②,陈鹤琴先生提出的"做人,做中国人,做现代中国人",这些无不体现出通过教育培养人、教人做人的根本追求。

教育的本质在于培养人,"人只有通过教育才能成为人。除了教育从他身上所造就出来的东西外,他什么也不是"③。因此,学校教育应按照教育本质的要求,培养学生成人,教会学生做人,并将教会学生做人作为学校教育的核心与灵魂,统领学校教育活动,按照教育规律开展育人工作。这种认识对纠正当前把作为手段的知识传授和把考试当成教育目的的教育异化现象,都有很大启示。附小开展"做人教育",就是力图从教育本质出发,回归到以教育培养人、教人做人的原点。某种意义上,这是对现实问题进行纠偏的一种努力。

(二)教育要培养有德行的人

综观古今中外的教育,培养有美德的人始终是教育亘古未变的终极目标。只是不同国家、不同时期对美德具有不同的要求与内涵。康德认为,做出符合义务要求的事就是道德的,因此教育要培养具有公民道德的人。杜威认为教育即生活,学校即社会,因此学校教育应培养社会公民,并通过道德教育使学生具备一名合格公民应具有的优秀道德品行。在我国,从孔子的"仁",孟子的"仁、义、礼、智",再到蔡元培"五育"并举培养健全的人格,以及当下培养德、智、体、美等全面发展的人,尽管不同时期对德行有着不同的要求与内容,但通过教育来培养高尚的德行,一直是教育的首要目标,也是教育无可逃避的责任。

针对教育中"德"与"智"分离的现象,我们要正确认识道德与知识的关系。知识是道德培养的手段,通过获取知识可以培养道德品质。因此,知识只是途径,道德品质才是目的。从狭义上说,知识就是知识,其目的是让人认识社会、解决问题,是一种中性的教育手段。但从广义上说,凡是好的东西都是道德,知识以及基于知识生成的智慧也是一种道德——这正是苏格拉底的经典思想。苏格拉底指出,要把精力用在高尚和善良的事上,努力成为有德行的人。智慧就是最

---

① 吴式颖.1999.外国教育史教程.北京:人民教育出版社:55
② 1945年陶行知给广东省浦县百侯中学写的一首校歌诗。
③ 伊曼努尔·康德.2005.论教育学.赵鹏,何兆武译.上海:上海人民出版社:5

大的善，智慧即德行①。苏格拉底所说的"德"是一种大德，即凡是好的东西都是德行。苏格拉底的学生柏拉图进一步提出，要通过教育培养具有"正义、理智、勇敢、节制"四大德的人。其中的"理智"就是一种大德至善的智慧。有的研究者进一步延伸理解，把苏格拉底的思想提炼为"美德即知识"②或"知识即美德"③。关于苏格拉底的伦理思想以及他是否明确论述过知识与美德的关系，学术界存有不同的争论。作为理念提升的专著，本书无力对此做出深刻阐释。我们关注的是，后人关于苏格拉底和柏拉图思想的讨论确能带来的启发。比如，有的研究者认为，在对美德的本质论述中，苏格拉底提出了一个重要的命题即"美德就是知识"。对于其含义，他认为一切美德都离不开知识，知识是美德的基础，知识贯穿于一切美德之中；美德不是孤立存在的一些观念和准则，任何美德都须具备相应的知识，无知的人不会真正有美德。这一观点对我们理解知识与道德的关系是有启发的。一方面，学校教育不能空喊道德口号，而应以知识的教育作为基础；另一方面，教育不只是给予学生知识，更重要的是对知识进行价值引领，使知识成为人追求良善，追求美好的工具，这样的知识才能升华为一种智慧，也才能成为一种大德。

现实中，有的老师存在将知识教给学生就行的认识，其实是缺乏对于知识的价值引领的思考，从深层上是缺乏对知识、智慧与美德之间关系的哲学反思和伦理判断。在古代，师傅姑且要教徒弟先做人后学艺的道理，现代学校岂能只传授知识而不教学生做人？若如此，学校与社会培训机构几无差异了。因此，学校教育应当始终将良好的德行作为培养人才的首要标准，也应始终以培养具有良好德行的人作为灵魂，继而渗透至学校的课堂教学、文化建设、管理等方方面面，特别是使知识传授的课堂弥漫着德性的光芒，使学校教育真正围绕着育人进行，也使学校真正成为育人的场所，变"无人教育"为"全人教育"。

（三）儿童时期是人道德养成的关键阶段

人在儿童时期接受的教育对人一生的发展至关重要。19 世纪德国著名的教育家福禄培尔认为，幼儿时期是人的发展过程中的一个非常重要的阶段，人的整个未来生活，直到他将要离开人间的时刻，其根源全在于这一生命阶段④。福禄

① 吴式颖.1999.外国教育史教程.北京：人民教育出版社：55
② 张秀娟.2006.苏格拉底的"知识即美德"之解读.昆明师范高等专科学校学报，（3）：42-44
③ 王雷.1999."美德就是知识"——苏格拉底的教育命题.沈阳师范学院学报（社会科学版），（1）：66-68
④ 福禄培尔.2001.人的教育.孙祖复译.北京：人民教育出版社：27

培尔这里所说的"根源",就是那些足以让他受用一生的基础性的品质和德行。正是儿童阶段播下了道德的种子,他的未来生活才会从这个根上开出美德的花朵。《教育——财富蕴藏其中》报告也指出:"应该使每个人尤其借助青少年时代所受的教育,能够形成一种独立自主的、富有批判精神的思想意识,以及培养自己的判断能力,以便由他自己确定在人生的各种不同的情况下他认为应该做的事情。"① 这些经典论述都强调一个共同的观点,即儿童和青少年时代的教育对于形成可能影响人一生发展的品质和德行,何其重要。

立德树人首先要从小学抓起。小学阶段强调"做人教育",是由该学段特定的教育功能决定的。科学研究表明,6 ～ 12 岁是儿童为一生的健康、幸福和成功奠基的黄金时间,也是儿童开始借助学校进行社会化发展的关键阶段。正如重庆谢家湾小学所提出"六年影响一生"② 那样,小学教育对儿童今后一生的成长有着基础性的作用。要成长为一个全面发展、自我认同并对社会有所贡献的人,就需要在小学教育阶段学习做人的道理。著名教育家陶行知说:"先生不应该专教书,他的责任是教人做人;学生不应该专读书,他的责任是学习人生之道。"③ 叶圣陶也说:"受教育的意义和目的是做人。"④ 这两位先生所说的"做人"方面的教育,更多的是指小学阶段的教育。

我们强调小学阶段道德养成的重要性,与青少年发展的特殊性——不可逆性有关,一旦错过这个阶段将难以弥补。正如福禄培尔指出的:"在少年时代,在人的教育与发展中被耽误的和被忽略的东西却是无法挽回的。"⑤ 因此,我们需要反复强化这样一种认识:作为教育初始阶段的小学教育,是所有基础教育的基础。因此,小学阶段的道德教育,学校给予孩子的是他一生所需道德中的最基础的品质。也正是站在这个认识基础上,我们希望通过"做人教育",为附小学生在今后一生中做个受尊敬和欢迎、对社会有贡献且能感受幸福和快乐的人,打下的坚实的品质和德行基础。

---

① 雅克·德洛尔.1996.教育——财富蕴藏其中.联合国教科文组织总部中文科译.北京:教育科学出版社:192

② 刘希娅.2009.六年影响一生——重庆市谢家湾小学办学理念解读.人民教育,(8):29-31

③ 陶行知.1983.行知书信集.合肥:安徽教育出版社:109

④ 叶圣陶.1984.叶圣陶散文乙集.北京:生活·读书·新知三联书店:665

⑤ 福禄培尔.2001.人的教育.孙祖复译.北京:人民教育出版社:327

四、校长教育思想

苏霍姆林斯基曾说："学校领导首先是教育思想的领导者，其次才是行政领导。"所以，周群校长的教育思想对附小育人目标、办学理念的形成有着重要意义，是非常重要当然并非唯一的思想来源[①]。

"一辈子，一条街，一所学校，和一群人，只做一件事"是周群校长的"一"字人生，这饱含了她对小学教育深厚的情怀和不断的追求。周群校长在 2013 年写的教育思想自述中提到，一生从教全凭心怀一个"爱"字。大爱发乎于心，便可外显于行。"爱"让她对教育的追求有了明确的目标，并以爱去培育学生，培养教师，发展学校，用几十年的坚守诠释了她的"一"字人生。

一直以来，周群校长对小学基础教育有一个追问，或者也可以说是被追问：小学六年对人的成长有很重要的影响，那么在这六年里我们究竟要给予学生什么？她逐渐认识到，生命的核心是成长，任何一个生命体都需要成长，而成长一定要以人为本，小学生的成长尤其如此。那么，小学教育如何体现"人本"呢？也许是人所具有的先入为主的特性，小学老师和所教授的一些东西确实会影响一个人的一生。既然如此重要，那么学校就要首先解决好"给学生什么"的问题，即回归教育的原点。

周群校长找到的初步答案是，小学要给予学生最需要的、最基本的，也是足以使学生受用一生的品质和技能。因为无论"教"还是"育"，只要遵循"本"就不会错。"教"要从基础知识和基本技能入手，"育"则从良好的习惯出发。正是基于这个认识，周校长无论是在办学理念的提出上，还是在课程体系的设计与开发上，都有了明确的指引，即要回答好好做个"什么样的人"，就是要培养学生做人的基本品质（具体是哪些基本品质，是后续通过课题研究的成果），帮助学生将来成为"受人尊敬和欢迎、对社会有贡献且自己能感受幸福和快乐的人"。任何个体的人都要融入社会。作为社会人，受尊敬和欢迎是基础性的，对社会有贡献则是社会对人的基本要求，同时自己能感受到生活的幸福和快乐才能成为一个健全的人。而这三个从原点出发的"做人教育"目标，体现了人要处理好的最基本的个体与他人、个体与社会、个体与自我的关系。追溯"教"，回归"育"，

---

① 姜元涛，沈旸，茶世俊，等.2014. 析论校长的办学理念与学校的办学理念·教学与管理，（18）：54-56
在学校办学理念提炼中，以校长教育思想、办学理念取代学校办学理念的情形并非罕见。本书提倡尊重、发挥校长教育想的引领和核心作用，但也认为应该谨慎区分校长教育思想、办学理念与学校办学理念的关系，除了校长教育思想，还需关注、吸收师生及家长等多方意见建议。

就是附小要实施的回归原点的"做人教育"。周群校长的这一教育思想,直接纳入学校的"做人教育"理念,成为学校"做人教育"育人目标的核心内容。

五、学校办学实践特色

多年以来,附小在办学特色的打造上也进行了思考与探索,并进行了深入的研究和丰富的实践。附小继承并发扬了西南联大附校的优秀办学传统,立足实际,在实践中不断为其注入新的时代内涵,将课程改革作为教育创新与发展的灵魂和主线,以育人文化建设为抓手、以育人课程建设为创新点、以学生综合素质评价为重要举措、以教师专业发展为保障,谋划好"立德树人"这篇大文章,开创了学校、教师和学生共同发展的多赢局面。

(一)学校十分重视德育

学校教育不只是给予学生知识,更重要的是对学生所学知识进行价值引领,使知识成为人追求真善美的工具,这样的知识才能升华为一种智慧,才能成为一种大德。附小在追求教育本质的同时,给予学生道德的教育,在开设德育主题活动的同时,提升并形成适应学校发展的校风、教风、学风,在各个方面引领学生的道德发展,丰富"做人教育"的内涵。

附小教育以德为先,培养德才兼备的人是附小教师共同追寻的目标。学校每学期的工作计划中都要确定一个德育主题,这已是附小延续已久的传统,各班根据德育主题在周四下午的队会课上自行安排相应的主题活动。直到2006年,学校提出将德育的重点放在"好好做个人"这一教育原点上,认为做好一个人是德育的最高目标,也是学生以后在社会上的立足之本。随着"良习修美德 好好做个人"德育主题活动的展开,学生参与一系列"做人教育"的活动。例如,"五一劳动节——争做环境保护小卫士"主题活动,增强了学生爱护环境的意识,同时感受清洁人员工作的不易;"书山有路勤为径"主题活动,通过对名人故事的讲述,让学生感受勤奋学习的重要性,立志在以后的学习中勤学善思、奋发图强。每一次德育活动的开展都增长了学生的见识,扩充了学生的知识储备,提升了学生的道德认知。

学校教室的墙壁上,校园的文化走廊上,学生的习题作业本上,随处都可以看见附小的印记——"良习修美德 好好做个人"。它已成为学校精神文化、环境文化的重要内容，被每一位附小人所铭记，这正是"做人教育"在师生心间生根发芽的象征。

（二）学校形成了"三风"

在多年的办学实践中，附小逐渐形成了"爱国、修德、勤学、创新"的优良校风、"师以爱和责任工作"的教风和"生以成人为本，成才为志"的学风。校风、教风、学风是学校风貌的具体体现。

1. 校风

附小校风是"爱国、修德、勤学、创新"，是学校体现出的整体精神风貌和行为风尚。"爱国"是每位公民必备的道德情操，也是社会主义核心价值观最主要的部分。它体现了个人对祖国的深厚感情，反映了与祖国的依存关系。爱国的人会自觉履行国家赋予的责任或义务，做对社会、国家有贡献的事，并能立志为报效祖国而努力奋斗。"修德"即修养德行，"德为才之帅，才为德之资"，德是一个人保持正确的航向，驶向成功彼岸的保障，是理想信念、思想行动的首领和统帅。教师和学生好好做人，就应该努力提高自己的道德修养，培养出良好的品质，这也是立人之根本。"勤学"是指努力学习。"业精于勤荒于嬉"，学习贵在钻研，贵在勤奋，贵在坚持。不论学生还是教师都要保持勤学的状态，逐渐储备必要的知识和技能，并养成终身学习的良好习惯。"创新"是事物向前发展的灵魂，只有不断创新，才能推动事物向前发展。创新在学校教育中有举足轻重的作用，创新教育是培养高素质的创造性人才的重要途径。"爱国、修德、勤学、创新"的校风感染着每一位附小人，是学校办学理念提出的重要依据。

2. 教风

附小教师秉承"师以爱和责任工作"的教风。"爱"与"责任"是教师师德的灵魂，也是教师做人的核心要求。爱是指教师应该热爱学生，热爱自己所从事的教育事业。责任心是指能认识到自己所肩负的责任，并能主动扛起责任。教师具备爱心的品质，能春风化雨般感染学生、启发学生，能教会学生爱自己、爱他人、爱集体、爱自然。同时，老师爱的鼓励和安慰，能让学生勇敢地面对生活中的各种挑战，化解心中的恐惧与不安。同样，教师只有具备崇高的责任感，才会在日常教育教学中以强烈的责任感与事业心工作，才能坚持"学高为师，身正为范"的信念。教师只有具备了爱心和责任心的品质,才能在工作中以言行感召学生,影响学生,促进学生"有爱心、负责任"品质的培养。"爱"与"责任"是附小做人品质的重要基础。

3. 学风

附小学生秉承"生以成人为本,成才为志"的学风。附小的学生以学习"好好做个人"为主要任务,并立志成才。"以成人为本,成才为志"彰显附小对育人目标的要求,也揭示了附小培养学生成为"受人尊敬和欢迎、对社会有贡献且自己能感受幸福和快乐的人"的"做人教育"理念。教学生"好好做个人"是附小育人目标,而学会做人是附小学生应完成的基本任务。做人与成才兼顾是附小教书育人的综合要求。

(三)学校开展了富有特色的课程建设

附小一直以来都把教学生"良习修美德 好好做个人"作为办学理念,在国家课程、地方课程的校本实施和校本课程特色建设中进行了许多尝试。下面选择几个特色的课程建设亮点加以介绍,作为丰富"做人教育"理念内涵的实践基础。

1. 闻名全国的"小场地大课间"

"小场地大课间"就是将国家课程中的体育课与地方课程中的民族团结进行整合,开发出富有特色的少儿民族韵律操舞。2002年,针对附小文林校区场地小、学生多的实际情况,学校挖掘云南特有的少数民族资源,开展集德、智、体、美于一体的闻名全国的"小场地大课间"活动。老师们吸取彝族、哈尼族、景颇族、傣族等6个民族的音乐和舞蹈元素,将现代韵律操和少数民族传统舞蹈相结合,编排了1~6年级6套少儿民族韵律操舞,使学生在穿着民族服装、听着民族音乐、唱着民族歌谣、跳着民族舞蹈、玩着民族游戏中品味民族文化,让爱祖国爱家乡从小植根于心,也让团结、合作、有毅力化作日常行动。在约2400平方米的小场地里,60个班4000多名学生先后完成不同民族的韵律操舞,也反映了合作、团结的育人目标,是附小做人品质中"有爱心""能合作"的重要基础。

2. 少儿"小博士"露锋芒

以在兴趣中发现、在发现中探索、在探索中培养创新精神和实践能力为宗旨的少儿"小博士"评选活动，对学生的能力培养有极大的促进作用。活动对象主要为五、六年级学生，活动中以研究性学习为主，让学生发现和提出问题，并通过调查、实验、分析等方法来解决问题，真正做到在学中思，在做中学。孩子们在一次次的实验中体验做学问的艰辛和获得成功的喜悦，这也引导和发展学生"爱科学、学科学、用科学"的兴趣和志趣。少儿"小博士"评审延伸到社会，除了让学生在学校网站上提交论文，参加公开评审、及时了解反馈意见外，还直接与云南省乃至国家每年举办的青少年创新大赛联动，搭建起能直接与科学家们对话的平台。学校为学生正式出版了 5 本《少儿小博士论文集》，给予有特长、专长的学生更广阔的发展空间。每个学生都在亲身经历中深切地体会到为什么要善思考、有毅力、能合作。

3. 丰富多彩的综合实践活动

附小整合各方资源，使学校、社会和家庭在"做人教育"中能形成合力，使"做人教育"实践活动不仅更有实效，而且更具生命力。学校各班组建家长委员会，充分利用家长在各行各业的资源，在每周三、五下午综合实践活动的时间，为孩子们开设形式多样的课程。交响乐团进校园、科学讲座——能量的产生、传承中国茶文化——茶艺学习、合作力量大等主题活动，不仅可以让孩子们走进生活、认识生活、体验生活，更培养了他们善思考、能合作、爱自然、爱生命等做人品质，这些品质有机地融入做人品质框架中。

4. 主题鲜明的班队课

少先队大队部、政教处紧扣"立德树人"的诉求，依照"良习修美德 好好做个人"的办学理念和"培育道德人格、塑造道德文化、造就道德生活"的德育目标要求，开展各种主题鲜明、内涵丰富的系列活动，使"六种品质"的培养渗透学校日常生活的方方面面。有爱心、负责任、有毅力等德育主题是做人品质形成的重要基础。每学期开学初，学校都会将德育工作放在学校工作计划的首位，少先队大队部根据学校德育的总体计划，有针对性地安排一学期的班队课活动主题，各班再根据实际情况制定符合主题的活动计划，例如，故事会——明确责任意识；爱驻心间——做一个有爱心的人；水滴石穿——争做有毅力的小水滴等。

5. 突破学科知识授受的整合课

课程是育人的指南和载体，课程整合将成为课改深化发展的重要生长点。多年来，附小一直深谙这一点，不断致力于课程改革，通过课程建设进行了对课程观、课程目标、课程内容、教学过程、学习方式、教师角色、学校文化等方面的探索，把"国家课程校本化，校本课程特色化"的方针和自身的办学理念也融入其中。课程整合不仅意味着学科内部的整合，也可以是学科和学科之间的整合，这样的整合不仅强调容量，更强调一种体系，换言之，就是视课程为载体，意在体现学科的探究过程和探究方法。当然，探究过程和所得出的结论是相互作用、相互依存、相互转化的关系。比如，在"恐龙"这一整合课中，从语文教师帮助学生扫清字词，读通句子，再到科学老师带领学生用科学的视角来认识恐龙，随后又回到语文老师的课堂，去学习说明文的形象化表现手法，更加体现了课程过程的重要性，显然，语文课和科学课在这样一节课中展现了独特的整合魅力，可以说，二者的有机结合体现了学科和学科之间的整体内涵和思想。因此，整合课打破了以往的教学传统，为学生搭建了一个体系，帮助学生形成学科认知结构，使理智过程和精神世界获得实质性的发展与提升[①]。附小从学科内部、跨学科整合、课内外课程整合入手，深入探索课程整合促进育人目标实现，为优化学校课程体系和育人体系，充分发挥课程的育人功能奠定基础。

（四）校园文化氛围中渗透育人目标

校园文化氛围是渗透育人目标的重要途径，学校的每一面墙壁、每一座建筑、每一处景物都可以成为学校育人目标渗透的媒介，起到润物细无声的作用。

1. 校园文化环境

正如本书第一章所介绍，走进附小任何一个校区，大家都会被校园内浓郁的文化氛围所感染，学校除了营造优美、整洁、宜人的环境氛围，还赋予这些环境以育人功效。例如，学校有一面墙壁取名"传承壁"，上面图文并茂地刻有"仁、义、礼、智、信、忠、孝、廉、毅、和"十个字的简义，学生每天在校园里学习、玩耍，耳濡目染墙壁上的"教导"，受到传统文化潜移默化的影响，明确有爱心、有毅力、守信用、待人和善是附小人应具备的品质。又如，一进附小大门，首先

---

① 刘锦霞，米雪.2017.国家课程校本化整合的一般流程和关键环节.经贸实践，（1）：258-259

映入眼帘的是三色柱，寓意附小具有"清华大学""北京大学""南开大学"三所名校组成的"西南联大"的血脉。这里走出了太多的国之栋梁，每一个走进校园的人都有责任将前辈走过的路发扬光大。校园内棵棵百年古树昭示厚重历史，同时蕴含着"十年树木，百年树人"的哲理。

2.班级文化建设

班级文化建设是塑造人格最好的方法和途径之一，它不仅蕴涵在学生学习的知识中，还蕴涵在学生每天所处的教室环境中。学生置身于弥漫着浓厚文化气息的情景中，受到潜移默化的思想道德、行为规范的教育。学校以班级为单位，以各班教室墙壁为阵地，与德育主题紧密结合，师生齐动手，共同策划、制作，让每一面墙壁都会说话；在有限的教室墙壁上创设各具特色且内容丰富，有时代性、创新性、实效性的文化阵地。以鲜明的主题、生动活泼的形式，让班级文化充分发挥引导人、教育人、熏陶人、激励人的育人功效，使其如无声的春雨滋润孩子们的心田。

六、师生育人目标共识

学校要培养什么样的人，这是一个具有开放性和未来价值取向的问题，不仅要考虑办学传统的历史因素和办学实践的现实因素，还要考虑以指向未来的期望和追求为主要内容的教育理想。为了寻找和凝聚附小人的教育理想，围绕"我希望培养什么样的学生"这一主题，学校组织了多次座谈并开展全校教师问卷调查。

在2013年全校首次研讨中，出现频率比较高的词汇为：有爱心、自信、诚信、责任、勤奋、合作、坚毅、创新、爱国、感恩。同时也发现，学校一直以来在"良习修美德"方面做得好，但对西南联大校歌中所提出的"独立判断，头脑清新"认识得还不够。在随后再次研讨中，课题组针对第一次讨论的结果进行进一步梳理和提炼，得出8个关键词：责任、合作、坚毅、（头脑）清新、自信、有爱心、诚信、明礼。课题组将这8个关键词下发，以部门为单位，在全校教师中征集反馈意见，结果排序为责任、有爱心、诚信、明礼、合作、坚毅、（头脑）清新、自信。收到反馈意见后，学校组织了中层干部座谈会，进一步做了沟通、解释和征求意见的工作，特别是保留了票数比较低但非常重要的品质，如"头脑清新"。在此基础上，学校领导还分别听取了学生代表及毕业生代表的意见，完善充实了品质框架。最后,学校于2013年1月9日组织了全校教师问卷调查和教师代表座谈。老师们表达了自己心中所想:好好做个人当中的"人"应当是有爱心、有责任、乐观向上、会独立思考的人。

经过这些反复、深入的研讨,不难发现,附小教师对培养什么样的学生尽管表达形式多样,但有一点是共同的,即希望培养有爱心、有责任感、有合作精神和善于独立思考的人,从而使其在进入社会后能获得认可。基于这些广泛深入的交流,全校老师更加明确自己心目中对学生成长的期望和愿望,那就是希望学生将来成为受人尊敬和欢迎、对社会有贡献且自己能感受幸福和快乐的人。

综上所述,附小办学理念的提出有其合理依据(图2-3),是建立在多方面的思想渊源基础上的,主要包括教育方针与政策、西南联大及其附校办学传统、经典教育思想、校长教育思想、学校办学实践特色、师生育人目标共识六个方面。其中,党的教育方针和政策是总要求,办学传统是历史基础,校长教育思想是重要组成部分,学校德育教育和办学实践特色进一步丰富了理念的内容,师生对育人目标的共识则细化了理念内涵。

图2-3　云南师大附小"做人教育"理念的思想源流

第三节 "做人教育"理念的提出过程

附小开展以做人为方向和目标的教育历时十余年，但明确提出"做人教育"理念则是近几年的事。"良习修美德 好好做个人"由历史积淀到时代要求，由德育主题最终确立为办学理念，让一代代附小人心中的育人信念得以升华，成为附小今后持续、健康发展所追寻的根本目标。学校办学理念提出和实践探索历程的重大事件如图 2-4 所示，这反映了"做人教育"理念提出的三个基本阶段，概括介绍如下。

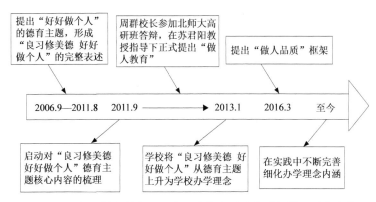

图 2-4 附小"做人教育"理念形成的主要阶段时间轴及重大事件

一、探索和提出"良习修美德 好好做个人"德育主题

2006 年初到 2011 年 8 月，是学校"做人教育"理念的早期探索阶段。这一阶段，学校提出"好好做个人"的德育主题，形成"良习修美德 好好做个人"的德育主题完整表述，为提炼"做人教育"理念奠定了良好的基础。

长期以来，德育工作是附小工作的重中之重，学校一直坚持品德教育和习惯养成教育。学校采取全员、全程、全方位的育人原则，通过学校管理、主题活动、课堂教学、教学科研、家校合作、校园人文环境等实践探索，抓好长期的习惯养成教育，以小事养大德。例如，对小学生个人而言，首先是自我负责，对自己的学习、生活和选择负责，"做好你自己"就是自我负责的一种体现。学校开展自己收书包、完成好自己的作业、整理好自己的房间等一系列活动。其次是对他人、对集体、对社会的责任。清楚自己与集体的关系，培养集体荣誉感；知道自己的行为与班集体是存在关联的，能为了集体加强对自己的管理，并乐于承担集体中的事务。在家中清楚自己是家庭一员，对父母和亲人有孝敬之心，尽力为家庭做力所能及的事。学生自己、自己与他人以及与家庭成员间的关系，在学校教学中进行潜移默化的熏陶与培养，既注重学生个人习惯的养成，也注重社会行为的培养。"良习修美德"，是通过长期的习惯养成教育来培养学生做人所需要的品质和德行。当美德成为一种习惯性的行为和品质，学生进入社会才有扎实的品德基础。没有德行的人做人容易出现问题，比如不踏实、不真诚，头脑聪明但德行不好的人危害更大，这也是学校强调"良习修美德"的重要原因。

过去，学校每学期的工作计划都会结合实际确定一系列德育主题，这一主题的构成通常上一句是学校一直的做法，如"良习修美德"，下一句则是与当年重大形势相关的育人目标。例如，良习修美德——做一个珍爱和平的人，良习修美德——争做懂爱、会爱的好孩子等。学校每次起草工作计划时，都要为后半句的提法百般思索。周群校长意识到如果每个学期德育主题都在变化，就会造成德育的持续教育性不足，她希望找到一句固定不变又确实能起到纲领性作用的话语，把德育主题稳定下来。

正在周群校长困惑之际，恰巧遇到一个拓展德育主题思考的契机。2006年，教师节演讲活动如期举行，这是附小每年的固定节目。这一年的主题被定为"好好做个人"，台下的周群校长看到这一主题思绪万千，回想起学校每年教师节主题演讲中，老师们讲的那些为学校发展、学生教育鞠躬尽瘁的感人事迹，让人们清楚地意识到学校能有今天这般高的社会认可度，一个重要的原因就是学校里的每个人都在好好地做个人。老师在好好地做个人，何不让学生也好好做个人？好好做个人，正是这一简单而意味深长的话，让教育回归原点。做好了一个人，到社会上就有了立足之本，这在任何时候、任何场合都需要。周群校长把这个意见在学校领导班子会上提出，建议将"好好做个人"作为"良习修美德"的下一句固定下来。班子成员认为，这个建议很好并得到一致的赞同。随后，课题组再做历史文献梳理时发现，恰好当年西南联大张清常教授为附小所作校歌的就提出"好好的（地——笔者注）做个人"，这就更加坚定了学校把"好好做个人"作为德育主题的想法。于是，"良习修美德 好好做个人"就顺理成章地提出来了。此后几年，"良习修美德 好好做个人"一直通过德育主题以及校园文化系列活动来实施，这为后期附小提炼"做人教育"理念奠定了良好的基础，是"做人教育"

概括有目标可寻，有参照可比。

二、将德育主题提炼为"做人教育"并上升为办学理念

2011 年 9 月至 2013 年 7 月，是"做人教育"理念的提出阶段。这一阶段，学校进一步明晰德育主题，对"良习修美德 好好做个人"的核心内容进行梳理、提炼和系统表述，并上升为学校办学理念。

2011 年 9 月，周群校长利用全国优秀小学校长高级研究班学习的契机，带领学校进入对附小"良习修美德 好好做个人"内涵的反思和梳理。这一研究任务的提出，一方面是为了完成北师大研究班作业要求；另一方面，是因为周群校长在实际中遇到一个难题，就是如何向来校参观的客人和本校老师解释清楚""良习修美德 好好做个人"的具体内容究竟是什么。周群校长感到，光有一句口号是不行的，一个好的理念需要有具体的思想内容来支撑。于是，周群校长在学校内组成了校本研究的课题组，课题组邀请北京师范大学苏君阳教授和云南师范大学荼世俊博士为指导教师，成员由领导班子、部分中层管理者和骨干教师组成，以"良习修美德 好好做个人"内涵梳理与提炼为主题开展研究。这一阶段主要包括课题研究与合法化两个基本环节。

（一）德育主题的课题研究

课题研究的主要任务是通过文献梳理和调查研究，来丰富、提炼"良习修美德 好好做个人"的核心内涵和思想体系。

首先是开展文献梳理，包括基础性的学校历史文献收集，查阅相关研究成果，阅读专家推荐的中外教育经典名著，希望从中获得对品德养成教育、为人处世要求等方面的相关知识，启发对德育主题内涵界定的思考。所阅读著作就包括伊曼努尔·康德的《论教育学》、福禄培尔的《人的教育》、陶行知的《行知书信集》、叶圣陶的《叶圣陶散文乙集》等。

其次是开展调研，即在附小师生家长以及相关社会人员的广泛参与和密切合作下，通过访谈、问卷等调研，充分了解师生、家长对德育主题和育人目标的认识和意见。具体参与人员不仅包括周群校长等学校领导、教师、学生、家长，还涉及毕业生、初中教师以及社会各界的教育力量，以及前来参观的河南中原区60 位中小学校长。调研对象的广泛性使得课题的研究更具有说服力，学校通过

展开立体的、全方位的沟通和交流，为大家建立起民主、开放、合作的研究文化氛围。附小整理了对相关人员 7 万多字的访谈录音资料（表 2-2）。

表 2-2　访谈对象一栏表

编号	主题	参与人	访谈时间	地点	组织形式
1	我希望附小培养出什么样的学生？	附小校级领导、中层干部、教师、六年级学生及家长代表各 6 名，共 30 人	2012.5.2	附小二楼研讨室	结构化研讨
2	如何提升办学理念——以附小为例	郑州市中原区 60 位中小学校长	2012.11.28	附小二楼研讨室	结构化研讨
3	做人教育对孩子成长的影响	学生家长 6 人	2012.12.27	附小校长办公室	集体座谈
4	毕业生在附小学习的收获	毕业生 6 人	2013.1.4	附小校长办公室	集体座谈
5	在校生对做人教育的认识和收获	在校生 10 人	2013.1.7	附小校长办公室	集体座谈
6	附小毕业生的表现情况	初中班主任 4 人	2013.1.9	附小校长办公室	集体座谈
7	办学历程与教育追求	校长 1 人	2013.1.24	附小校长办公室	单独访谈
8	对周群校长做人教育报告的反馈	教师 10 人	2013.1.25	附小校长办公室	集体座谈

资料来源：周群.2013.良习修美德好好做个人——云南师大附小"做人教育"的理念与实践.北京师范大学第四期全国优秀小学校长高级研究班结业论文,（3）：33

调研采取了集体座谈、深度访谈、问卷等多种方式。例如，为了解和聚焦附小学生的做人品质，学校邀请教师、家长、学生代表共同参与，组织了一次结构化研讨（图 2-5）。

（a）　　　　　　　　　　　　　　（b）

图 2-5　师生参与结构化研讨

5 个小组参加了讨论，每个组 6 人，分三个阶段展开。

1. 分组研讨

1）讨论问题。

2）你认为所教的学生（孩子、自己）最大的优点表现在哪里？存在的不足是什么？希望成为一个具有哪些优良品质的人？

3）讨论方式。

团体列名：每人每次发言只说 1 条优点、不足和希望，可用关键词表达，然后整理、归纳出小组成员的主要观点，优点、不足，希望能提出各 3～5 个关键词。

画图：用一幅绘画描绘学生（孩子、自己）的现实现象（不足）和理想形象（希望）。

2. 集体交流

代表陈述：每个小组派 1 名成员，将图画寓意与键条款结合，展示和介绍本组观点。

3. 总结提升

研讨主持教师安排专人对各组希望的做人优秀品质关键词进行汇总、整理，归纳 10～15 条；研讨结束后，对这些关键词的内涵做简要界定。

通过调研和讨论，课题组提出，附小提倡"良习修美德 好好做个人"，就是要把学生培养成为"三种人"——受人尊敬和欢迎、对社会有贡献且自己能感受幸福和快乐的人，并努力培养其"六种品质"——有爱心、负责任、善思考、能合作、有毅力且心态阳光，这不仅是对学生做人的引导，也是教师做人做事的一种精神和原则。周群校长的北京师范大学研究班指导教师苏君阳教授把附小的这一思想概括为学校的办学特色——做人教育，相关研究成果集中体现在 2013 年 3 月周群校长为第四期全国优秀小学校长高级研究班提交的结业论文《良习修美德 好好做个人——云南师大附小"做人教育"的理念与实践》中。

（二）从德育主题到办学理念的合法化

课题组通过研究发现，原来的德育理念和行为经过提炼后，"做人教育"理念更加清晰、更加系统，其引领和激励功能也更强，因此"以做人教育统领学校办学行为"正在成为学校教师的共同价值观，学校提出的做人目标已经在教育教学、管理等领域得到了一定的体现。应当说，学校从"教学生做什么样的人"这个根本问题切入，最终挖掘了学校文化精神和办学理念这一重要问题的初步答案。鉴于此，周群校长提出，建议把"良习修美德 好好做个人"从德育主题上升为学校的办学理念。2013 年 7 月，附小通过职工代表大会（以下简称"职代会"审议，下发云南师范大学附属小学"做人教育"指导意见（见附录一），正式提出将"良习修美德 好好做个人"作为学校办学理念。这标志着德育主题正式上升为附小的办学理念，为方便理解、交流和落实，学校"良习修美德 好好做个人"办学理念也简称"做人教育"理念。这一理念是对"办什么样的学校"和"怎样办成这样的学校"两个问题的价值追求和理性认识，核心是对"培养什么样的人""怎样培养这样的人"两个问题的根本性思考。至此，"良习修美德 好好做个人"成为学校一切办学行为的行动指南。

三、在实践中细化"做人教育"的育人目标

在 2013 年 8 月至 2017 年 1 月这一阶段，学校结合课程建设，在实践中不断完善、细化办学理念尤其是其中的育人目标的内涵，以便进一步增强对学校教育教学工作的指导性。

在这一阶段，附小对办学理念的研究迎来了一个重要的机会，即从校本研究升格为课题研究。课题组聘请教育部基础教育课程改革专家胡新懿教授、陈静副研究员、王艳玲教授为指导教师，云南师范大学茶世俊副教授、姜元涛博士既为课题组成员，也为指导教师。2014 年 6 月 13 日，课题组在云南师范大学附属小学总支会议室召开全国教育科学"十二五"规划课题"'立德树人'在小学教育中的实施机制研究"的开题报告会（图 2-6）。根据专家指导意见，并征得全国教育科学规划领导小组办公室同意，课题研究内容修改和聚焦为"'立德树人'在小学教育中的课程化研究"。随后的研究证明，此次开题会议在开启附小"做人教育"理念指导下的课程建设之路的同时，还提出了根据课程建设需要进一步厘清学校"做人教育"理念内涵，尤其是育人目标即做人品质具体内容的新要求，极大深化了附小"做人教育"的理念构建和生成。

　　　　　（a）　　　　　　　　　　　　　　　　　（b）

图 2-6　胡新懿教授来校指导课题研究

（一）做人品质细化的研究

　　课题组在讨论课程建设时发现，附小提出"有爱心、负责任、善思考、能合作、有毅力且心态阳光"六种品质，但遇到两个难题：一是内容比较概括和抽象，没有这些品质维度下的具体行为目标要求，感觉指导性、操作性不足；二是如何真正在学校教育教学行为中加以落实，主要载体和渠道是什么。为了解答这些难题，2015 年 5 月，课题组邀请教育部基础教育课程改革专家胡新懿教授前来指导研究。胡教授就"如何借鉴国家正在研究制订的学生发展核心素养来细化附小学生做人品质"以及"如何通过课程主渠道来落实办学理念"两个主要问题，为课题组成员进行了针对性的指导和研讨（指导记录详见附录三）。

　　通过综合分析课程建设实践基础、研究者教育经验、专家意见、家长反馈等多个思想来源，2017 年 1 月，课题组提出了重要成果——云南师范大学附属小学"做人教育"课程建设指导意见，其中包括办学理念的核心内容——云师大附小学生做人品质框架。该框架将原有的六种做人品质"有爱心、负责任、善思考、能合作、有毅力且心态阳光"作为基本维度，下设若干一级指标和二级指标。以"负责任"维度为例，包括个人责任、家庭责任和社会责任三个一级指标，然后再设立个人、家庭、社会三方面责任品质的三级指标。个人责任包括认真完成学业、坚持锻炼身体、增强自理能力、知错能改、有安全意识；家庭责任包括主动做家务、勤俭节约、关心和体贴家长、分享与担当；社会责任包括承担班级和学校的工作、信守承诺、文明言行、遵纪守法、有自食其力和服务社会的意识。这样的细化、具体化指标增强了教师在教育教学中落实育人目标、培养学生做人品质时的操作性，为做人品质的有效落地打好了基础。

（二）学生做人品质框架的合法化

2017年1月，包括做人品质在内的云南师范大学附属小学"做人教育"课程建设指导意见经过职工代表大会审议，成为学校的指导性文件。以此为标志，学校办学理念构建工作基本结束，课题研究任务重心转入探讨以学校课程建设落实办学理念上。随后一年里，课题组就如何将做人教育理念通过课程来落实，尤其是如何构建"做人教育"课程体系，进行了反复思考和认真研讨。2018年伊始，附小"'立德树人'在小学教育中的课程化研究"这一全国教育科学"十二五"规划课题顺利结题(图2-7)，研究成果得到评审专家的一致肯定。这是对"做人教育"办学理念梳理工作的肯定和支持，也为附小今后的课程建设工作明确了方向。

结题后，课题组转入研究成果的实践指导和出版工作。在进一步总结、提升、完善研究成果中发现，附小的做人品质框架符合2014年3月30日《教育部关于全面深化课程改革落实立德树人根本任务的意见》关于研究制订学生发展核心素养体系的要求，应当考虑名称上与国家要求一致的问题。经胡新懿教授2018年1月来校的再次指导和周群校长及课题主要成员的慎重思考，2018年5月，课题组提出，将附小学生"做人品质框架"改称为"核心素养框架"。至此，附小对办学理念内涵丰富、完善特别是育人目标细化的工作最终完成。我们将在以后的实践中，紧随时代步伐和学校发展，不断总结经验，继续丰富、精确表述"做人教育"理念的内涵，不断完善学校的课程体系建设，培养具有附小鲜明特色的栋梁之才。

图2-7 全国教育科学"十二五"规划课题顺利结题

第三章

"做人教育"课程体系的设计与实施

　　以"做人教育"理念为统领,云南师大附小构建由基础课程、拓展课程、个性课程三个层面课程组成的,并分属于语言与交流、数学与科技、艺术与审美、生命与健康、社会与实践五个学习领域的"做人教育"课程体系。在这一课程体系框架下,以近些年附小课程建设实践经验为基础,本章概括和探讨基础课程、拓展课程和个性课程的开发与实施方法。

第一节 "做人教育"课程体系设计

长期以来，在附小，国家课程、地方课程和校本课程有机结合而成的课程体系支撑着学生的成长和发展。近年来，随着"做人教育"的深入开展，学校围绕"三维六品"育人目标，尝试"系统地、整体地、完整地看待所有的学校课程及其相关安排"[①]，对课程进行新的优化、整合和开发，建构新的课程体系。经课题组反复研究，按"七分写实三分设计"的原则，将附小的课程梳理、设计成以"三维六品"育人目标为核心，由语言与交流、数学与科技、艺术与审美、生命与健康、社会与实践五个学习领域和基础课程、拓展课程、个性课程三个课程层次组合而成的"做人教育"课程体系[②]。

一、"做人教育"课程体系设计原则

本书所说的学校课程体系，指的是根据落实学校育人目标的需要，将所开设的国家课程、地方课程、校本课程按一定的分类进行重新优化、组合而成的课程结构，一般包括课程总目标、课程分类及其逻辑结构、各类课程的具体设置等主要内容。在研究过程中，我们感到，国家课程、地方课程、校本课程纳入学校课程这一"大筐"时，尽管课程设置科目是清晰的，但也在一定程度上具有来源多样、逻辑关系不太清晰等特点。因此，课题组着力从育人目标出发，在体系层

---

① 陈如平.2016.学校课程体系建设之"一二三".中国民族教育，（7）：27-29
② 云南师大附小做人教育的理念提炼成果已经通过两次职代会，形成学校师生公认的办学理念。但本章的课程体系设计，目前暂时还只是课题组的一种研究结论，有待今后完善后提交职代会审议。因此，本章内容是以课题组归纳、思考和展望的角度来写作的。

面进行重新梳理、统筹规划与顶层设计。所谓课程体系设计，就是把学校所有开设的课程按一定的逻辑关系重新组合，形成一个构成要素明确、结构关系清晰、功能界定准确的课程结构。课程体系设计的基础工作是梳理、分析现有课程并厘清、重构其内在关系，然后根据育人要求提出整合现有课程或新增课程的建议。结合已经开展的实际工作，我们认识到，在"做人教育"课程设计过程中，需要一种系统思维，具体应当遵循以下四个基本原则。

（一）发展性原则

课程体系设计首先要探讨的是学生发展的目标问题，这体现了课程体系的功能定位。要实现"为学生提供适合其发展的教育、教学生好好做人"的课程总目标，发展性原则是附小课程体系设计首先要遵循的原则。这主要体现在，首先，课程分类及体系的构建，根本上要看其是否有利于促进以做人品质为中心的学生核心素养的发展，是否有利于促进学生将来成为"受人尊敬和欢迎、对社会有贡献且自己能感受幸福和快乐"的人；其次，课程内容要加强与学生生活实际的联系，关注学生的学习兴趣和生活经验，符合学生学龄特点，体现学生身心特征，遵循学生发展规律；最后，要把课程视为一个动态发展的过程，随着学情变化、认识进步、学校发展而不断调整和完善。

（二）多样性原则

"做人教育"课程体系是一个围绕特定发展目标、由课程诸要素构成的整体，这些要素具有多样性。因此，多样性成为附小课程体系设计的又一个原则，主要体现为课程种类多、形式丰富。从课程内容上看，它涵盖小学生应知应会的各个领域，给学生提供各种相关学科的知识和方法以及这些知识和方法的活动训练和体验机会；从课程类型上看，语言与交流、数学与科技、艺术与审美、生命与健康、社会与实践五大学习领域相得益彰，基础课程、拓展课程和个性课程三个层次的课程相辅相成，必修课和选修课彼此支撑，固定教室制授课和走班制授课各安其所；从课程实施上看，根据不同教育内容选择讲授、互动、体验、参与等多种教学方法。

（三）结构化原则

对多样性的"做人教育"课程要素，要围绕课程总目标，按一定的逻辑来梳理并形成课程之间的结构。课程结构的质量决定课程促进学生做人品质发展目标实现的质量，因此必须坚持课程体系建设的结构化原则：一是要跳出单个科目的狭隘视野，在更高的层次整体规划课程①，按照语言与交流、数学与科技、艺术与审美、生命与健康、社会与实践五大学习领域进行课程建设，注重"做人教育"在其中的贯通性，探索纵向承接、相互连通的课程结构；二是按照基础课程、拓展课程和个性课程的分类，坚持基础课程中国家对立德树人的根本要求、地方特色课程对做人品质培养的有益补充，充分发挥拓展课程和个性课程对做人品质针对性培养之间的内在逻辑一致，以做人品质培养为主线，为学生建立逐步深入的梯级成长通道；三是提倡全科育人，注重发挥跨学科课程育人的综合功能，寻找不同课程之间关于"做人教育"的内在联系，挖掘散见于各类课程中的"做人教育"元素，并将相关课程内容及其资源进行有机整合。

（四）特色化原则

附小基于厚重的历史传统、鲜明的办学特色等因素，在课程建设方面显示了自身的特点。因此，特色化原则是附小课程体系设计中应遵循的第四个原则。这主要体现在，首先，附小提倡的"好好做个人"是 70 多年前西南联大附校所提倡的德育主题和教育理念，"做人教育"课程建设应传承和发扬这一办学传统；其次，附小不仅提出"三维六品"的"做人教育"目标，而且制定了由三级指标组成的做人品质框架，这是结合学校实际对立德树人要求的具体化、特色化，课程建设则是这一特色的具体实现载体；最后，附小在基础性的综合实践活动课程、拓展性的校本特色课程等各类课程的开发和实施中，充分发挥了附小作为边疆民族地区学校、师范大学附属小学等方面的本土课程资源优势，因地制宜地进行课程内容的选择和创新，这方面的特色应进一步凝练和强化。

二、"做人教育"课程体系的初步设计

课程犹如一片肥沃的土壤，滋养着附小的每一个学子。芳香怡人的校园环境、配套齐全的多媒体教室、绮丽多姿的校园文化、异彩纷呈的学生生活，搭建起为学生终身发展奠基的金色舞台。长期以来，附小一直注重课程建设，取得了

---

① 龙琪 .2011. 学习领域层面课程设计的现存问题分析——以科学学习领域高中理科课程为例 . 教育理论与实践，（35）：12-14

良好成效。2013 年开展全国教育科学"十二五"规划课题"'立德树人'在小学中的课程化研究"以来，为了让各类课程与"做人教育"理念之间形成更为清晰、明确、密切的逻辑关系，以增强课程的整体育人功能，进一步提升学生培养质量和学校办学水平，学校领导班子带领课题组老师，对学校开设的课程进行了反复的梳理和分类。作为阶段性研究成果，2017 年 1 月，附小制定和下发了"做人教育"课程建设指导意见，指出"'十三五'期间，学校围绕'立德树人'这一根本任务的校本落实，以'良习修美德 好好做个人'的办学理念为统领，进一步加强课程建设，深入推进'做人教育'，全面提升学校办学水平和育人质量"。又经过一年多的认真研究，2018 年 7 月，课题组将课程按学习领域和课程层次进行分类和组合，初步完成"做人教育"课程体系的设计，并提出以"做人教育"理念为统领，构建由语言与交流、数学与科技、艺术与审美、生命与健康、社会与实践五个学习领域和基础课程、拓展课程、个性课程三个层面课程组成的"做人教育"课程体系。下面分别从课程总目标、课程分类、课程逻辑结构、课程设置四个方面来加以探讨。

（一）"做人教育"课程的总目标

"课程是教育思想、教育目标和教育内容的主要载体，集中体现国家意志和社会主义核心价值观，是学校教育教学活动的基本依据，直接影响人才培养质量。"[①]课程体系是一个清晰的课程地图，力图鲜明地传达学校提倡什么、追求什么。要高质量地回答这两个问题，首先要做好课程总目标的规划。这一方面能让教师明白自己所授课程在学校课程中的地位和作用，明晰方向，增进责任；另一方面能让家长明白学校要把孩子培养成什么人，怎么培养，为什么培养，促进家校沟通与合作。

如本书第二章所论述，教学生好好做人是附小的育人目标和教育价值观，具体是提升以"有爱心、负责任、善思考、能合作、有毅力、心态阳光"六种做人品质为核心的核心素养，激励学生将来成为"受人尊敬和欢迎、对社会有贡献且自己能感受幸福和快乐"的人。这一"做人教育"目标是附小课程建设的出发点和落脚点，要将其转化和体现为学校课程建设的总目标，并通过课程这一载体提供适合附小学生成长和发展的教育。综合起来，附小课程总目标是为学生提供

---

① 教育部 .2014. 教育部关于全面深化课程改革落实立德树人根本任务的意见（教基二〔2014〕4 号）.http://old.moe.gov.cn/publicfiles/business/htmlfiles/moe/s7054/201404/xxgk_167226.html

适合其发展的教育、教学生好好做人，主要包括三个方面。

一是为附小学生未来好好做人打好基本思想、基本知识、基本技能等方面的基础，这是对全体学生的基本要求。系统的基础课程的学习，使附小学生具备基本的思维、知识和能力，培养有爱心、善思考、心态阳光等基本品质和核心素养。

二是激发、培育附小学生的兴趣爱好或满足其特定的发展需求，让学生体验运用所学知识解决实际问题的乐趣。这是对学生自主性的尊重和支持，其目的是发挥学生学习、成长的积极性和创造性，让学生拓宽认识视野，提升学习能力和文化素养。

三是为某方面具有天赋和潜质的学生提供专业性的支持和服务，帮助其实现个性方面的深度发展。这是一种锦上添花式的针对性引导和正向强化，目的是引导、鼓励学生在某一领域能够深入钻研和创造性地学习，以便为其今后从事某些专业学习打下有益的基础。

上述三个层面的课程目标，一方面体现了附小学生做人品质发展的面上要求，另一方面也为学生某些品质重点发展、深入发展提供了可能和专业性支持，从而形成点面结合的课程目标体系。三个层面的课程目标相互支撑，相得益彰，共同实现培养学生"三维六品"的"做人教育"总体目标。

（二）"做人教育"课程的分类

根据课程体系设计的基本原则，为实现课程总目标和明晰课程逻辑，课题组按学习领域和课程层次两个维度划分附小课程，探索纵横结合的新分类。

1. "做人教育"课程的学习领域

根据有关文献，学习领域设置的目的是跳出单个科目的狭隘视野，在更高的层次整体规划课程[①]。课程纳入某个学习领域的依据，则是"课程价值相近或相似"[②]。教育部《普通高中课程方案（实验）》将高中课程设置为语言与文学、数学、人文与社会、科学、技术、艺术、体育与健康、综合实践活动八大学习领域，谢家湾小学等许多课改典型学校也以学习领域为课程分类依据。课题组结合

---

① 龙琪.2011.学习领域层面课程设计的现存问题分析——以科学学习领域高中理科课程为例.教育理论与实践，（35）：12-14

② 龙琪.2012.学习领域层面高中课程设计的修订建议.教育理论与实践，（23）：39-42

本校特色，学习借鉴同行经验，从横向上初步提出设立语言与交流、数学与科技、艺术与审美、生命与健康、社会与实践五个学习领域，将课程按价值相似原则分别归入这些领域。

2."做人教育"课程的层次

课题组逐渐厘清和明晰了附小的一个重要课程理念，即兼顾每个学生的全面发展和个性发展，既重视全体学生的全面发展，又满足不同兴趣和需求学生群体的特定需要，还为有天赋、有潜质学生的个性发展提供专门支持。按照面向全体学生、面向学生群、面向学生个体的课程理念，我们提出将附小的课程分为基础课程、拓展课程和个性课程三个纵向的层次。下面，我们重点对不同层次的基础课程、拓展课程和个性课程各自的内涵和外延进行分析和说明。

(1)"做人教育"基础课程

基础课程是指为全体学生提供基本思想、基本知识和基本技能的课程，强调课程的基础性，属于必修课。从课程开设和管理权限来看，基础课程以国家课程为主体，地方课程为补充，同时可由学校参与开发。国家为主基础上的多主体开发和管理，有助于体现附小将国家、地方、校本基础课程进行优化和调适后所形成的学校课程特色。具体来说，附小以"做人教育"为统领，按国家课程要求开设学科课程、少先队活动、综合实践活动、心理教育和安全教育，按云南省教育厅教育厅要求开设民族团结课，并自主开设了极富特色的少儿民族韵律操舞(也称"民族大课间")，力图通过直达学科精髓的思想引领、系统性的知识学习和操作性的技能训练，为全体附小学生未来好好做个人，成为受人尊敬和欢迎、能对社会做出贡献且自己能感受幸福和快乐的人打好基本思想、基本知识、基本技能等方面的扎实基础。这主要体现在以下方面的基础课程建设上。

一是开足、开齐国家规定的学科课程。附小将国家课程标准落到实处，共开设语文、数学、英语、道德与法制、品德与社会、科学、信息技术、音乐、体育、美术共 10 门国家学科课程，这些课程为学生做人打下品质基础。

二是认真组织开设少先队活动课程。附小对德育工作非常重视，少先队活动正是落实学校德育计划的重要平台。每学期开学初，学校都将德育工作放在学校工作计划的首位，大队部会根据学校的总体计划，对一学期的少先队活动内容做出统一部署和安排，各个班主任根据大队部的要求及本班的实际情况制订少先队活动计划，上好每一节少先队活动课。

三是积极探索综合实践活动课程。2014 年刚开设综合实践活动课程时，附小对这一课程的理解还不够深入，开设了一些较为零散的活动课，综合实践活动课程还未形成体系。随着课程建设的推进，在原有活动基础上，根据教育部《中小学综合实践活动课程指导纲要》对综合实践活动课程的要求，学校正在通过考察探究、社会服务、设计制作、职业体验等方式培养学生的创新精神和实践能力，重点探索和开发一系列富有特色的综合实践活动，如生活自理小课堂、红领巾交易市场、厨艺与生活、菜园子等。从内容上看，附小开设的综合实践活动课是通过分析和解决实际问题，使得学科基本思想、基本知识、基本技能得到进一步的训练、应用，以促进理解和内化；从对象上看，附小为不同年级学生开设针对性的综合实践活动课，要求该年级学生全体参加，体现了基础课程"面向全体学生"的课程理念。这些综合实践活动课程的开发，都是在尊重学生成长发展需要及兴趣爱好的前提下，根据"做人教育"的需要，打通学科间的壁垒，通过学生喜闻乐见的活动方式，吸引学生参加。

四是认真开设民族团结课程和少儿民族韵律操舞课程。云南地处西南边陲，少数民族众多，云南省教育厅结合地域特点要求开设民族团结课程。附小民族团结课在五年级开设，每周一课时，由专职老师授课，选用《民族常识》一书作为教材，通过民族常识、民族文化、民族服饰、民族饮食等内容的学习，让学生了解民族知识，鉴赏民族文化，从小树立民族团结的思想。另外，为了能让学生走近民族文化并承担传承民族文化的责任，学校自主开发了少儿民族韵律操舞。这一课程也称"民族大课间"，包含六套民族韵律操舞、三套室内操舞和多样的民族趣味游戏，充分利用每天的大课间，让学生穿着附小特色的民族服饰载歌载舞，进一步感受民族音乐和民族舞蹈的魅力，学生在锻炼身体的同时也了解了民族文化，提升了民族自豪感，从而更加凸显学校的课程特色。附小场地小、学生多，要在课间完成 1～6 年级的民族韵律操舞，需要严密的组织工作。因此，这门课程也被老师们亲切称为"小场地大课间"。

五是认真开设心理教育和安全教育课程。学校在落实国家要求的过程中，开设了心理教育课程群和安全教育课程群。心理教育课程群包括挫折教育、青春期教育等，安全教育课程群包括安全知识与技能、疏散演习等。

（2）"做人教育"拓展课程

拓展课程是以基础课程为核心，以特定学生群的兴趣和需求为导向，对基础课程进行横向拓展而开发的课程，属于选修课。拓展课程均由学校根据"做人教育"目标和可获得的课程资源来开设，主要包含两类：兴趣类拓展课程和需求类拓展课程。兴趣类课程由学校根据学生兴趣来开设，学生自主选择是否参加；需求类课程则是学校根据某些学生的特定需求，如传承中华传统文化或民族文化责任、某一学科成绩不理想等，开设符合实际需求的课程，要求或推荐特定学生群体参加。兴趣类课程与需求类课程的区别在于，前者是容易被学生吸引、学生自己有兴趣学习的，而后者是学生不一定有兴趣但学校有责任引导和支持学习的。无论兴趣类还是需求类，拓展课程都与基础课程有关，但又超越基础课程，增加了基础课程的深度与广度。它的设置充分考虑学生的自主性和能动性，通常以活动形式组织教学，并注重培养学生运用知识分析和解决实际问题的能力。附小比较有特色的拓展课程如下。

一是学校以社团为载体，对五、六年级学生开设兴趣类拓展课程。学校开设辩论、思维、英语剧、合唱、篮球、七彩童心绘画、机器人等社团课程，学生根据兴趣爱好自由选课。爱好摄影的孩子可以在摄影社一展风采，爱好武术的孩子可以在武术社展露拳脚，爱好表演的孩子可以在舞台上大显身手……让学生有机会主动参与品质养成、知识运用和技能训练的学习体验，真正做到"给猴一棵树，给虎一座山"。

二是学校对基础课程进行横向拓展，结合学生的需要，自主开发了一系列需求类拓展课程。例如，以学科课程为依托，以学生成长需求为着眼点，学校开发了经典诵读、趣味体育竞技、书香之家、科普小课堂等需求类拓展课程。经典诵读是在语文学科的基础上，将国学经典《弟子规》《论语》进行选编，挖掘这些国学瑰宝的精髓，充分发挥它们对小学生的教化功能，并把教学内容与"做人教育"育人目标相结合，教师在授课中将六种品质渗透其中，学生在理解领悟、熟读成诵的过程中养成优秀的做人品质。趣味体育竞技是在体育学科的基础上，针对不同年段学生的特点而开发的一系列体育集体项目，一年级"红旗穿梭"、二年级跳绳接力、三年级拔河、四年级袋鼠跳、五年级"炸碉堡"、六年级障碍跑。毅力、拼搏、合作精神在体育运动中必不可少，附小将六种品质贯穿在体育项目中，让学生在强身健体的同时体会体育精神与魅力。

（3）"做人教育"个性课程

个性课程以基础课程和拓展课程为基础，是为了促进有天赋、有潜质的学生在个性上获得深度发展而开设的，其目的是为培养某一领域高精尖人才打下基础。个性课程是专门为少数优秀学生提供的选修课，针对性更强，受益面更窄，课程对学生某一方面提升的效果明显。附小作为优秀的省级小学，具有丰富的课程资源和优质的教师队伍，在基础课程和拓展课程已经较为成熟的前提下，个性课程开发成为学校课程改革的一个重要方向。

以少儿小博士课程为例，让小学生写论文看起来有些不现实，但是附小付诸实践并坚持了十余年。学校自 2001 年起，依托少儿小博士课程，深入探索综合育人的有效路径，系统搭建学生科技活动实践平台，构造整体联动的少儿小博士综合育人体系，取得了卓著的育人成效。[1]活动开始时在全校五、六年级进行广泛动员，学生自行申报选题，然后进行调研或实验，并在此基础上形成调研报告或者科学论文，最终遴选优秀成果并进行报告或展示并公开出版。这一课程与学校育人目标之"善思考"品质紧密相连，能够激发小学生从小爱科学、学科学、用科学的兴趣和科学研究的潜能，为将来致力于科学研究的学生提供锻炼平台。

（三）"做人教育"课程的逻辑结构

"做人教育"课程包括横向的学习领域结构与纵向的课程层次结构。横向上，课程的五个学习领域彼此之间为平行关系。这些领域是课题组参考高中课程学习领域和国内相关中小学学习领域划分，按照附小学生核心素养培养需要，遵循课程价值相近或相似原则，并结合附小课程实际而初步提出的，目的是把分散的数十门课程归纳为密切相关的五大学习领域，容易理解和操作。纵向上，课程被分为面向全体学生的基础课程、面向学生群的拓展课程和面向学生个体的个性课程三个层次，目的是既促进全体学生的全面发展，也重视学生群体的共同需要，还关注某些学生的个性发展需求，三者依次递进逐步深入，共同为"做人教育"提供课程依托，努力将"做人教育"理念落到实处。

在纵向与横向的课程逻辑结构关系上，相对更为重要也是集中体现附小特色的是纵向层次结构（图 3-1）。这一结构根据全体学生—学生群—学生个体的课程服务理念，按照逐层递进的方式促进学生做人品质的养成。

---

① 《少儿小博士：西南边疆小学综合育人体系的创新与实践》已入围 2018 年基础教育国家级教学成果奖拟授二等奖名单，可访问 https://baijiahao.baidu.com/s?id=1607657851698272259&wfr=spider&for=pc。

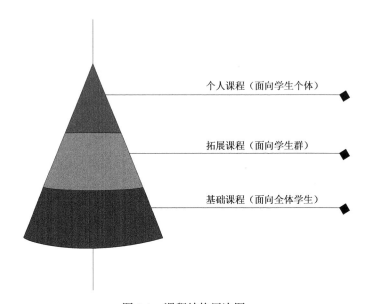

图 3-1 课程结构层次图

基础—拓展—个性三层次课程结构之间的内在关系，具体体现在授课对象、课程目标、课程内容、授课方式以及管理主体五个方面。

1. 授课对象

授课对象从全体到部分再到个体，逐步缩小范围，反映了分层分类培养的课程理念：基础课程是面向全体学生开设的必修课；拓展课程是面向有共同兴趣爱好或需要的特定学生群的选修课；个性课程面向少数学有余力、富有潜质且具有便利资源条件的学生个体，为选修课。

2. 课程目标

课程目标从打基础到找兴趣、补短板再到增强专业性支持，逐渐聚焦与深入，以促进不同学生发展目标的实现：基础课程目标是为学生提供某一领域不可或缺的基本思想、基本知识、基本技能，将传统授课模式与学生自主学习、合作学习、探究学习模式相结合，让学生初步掌握某一领域的基本思想、基本知识和基本技能；拓展课程鼓励学生根据自身兴趣爱好自主选择课程，或是学校为不同的学生群体提供满足他们成长需求的课程，以提升学生某一方面的能力；个性课程则是结合学生自身特点，发现和帮助有潜质、有天赋的学生有针对性地发展某一方面专长。

3. 课程内容

课程内容从偏重基础到越来越趋于偏重专长。基础课程注重基本思想、基本知识和基本技能的课堂教学，每门学科都有特定的内容、结构和学时，确保学生基本思想、基本知识和基本技能的获得，为学生奠定"好好做个人"的基础。拓展课程作为基础课程的延伸，目的是为学生拓宽"好好做个人"的视野，它是在学生学好基础课程的前提下，教师根据学校具体情况，将基本思想、知识、技能在实践中运用、检验和创新，学生学到的知识更加丰富，内容更加与时俱进，且学生能将书本知识更好地运用到现实生活中。个性课程的内容相较于拓展课程更加聚焦与深入，为将来培养某一领域的专门人才做准备，为学生提供了一个更为广阔的自我展示平台，使学生的个性得以发挥和张扬，挖掘了"好好做个人"的深度。

4. 授课方式

基础课程大多是教师通过精心备课、钻研教材、做合理的课前预设，带领学生将科学的、系统的知识点一一落实的授课方式。课堂上，学生是主体，教师是主导，重视教师的讲授、启发和引导，鼓励学生参与、合作和探究，强调对学生的系统训练以及教学的连续性和科学性。基础课程也会采取活动方式，但限于场地、课时等原因，一般仍然以室内的教师教授和师生互动为主。它以"师—生"教学方式为主，也有"生—生"教学方式。拓展课程和个性课程大部分是通过一系列活动，让学生获得体验与训练，从而解决问题，并在这一过程中锻炼自身的能力，积累活动经验。学校以学生的生活实际为课程内容，设计课程时以学生的兴趣、需要和能力为出发点，让学生发挥主观能动性，自主组织一系列活动，并在活动中学习，培养兴趣，获得经验，掌握知识，提升能力。这主要是一种"生—生"的教学方式。

5. 管理主体

从管理主体来看，三类课程具有互补特征。基础课程目前以国家课程为主体、地方课程和校本课程为补充，拓展课程和个性课程主要是学校自主规划和开发的校本课程。三类课程互为补充，共同发挥育人功能。

（四）"做人教育"课程的具体设置

按上述学习领域和层次结构，附小的课程按横向和纵向进行体系设计。从横向看，我们按照学习领域来分，根据课程内容相近或相似，把学校课程分为五大类。附小每周总课时数为 30 节，其中，语言与交流类课程约占 30%，数学与科技类课程约占 30%，艺术与审美类课程约占 10%，生命与健康类课程约占 15%，社会与实践类课程约占 15%。所有课程相互支撑、相得益彰，共同为实现"做人教育"目标提供支持。从纵向看，我们按照课程层次来分，将学校课程分为三类。其中，基础课程是针对基本知识的系统教学，课时比例约占 73.3%；拓展课程是为学生发展兴趣爱好、运用学科知识而设置的课程，课时比例约占 20%；个性课程强调学生个性的深度发展，课时比例约占 6.7%（表 3-1）。

表 3-1　云南师大附小"做人教育"课程体系

学习领域	基础课程 （面向全体学生）	拓展课程 （面向学生群）	个性课程 （面向学生个体）
语言与交流	语文、英语	社团（辩论、朗诵、戏剧、国学、英语剧）故事王国、经典诵读、书香之家	金话筒、英语环球星** 小百家讲坛
数学与科技	数学、科学、信息技术	社团（思维、创客、比特空间、机器人）生活中的数学科技周、科普小课堂、科学家进校园	创造性思维**、3D（4D）小技术员 科技育苗小能手
艺术与审美	音乐、美术	社团（管弦乐、鼓号、合唱、书法、七彩童心绘画、摄影、版画、陶艺）艺术家进校园	小百灵**、小乐手**、舞精灵**、民歌采风**、神笔小马良**
生命与健康	体育、少儿民族韵律操舞、心理教育、安全教育	社团（足球、篮球、健美操、武术、啦啦操）、联大体育精神*、阳光晨练运动会、趣味体育竞技、社会情感学习	体育小健将**
社会与实践	少先队活动、道德与法治、品德与社会、民族团结、综合实践活动	国旗下的演讲、"一二·一"入队仪式、联大故事会*、"刚毅坚卓"精神传承*、"手拉手"活动民风民俗体验、班级文化展演、毕业季	少儿小博士 文明小使者**

* 为待开发课程，** 为目前还不太完善的课程

可以说，学校开设的每一门课程都按一定逻辑聚合于同一个教育整体，彼此支撑，缺一不可，这一逻辑的起点就是培养"三维六品"的课程总目标。围绕课程总目标，学校不仅要坚持国家课程标准不走样、不降低和地方课程的有效落实，而且要凝练校本课程的特色，从五大学习领域开发课程。同时，学校应当注重围绕"做人教育"目标的基础支持、兴趣拓展和个性发展，从而形成纵横结合、立体化的"做人教育"课程体系。五大领域的课程目标与学校"做人教育"目标有机结合，一以贯之，加强做人品质培养；从"基础课程"到"拓展课程"再到"个性课程"，是一个依次递进、逐渐深化和针对性培养学生做人品质的过程。

三、"做人教育"课程体系的建设重点

需要特别说明的是，表 3-1 是一个探讨性的"做人教育"课程体系，在基本呈现当前课程体系的同时，也反映了课程体系存在的不足和改进的方向。总的来说，附小课程体系有两个基本特征。一是课时安排动态弹性。近年来，附小通过实施课程整合来探索课程资源和结构的优化路径，在这方面已经有工作基础。今后，学校可以进一步加强课程整合，以节省部分课时，再将节省的课时进行机动分配，开展特色化的拓展课程和个性课程，特别是为新开课程提供课时，为学生提供更多的学习平台与更广阔的发展空间。二是课程体系建设是开放的。目前的课程体系既有当前课程的客观排列，也有对未来课程开发方向的思考。例如，表 3-1 中标 * 的联大体育精神、联大故事会、"刚毅坚卓"精神传承、创造性思维等都是待开发课程，还有一些标 ** 的课程目前还不太完善，如英语环球星、小百灵、神笔小马良、体育小健将等，未来要进一步加强建设这些课程。结合"做人教育"需要，今后附小加强课程体系建设的方向重点有四个。

（一）加强基础课程中的综合实践活动课程建设

今后，建议学校以现有整合课程和综合实践课程为基础，认真落实教育部《中小学综合实践活动课程指导纲要》要求，继续发挥社团的优势和作用，对综合实践活动课程进行整体规划，设计如读茶、家务劳动我能行、跟着节气去探究、零食与健康等综合实践活动，培养学生价值体认、责任担当、问题解决和创意物化的意识和能力，逐步提升学生对自然、社会和自我之间内在联系的整体认识。尤其是建议学校增强问题导向和学科知识的实践运用，采取主题活动的方

式,将学科整合的课程实施提升为综合实践活动课程。比如,科学与语文整合的"恐龙"课程,可先在学校征集楚雄籍学生,利用假期回乡,组队去恐龙谷调研,由学生合作探究恐龙进化和消亡之谜。这样的课程开发与实施不仅能高质量完成基础课程目标,而且鲜明地体现地域文化特色,在全国都有一定的新意。

(二)加强需求类课程中的需求型拓展课程建设

在拓展课程中,值得重点关注和加强建设的是开发针对特定群体的需求型拓展课程。目前,兴趣类课程比较完善,但需求类课程开发空间相对较大。学生的发展需求存在差异,这是正常的教育现象,需要针对性拓展课程。比如,思维品质差异就是一个突出问题,有的孩子热爱班级,开朗大方,人缘很好,但是思维不够灵活,学习成绩上不去。在整体推进的班级课程教学里,对这些学科课程学习困难的学生,针对性的辅导往往不够,有的学生不得不到校外补习。因此,学校可以考虑为某一学科学习吃力的学生开设学科强化性课程。这种课程"小灶"是一种对他们很大的鼓励和支持。教育资源丰富的附小,应当有此担当。未来,学校应开设一些针对学科知识的提高课程,帮助某方面学习困难的学生将成绩提升到平均水平。

(三)立足附小资源优势,丰富、夯实个性课程

附小的个性课程相对薄弱,数量很少,这也符合学校课程建设的一般规律,即先有效落实基础课程,开发丰富多彩的拓展课程,在此基础上凝练个性课程的特色。今后,学校应该充分发掘和运用校内外优质课程资源,更加关注学生的个性发展需求,借鉴"少儿小博士"这一课程案例的成功经验,为部分学生开启专业化的成长道路。例如,开设民歌采风课程,让热爱家乡艺术文化的学生利用假期回老家时间,在长辈的带领下进行民间采风、作田野调查、寻访文化烙印,寻找民族集体记忆和发掘文化价值,最终在公开场合表演。学校可以考虑逐步构建以音乐课为基础、合唱社团为拓展、民歌采风为个性发展三个层次的课程体系,系统搭建学生艺术与审美领域的平台。此外,现有的一些个性课程还不够完善、不成体系,如"英语环球星""小百灵""神笔小马良""体育小健将"等,学校已经设立了课程名称,并以表彰优秀学生的方式鼓励这些学生在特定领域继续深入发展下去,今后教师可对这些学生进行单独辅导,形成一系列有特色的个性课程。附小作为一所资源丰富的优质小学,有责任也有能力为学生增设富有特色的

个性课程。

（四）完善针对育人目标的拓展课程群和个性课程群

拓展课程和个性课程主要是校本课程，而校本课程有很大的自主空间来实现"做人教育"育人目标的针对性开发，以进一步凝练课程特色，促进附小学生鲜明特质的养成。今后，建议学校围绕"六品质"育人目标，开发一系列拓展课程群和个性课程群。以"善思考"品质为例，未来学校考虑再增加若干门思维能力培养的课程，形成由（数学、语文等基础课程）+（科技周、科普小课堂等拓展课程）+（创造性思维、3D/4D小技术员、科技育苗小能手等个性课程）构成，内容逐渐深入、难度依次提升的思维训练系列课程。

以上是课题组基于学校实际对附小"做人教育"课程体系总体框架所做的初步设计，以及对未来课程体系建设重点的一些建议。总之，希望附小今后进一步聚焦于"做人教育"目标，整合丰富的校内外课程资源，梳理、形成各类课程的逻辑结构，探索和尝试服务于学生全面发展和个性发展的新课程。面对未来，通过课程建设的深化和落实，我们完全可以期许，附小的"做人教育"课程将真正使"让儿童站在正中央"的理念得到有效落实，让"三维六品"的育人目标得以顺利实现。

第二节 "做人教育"基础课程的开发与实施

附小以"做人教育"理念为统领，按国家要求开设学科课程、少先队活动、综合实践活动、心理教育和安全教育课等基础课程，按云南省教育厅要求开设民族团结课程，并自主开设少儿民族韵律操等基础课程；通过系统的学习和训练，为附小学生未来好好做人打好基本思想、基本知识、基本技能等方面的基础。在基础课程实施中，许多附小老师深入理解学校办学理念中的育人目标，将其与基础课程的目标有机结合，以此来引领和规范教学内容选择、课程实施和课程评价。下面以按国家所开设的学科基础课程和学校自主开发的"少儿民族韵律操舞"为例，对附小"做人教育"基础课程开发与实施的一般做法进行总结和探讨。

一、"做人教育"基础课程的目标设定①

课程目标是根据教育宗旨和教育规律而提出的具体课程任务指标，是对教育方针和教育目的的反映。课程目标是课程实施的依据和课程评价的准则，有助于明确课程与教育目的的衔接关系，从而明确课程编制工作的方向。只有明确课程目标是什么，才能解决教什么和怎样教的问题。对附小的国家基础课程来说，不仅要坚持国家标准不降低、不走偏，而且要考虑使国家基础课程接附小"地气"、体现"做人教育"目标的要求。对校本基础课程来说，课程目标设定的自由空间更大，可以结合学校育人实际和需要来思考和选择。

（一）"做人教育"基础课程目标的设定步骤

这里以国家要求开设的国家学科课程为例，讨论"做人教育"基础课程的目标设定。从国家开设基础课程校本实施的角度，附小应当在明确国家课程标准的前提下，准确理解学校办学理念中的育人目标，找准两者的对接点，实现育人目标和基础课程目标的融合。主要步骤如下。

1.明确界定国家"课标"视角下的基础课程目标

要准确把握学科基础课程的目标，教师就需要在认真研读基础课程国家标准的前提下，梳理学科核心素养并将其作为基础课程标准的核心，深入解读文本，挖掘教材本身的资源，明确课堂要解决的问题，找出教学的重点、难点，预设学生的疑点、培养的技能点和思维的发散点等，然后将这些问题具体化并转化成某一门课程的目标或某次课堂教学的目标。例如，本书第四章所选择案例——人民美术出版社版小学美术五年级上册"精细的描写"一课，是线描画教学系列的一部分。教师通过研读课标，明确该课属于"造型·表现"学习领域，其目的是让学生学会写生及用线进行精细描写。根据五年级学生已经具备一定的造型表现能力，能熟练地使用各种线条，较好地表现物像的外形结构特点，但观察不够细致，不会运用线进行精细描写的学情特点，教师确定了该堂课的教学目标：使学生能够发现静物线的美感，培养学生的观察能力、造型能力及画面组织能力，培养学生对美术学习的兴趣及正确的观察习惯。

---

① 本书有时把"课程目标"作为广义理解，其中既包括某一门课程的目标，也包括某一次课堂教学的目标。但在指教学目标时，会具体注明说的是"教学目标"。

2. 准确把握"做人教育"理念中的育人目标

在明确基础课程目标后，需要将学校"做人教育"理念中的育人目标和做人品质细化，认真分析学情，把握学生年段的身心特点，准确把握和恰当选择其中与某一课程或教学有关的内容，找到两者的对接点，整合形成某门课程或某次教学的具体目标。这些做人品质有些是基础课程的国家标准本来就含有的，有的是国家课程目标没有明确提出，需要挖掘和强化的。例如，前文提到的"精细的描写"一课，课程目标中要培养学生对事物的观察能力，学会独立思考如何进行线的排列，这与学校育人目标中的"善思考"品质契合；引导学生发现静物美，就是育人目标"心态阳光"中"能欣赏和感受美"；与他人一起合作探究，学会分析景物的结构，体现了育人目标中的"会合作"品质；培养学生对美术学习的兴趣，激发学生对祖国传统艺术的了解和热爱，这就是"有爱心"。对此，学校要从思维、审美、合作、爱心等角度，对教学目标进行完善和丰富。

3. 实现学校育人目标和基础课程目标的有机融合

上述第一、二步骤，不是简单的先后关系，而是既可先界定基础课程目标，然后再与"做人教育"的育人目标相对接的融合方法，也可先准确解读"做人教育"的育人目标，然后主动发现和对接基础课程目标。无论何种形式的基础课程目标和育人目标融合，都应遵循基础课程国家标准不降低、不走样这个前提，把国家目标要求、学校育人需要结合起来，共同整合成为某一门课程或某次教学的目标。比如，"精细的描写"一课的教学目标为：①知识目标。学生能进一步学习写生及用线进行精细描写的方法，增进对祖国传统艺术的了解。②能力目标。学生能提高对线条和结构的观察能力，养成勤于观察、善于观察的正确习惯；学会进行线的排列和造型表现的独立思考及画面组织能力；能在小组学习探究中提高探究意识；能小组合作分析景物结构，在和同伴的沟通中学会合作。③情感目标。学生能感受我国传统绘画技法，体会线描画的精美、细致，发现、欣赏静物线的美，感受、激发对祖国传统艺术的热爱。

上述学校育人目标和基础课程目标融合的主要优势，在于推动国家基础课程的校本实施，使国家课程更加接地气，更能反映学校人才培养的实际需要。相比来说，未进行这一融合工作的教学，出现"为教书而教书"现象的可能性更大。经过目标融合后，基础课程的目标内容得到丰富，育人的色彩和要求更加突出，为"育人而教书"的教育目的将得到彰显。不过，这里需要注意的是，育人目标与课程目标结合时，应尽力避免可能出现的牵强和贴标签现象，尤其是应避免把六个做人品质的基本维度（善思考、阳光心态等）简单往课程目标上拼接。一般有两类情况：一类是在涉及一、二级指标的情况下，把基本维度纳入进来。例如，"精细的描写"的教学目标，说成"提高对事物的观察能力，学会进行线的排列和造型表现，培养学生善思考的品质"。另一类是说成"学生能提高对线条和结构的观察能力，养成勤于观察、善于观察的正确习惯；学会进行线的排列和造型表现的独立思考"，即不使用"善思考"这个稍大一些的维度的概念，而是用"勤于观察、善于观察的正确习惯""独立思考"等概念，它们分别对应附小学生核心素养"善思考"维度里的二级指标"勤于观察"和"独立判断"（表2-1）。这既能体现"做人教育"理念这一中层理论的思想纽带与课堂教学目标的逻辑一致性，也使教学目标更加具体、可测。

（二）"做人教育"基础课程目标的表述方式

基础课程目标规范、合理的表述直接关系着课堂教学组织、教学内容选择和教学方法的选取。附小基础课程目标的表述基于核心素养，将六种做人品质融入学科目标，从而使基础课程目标的表述更丰满、更清晰。本书对课程目标的表述分两种方法。

一种是分析模式，即参考三维目标要求，对一堂课的教学目标按知识与技能、过程与方法、情感态度与价值观进行表述，具体案例写作中按知识、能力、情感三个重点内容分别写作，如上文的"精细的描写"的教学目标，在此不赘述。

另一种是综合模式，即对一门课程的目标进行表述时，参照中国学生发展核心素养要求和学校育人目标要求，聚焦于学生能够适应终身发展和社会发展需要的必备品格和关键能力，将知识、技能、情感、态度、价值观等方面进行综合性表述。例如，校本基础课程"少儿民族韵律操舞"的课程目标具体设定如下：①通过了解少数民族传统体育文化知识，培养学生热爱家乡的情怀；②通过入场、年级间换场、退场等集体协同配合，培养学生的责任心和合作精神；③通过班级之间的评比，培养学生的竞争意识和开朗活泼的阳光心态，促进学生身心健康发展；④通过操舞的系统学习，培养学生的多元民族文化素养，弘扬民族传统文化，树立正确的民族观；⑤通过以操舞促趣、以操舞促志，增强学生在集体活动中的参与意识，使学生感受到民族韵律操舞带来的愉悦和成功，激发学生的民族凝聚力。

二、"做人教育"基础课程的内容选择

课程内容的选择是学科基础课程开发的重要环节。课程内容的选择（简称"课程选择"），是根据特定的教育价值观及相应的课程目标，从学科知识、当代社会生活经验和学习者的经验中选择课程要素的过程。[①]回顾近几年的课程建设，附小教师结合学校的育人目标，不断优化和重构课程内容，主要做法如下。

（一）学科知识的选择

人的发展过程在某种意义上就是将思维和行动逐渐提高到合法则、合规范的高度的过程。为此，教师就需要有计划、有步骤地学习科学、技术、艺术、道德等学科知识，渐次学会科学的思维方法、活动方法。[②]基础课程的设计是基于学科逻辑特点的，学生经过系统学习建立的对学科基本素养的认知，我们将育人教育渗透其中，采用据育人目标选择学科知识。

根据"良习修美德 好好做个人"的理念，教学生学习做人是附小课程建设的中心任务。通过六年的课程教学，帮助学生逐渐养成以"六品质"为中心的核心素养，并在未来因为具备这些做人品质和核心素养而成为"受人尊敬和欢迎、对社会有贡献且能感受幸福和快乐的人"，是我们基础课程的价值观，基础课程内容选择紧紧围绕《学生核心素养框架》展开。

四年级针对"有爱心"中"爱自然"这一育人目标，选择了语文习作中的《倾听自然的声音——学用拟声词》、体育课中的《终点冲刺跑——丛林探险》、科学课中的《声音的变化》等学科知识。语文课上，老师带领学生一起读波兰童谣《火车头》等，倾听来自大自然的声音，感受大自然的美。在趣味诵读中，大家仿佛离开课堂，进入美妙的大自然，体会到拟声词的妙处——让文章更生动、形象、画面感强。接着，学生根据声音想象画面，训练用语言描述大自然的美景，在"声音—画面—语言—画面"的实践中，学生不仅掌握了语文学科知识——合理运用拟声词，也在倾听自然之声的过程中，萌发了对大自然的热爱。体育课上，老师创设穿越丛林的情境，在探险过程中，发现丛林（自然）的奥妙——寻

---

① 张华.2000.课程与教学论.上海：上海教育出版社：191
② 张华.2000.课程与教学论.上海：上海教育出版社：192-193

找食物、制作工具……共同渡过难关（练习冲刺跑），以放松操的形式，感受漫步自然的愉悦。科学课上，学生用科学严谨的态度探索声音的变化，同时通过演奏乐器发现大小、粗细、长短、松紧不同的物体会发出高低不同的声音，感受自然界的神奇。通过一系列不同课程内容的学习，学生对自然有了多方位的感知，敬畏、热爱自然之情油然而生。

（二）社会生活经验的选择

社会的需求是课程目标的重要来源之一，所以社会生活经验是基础课程内容选择的重要依据。当今社会科技迅猛发展，知识更新速度不断提高，我们对知识的需求空前加大，因此，课程内容的选择必须符合这一社会需要。基础课程主动选择社会生活经验并不断超越，从而让孩子重新构建新的社会生活经验。

附小将基础课程与实践整合。例如，"美丽的轴对称图形"一课的内容选择参考了实践课内容，引导学生观察并体会生活中的对称美，理论联系实际，制作自己喜欢的美丽的轴对称图形，设计美丽的校园一角，让数学源于生活的概念植根于孩子的心田。现实生活蕴藏着大量的数学信息，是数学教学的丰富源泉，教师重构学科知识，做生活的有心人，寻找、发现学生熟悉的生活情境和感兴趣的事物，为学生提供观察、试验、猜测、推理等数学活动的资源，让他们借助丰富的生活情境走进数学世界。

（三）学习者经验的选择

儿童是学习者，也是教学过程的主体。不管是学科知识、社会生活经验、还是学习者经验的内容选择，最终都应内化为学生的学习经验，并适应当代社会的发展。附小倡导利用五个尽量——尽量让学生自己观察，尽量让学生自己思考，尽量让学生自己动手，尽量让学生自己表达，尽量让学生自己得出结论，将课堂还给真正的主人——学生。所以，在课程内容的选择上，我们尊重儿童的认知规律，承认他们就是课程的开发者。注重让学生根据自己的需要，与教师和其他学习者一起开发自己的课程，是附小课程内容选择的一大特色。

学生的生活是丰富多彩的，但他们的经验往往比较感性，教师应引导学生将感性的经验上升为理性的认知。例如，科学课的实验吸引着多数学生步入奇妙的科学殿堂，能够激起学生的创新欲望，激发学生潜能。对于培养学生的思维能力、动手能力都具有其他学科不可代替的作用。在邓枢灿老师执教的科学课"空气占据空间吗"中，小组完成实验任务后，各组成员轮流到讲台上交流实验的方法，14 个小组有 14 种方法。在交流的过程中，学生将自己的生活经验与大家分享，学生不再只是从教科书中获取知识。相互交流、相互学习，不仅形成了良好的学习氛围，也碰撞出思维的火花，生成新的知识。此时教师再进行进一步解释，让知识概念得以升华并延伸至运用层面，可谓水到渠成。学生"善思考""能合作"的品质培养也在潜移默化中进行。

这样的基础课程内容的选择必须以学生的经验为出发点。教师应该充分相信学生，给予他们足够的学习空间，充分发挥学生的主动性，交给学生来做，让他们在自我实践过程中发现新的知识，探索新的奥秘，把被动学习转换为主动学习。学生有自己的生活经验，他们有自己的解决方法，在交流讨论中会产生思维的碰撞，得出更有效更好解决问题的方法。苏老师在执教"运动起来会怎样"时，用来自学生生活经验的实验帮助他们解决难题——氧气怎样进入血管。很多学生都有过把水装到小气球里玩的经验，而肺泡本身很像气球，血液又很像水。所以，苏老师选择了这样的课程内容：把水装在一个气球里，把空气从一个气球传递到装水的这个气球里，用来模拟氧气从肺泡进入血管中的过程。这样来自学生生活经验的实验演示，极大地调动了学生观察的积极性，正是勤于观察的最好引导。

每个儿童都是独特的，课程内容的选择也应该充分尊重儿童的差异。在教学过程中设置不同梯度的问题，供不同层次的学生回答，让每个学生都参与课堂活动，体会成功的喜悦。在"美丽的轴对称图形"一课中，学生接受数学知识的能力有差异，但接受美术知识的能力不相上下。因此，在回顾数学知识的环节中，提问应简单化，让学生在动手操作和讲述的过程中建立数学概念，真正理解什么叫作"轴对称图形"；但在美术的制作环节中提高提问难度，让每个学生都会利用数学中的概念解决美术中的难点，使学生积极参与轴对称图形的制作，创造出更多的对称美。

三、"做人教育"基础课程的实施

基础课程的实施是在践行国家课改精神的前提下，根据学校的办学理念，对国家、地方课程进行二次开发，以及对校本课程进行开发、实施的过程。课程实施需要通过课程评价来检验，从而发现问题，不断完善，并从多种途径整合和开发有助于实现"做人教育"目标的课程资源，以此来寻找更有利于课程实施的发展途径。当前，学术界对课程实施主要持两种观点：一种认为课程实施是将预期课程方案付诸实践的过程；另一种观点认为课程实施的内涵是教学，只有当教师在课程方案的基础上进行教学，课程才可能得以实施。我们同意后者的观点。从积累经验和初步形成特色角度看，附小推进"做人教育"课程实施，渗透"做人教育"理念主要体现在单一学科课程和学科整合课程两方面。

（一）单一学科课程

何老师所执教的江苏教育出版社出版的（简称"苏教版"）小学语文二年级上册"青蛙看海"一课，充分将学校"有毅力、善思考和心态阳光"的核心素养品质与基础课程标准相结合。通过带领学生仔细品读文本，深入挖掘苍鹰、青蛙和松鼠的对话，引导学生感悟青蛙认准目标、克服重重困难、取得成功的有毅力的品质，教会学生做一个持之以恒、有毅力的人。在教学中，教师鼓励学生分小组合作，分角色朗读全文，培养学生相信和依靠伙伴，分工协作的合作精神；通过指导学生揣摩人物对话，在朗读中体会语气词、反问句的语气变化，体悟人物的性格品质，在此过程中培养了学生的善思考品质；学生通过反复品读，抓住关键词语，感悟青蛙登山看海的艰辛，但青蛙始终不畏困难，乐观积极地向着目标努力，从而将有毅力、心态阳光的育人目标润物无声地渗透学生的心田。

民族团结教育课在附小以多样化的形式得以落实和发展。课堂上，教师更侧重于任务型教学和学生的自主探究型学习，以学生的自学、汇报为主。教师借助民族视频短片播放、图片展示、语言文字的阐述等方式教授课程，在整个课程的学习中起到引导、启发和总结升华的作用。在学期末的考核中，学生自由组合，就某一专题进行探究，通过查阅资料，制作PPT，登台讲课的形式呈现。这样的民族团结课，给学生提供了合作探究的机会和展示自己的舞台，培养了学生的"六品质"，让学生懂得少数民族的特色，也让学生更加热爱自己的家乡。少先队会课上，附小开展了"做自己的安全首席执行官"系列活动，组织学生进行地震、火灾、防恐防暴演习……活动不仅教会学生基本的逃生技能，还将爱自己的"生命教育"渗透其中，教会学生对自己负责，对生命负责。

（二）学科整合课程

附小根据育人目标，将同一学科中的不同教学内容或不同基础课程的相关教学内容进行有机整合，整合的课程资源可以更好地实现育人目标。其中，学科内部整合是一种纵向整合，要对教材中按一定逻辑逐步递进的教学内容进行顺序调整、增删或合并。跨学科整合是一种横向整合，要将相关内容按一定的逻辑进行整合。

1. 学科内部整合

（1）重组教学内容，渗透育人理念

整合并非只能跨学科。就语文学科而言，依托课程标准，以生活为蓝本，精选、整合教材，把学生发展必备的基础知识、基本技能作为教学的本源和着力点，将育人理念渗透其中，可以使课程教学基于教材又超越教材。比如，苏教版三年级上册的语文教学，经语文教研室教师集体研讨后，保留15篇左右的课文篇目作为各训练项目的精讲范文，其余篇目作为相应单元同类课文的阅读、习作训练使用。对于课文背诵篇目，摒弃以应试为唯一目的的机械背诵，以培养学生勤学、善思和有利于学生今后的读、说、写、用为目的进行精选增减，使背诵成为敏思益智、怡情育人的过程。

（2）拓宽教学视野，启迪学生智慧

《二十四节气歌》是苏教版小学语文二年级上册练习中的知识，教材只给出了这首《二十四节气歌》，要求通过诵读让学生了解与二十四节气相关的传统文化知识。2016年11月30日，正值二十四节气申遗成功，教师以文本教学为契机，将文本知识与二十四节气相关的传统文化进行了拓展整合，引导学生在学习二十四节气前通过收集资料对其进行初步的理解，并通过对信息的梳理和在课堂上的阐述，培养学生善思考的品质。教师在授课中巧妙地运用视频介绍、图片欣赏和儿歌听赏等教学环节，让学生感受到节气之美、自然之美，从而培养学生欣赏和感受美的能力，了解中国古代劳动人民的智慧，增强民族自豪感。

2. 跨学科整合

整合各基础课程资源，灵活地为同一个育人目标服务，是附小课程教学的又一创新。开设时间长、比较有特色的一个探索，是国家课程体育课与地方课程民族团结课整合后，学校自主开设的基础课——少儿民族韵律操舞。针对附小学生民族多元的结构特点，附小教师在进行民族团结教育的过程中，制定民族大课间活动或少儿民族韵律操舞方案，确定了以室外少儿民族韵律操舞为主、室内操舞和民族体育游戏为辅的大课间活动形式，让学生在运动、游戏中体验少数民族的民风民俗。室外韵律操舞由附小创意，音乐、韵律操舞由学校体育、音乐老师与云南民族大学、云南艺术学院的老师共同创作，将云南特有的少数民族音乐和六个民族的舞蹈与广播体操有机结合的六套少儿民族韵律操舞。室外韵律操舞于每周一、三、五在学校操场进行。一、二年级小朋友表演彝族、哈尼族操舞，三、四年级表演白族、景颇族操舞，五、六年级表演佤族、傣族操舞。优美的民族韵律操舞把民族舞蹈的特色表现得淋漓尽致。从实践来看，跨学科整合课程形成了两个重要特色。

（1）"多元化"让教学内容更丰富

例如，在人教版小学数学二年级下"图形的运动"的教学中，教师采用学科整合的方式，结合数学、计算机、美术的学科优势和特点，让学生轻松地建立和掌握轴对称图形、平移和旋转的概念。数学老师首先引导学生观察轴对称图形的特征，运用数学思维思考，分组合作讨论，总结轴对称图形、对称轴、平移和旋转的概念，从而培养了学生善思考、会合作的品质；其次，为了使学生更生动地感知轴对称图形的运动现象和特点，计算机老师运用画图软件中"翻转"选项，绘制生活中的轴对称图形和作品，从而让学生欣赏和感受轴对称图形的美，培养学生"心态阳光"的品质；最后，美术老师带领学生亲身实践，学生与同桌分工协作，动手折纸、剪纸，剪出一个轴对称图形蝴蝶的图案，由此教会学生要坚持不懈、有毅力。三个学科的巧妙结合，既打破了单一学科的教学模式，又从多个兴趣点激发学生的学习热情，使课程目标和育人目标完美结合，让教学内容更丰富多彩。

（2）"艺术性"让课堂更具生命力

用艺术的力量进行教育是最让人难忘怀的，它可以渗透到孩子的心灵深处，犹如绵绵的春雨对幼苗的滋润，使做人教育品质渐渐地滋润孩子的心田。语文教学或利用音乐背景，衬托渲染主题；或利用音乐创设教学情境；或利用音乐调节课堂气氛，让学生受到艺术的熏陶。苏教版小学语文第十册第10课《二泉映月》与音乐课的整合中，音乐老师以旋律对比的形式导入，让学生初步感受了《二泉映月》的委婉悲伤，为语文老师带领学生在课文中体验阿炳那段坎坷人生做了铺垫。学生的情绪在民族音乐创作手法——鱼咬尾的学习中暴发，深刻感受到主人公敢于同命运抗争，矢志不渝追求美好理想的精神。音乐与语文交叉进行，旋律与文字交相辉映，让音乐的起伏变化带动学生理解人物命运的波折，又从人物的情感变化中体会乐曲的旋律变化及其丰富的内涵。课堂的艺术魅力大放异彩，学生在享受语言的声律美、音乐的音律美的同时，学会像阿炳一样笑对生活的苦难，并不懈追求美好的人生理想。

3. 学科学习与综合实践的整合

综合实践活动课程是课程综合化的重要体现，是"做人教育"基础课程的重要内容。它强调学生亲身经历实践过程，体验实践活动，实现学习方式的变革。附小将基础课程与综合实践活动课程整合，收到了良好的育人效果。

（1）依托书本，着眼生活，让学习精彩纷呈

为了加强少年儿童对爱护牙齿重要性的理解和认识，引导他们珍爱自己，珍爱生命，附小将苏教版《品德与生活》第一册第16课"我掉了一颗牙"与综合实践活动"保护牙齿"进行了有效的整合。学校将昆明医学院口腔医院儿童口腔专家请到课堂现身说法，为一年级孩子举办了"保护牙齿"专题讲座。专家结合学龄特点，将书本上艰涩的口腔保健知识生活化、趣味化，从观看护牙动画片，直观感受龋齿的模型，到唱护牙歌，在轻松愉悦的氛围中为学生普及爱护牙齿健康教育，传播爱护牙齿健康知识，学生的学习热情高涨、活动效果显著。这堂综合实践课与品德与生活教学的整合，相得益彰，精彩纷呈。

（2）走出书本，体验趣味，让学习魅力无限

兴趣是孩子学习最好的老师，如何能让孩子们在寓教于乐中感受学习的魅力，享受学习的快乐，一直是附小教师孜孜不倦的追求。二年级教研室教师在研讨学期课程整合实施方案中，决定将苏教版小学语文第四册练习2中的口语交际部分"讲童话故事"与综合实践活动进行整合，旨在打破传统的"一人讲，多人听"的传统故事会的方式，采用孩子们喜闻乐见的为经典动画片配音的方式，让更多的孩子走上舞台，在配音角色中感受口语交际的魅力。该整合想法得到了学校和云南省电视台少儿频道领导的大力支持。2015年6月4日，云南人民广播电台FM101.7少儿广播的主持人走进附小文林校区，带领二年级的孩子们开展"走进缤纷的语言世界"实践活动。这次活动与口语交际内容"讲童话故事"生动整合。活动中，孩子们重温了经典的动画片场景，并踊跃地加入配音活动，体验讲童话故事的快乐。实践活动与语文教学的精彩整合，为孩子们打开了一扇通往缤纷语

言世界的兴趣之窗，其意义深远。

4. 师资力量整合

教师不同的教学风格、独特的个性、丰富的经历、自身特长等都是重要的资源。附小在探索过程中从以下三方面来重组教师资源。

（1）利用教师的专业特长进行重组

苏教版小学语文四年级上册第24课"春联"的教学，与音乐课"春节序曲"和美术课"春联"进行整合。语文教师注重引导学生理解课文，从文字上感受春联的独特魅力和对仗、声律、意境之美；音乐老师用主持"新年联欢会"的形式，将中、外有代表性的迎新音乐呈现给学生；美术老师从欣赏和书法的角度带领学生挥毫写春联……这种发挥各学科资源优势的课程整合，为学生搭建了一个跨学科的立体"认知空间"，使学生对知识的理解和建构不再是停留在被割裂的学科知识上。语文、音乐、美术等不同学科背景的教师，在同一教学主题的联结下，各自发挥自己的学科专业特长，使课程教学突破了一位教师主导课堂的传统模式，为课程教学改革探索了新的思路。

（2）根据教师的教学风格进行整合

教师的教学风格各不相同，有的严谨缜密，有的慷慨激昂，有的亲切自然，有的机智诙谐……教师可以选择合适的整合点和整合方式，使整合取得最佳效果。人美版小学三年级上册"恐龙的世界"采用学科内教师整合的方式，根据三位美术教师不同的教学风格，引导学生去了解恐龙，掌握绘制恐龙的基本技法并进行了生动、细致的描绘。通过这节课的学习，在观察、记忆、表现恐龙的过程中，培养学生热爱自然、科学，关注环境，训练他们的观察、记忆、表现能力。上课伊始，亲切自然的叶老师带领同学们观看了《恐龙当家》的影视片段，激发了学生的学习热情。通过"知识问答"环节向学生介绍了恐龙的历史发展、生活环境和名字由来。接着，身着霸王龙服装、风趣幽默的苏老师出场了，在"看图片，猜恐龙"环节中，引导学生学会观察每种恐龙的特征。最后，严谨缜密的曾老师，带领学生绘出自己喜爱的恐龙，一幅幅生动逼真的优秀画作构成了一个栩栩如生的恐龙世界。

（3）校内教师与校外专家资源的整合

附小的课程开发特别注重系统梳理、挖掘涵盖历史古迹、民俗、建筑、工艺、宗教信仰、语言文字、戏曲等多层次、多方面的历史文化资源，及相关领域的专家资源。比如，学校的民族团结课程，邀请少数民族专家学者走进课堂举办讲座；彩泥和陶艺美术等基础课程，带领学生走进建水紫陶工艺馆亲身体验和DIY实践；音乐课程邀请昆明市聂耳交响乐团进校进行专场演奏，寓教于乐，边体验边学习，使学习达到事半功倍的效果。

四、"做人教育"基础课程的评价

课程评价是教育评价的重要组成部分。它是通过系统收集相关信息，对学校课程满足社会与个体需要程度做出判断的活动，是对学校课程现实的（已经取得的）或潜在的（还未取得的）价值做出判断，以期不断完善课程。[①] 附小对"做人教育"基础课程开展了评价，总体反映良好，但也存在不足。

（一）成效与经验

经过近几年的不断探索，老师们已将整合的意识根植于心灵，在教学中打破学科壁垒，积极尝试，打造了一批精品基础课，促进了学生基本素质的提升。下面，我们分别从学生、家长和社会的角度，了解各界对"做人教育"基础课程实施的具体反馈意见。

1. 学生对课程的评价

综合期末考试等成绩检测、课堂表现、课后反馈等各种渠道的信息，学生对"做人教育"基础课程的开发和实施是满意的、效果是显著的。在定量的评价方面，2016年以来五华区组织的统测中，附小所抽取参加测试的年级平均成绩均名列前茅；在定性的评价方面，扎实有效、丰富多彩的基础课程构建和开阔了学生的认知空间，提升了学生的基本思想、基本知识和基本技能，激发了学生的创新潜能，培养了学生的创新思维，提高了学生的综合能力。尤其是在基础课程的整合课堂上，学生积极参与，课后反映在这样的课程中，他们的视野更开阔，参与气氛更浓厚，施展才能的机会更多，更有助于提高有爱心、善思考、负责任、能合作、有毅力、心态阳光等良好的品质。此外，学校还涌现出一批优秀学生，他们在全国创新大赛、书画大赛等各类比赛中斩获无数大奖。特别值得一提

[①] 陈彦.2005.高职院校校本课程评价研究.湖南农业大学硕士学位论文：9-10

的是校合唱团在央视"全国少儿合唱比赛"中荣获金奖，登上维也纳金色大厅的舞台并获"世界童声合唱节"大奖。

2. 家长对课程的评价

在综合实践课上，我们鼓励家长走进校园，IT 界的精英、医学界的专家等纷纷为孩子带来各行各业的前沿知识。课上，学生们能言善思，旁征博引，给家长留下了深刻印象。有家长说出了这样的肺腑之言："孩子真的越来越懂事了，通过'敬畏生命'的系列"社会情感学习"课程程学习，他变得关心自然，关注人生，有了强烈的责任心和使命感。特别是地震中守护孩子的伟大母亲让他感触颇多，回家后竟抱着我失声痛哭，我们的亲子关系有了很大改善！"

3. 社会对课程的反响

通过国培计划、送教下乡等活动，附小将优质的基础课程教学资源辐射至全省，让最先进的教学理念和方法惠泽老少边穷地区，推进了知识共享和教育公平。老师们勤耕不辍，300 余万字的教科研论文、成果在国家级、省级刊物发表；出版了以《小学教育理论与实践》《云南师大附小创建优质学校的实践探索》为代表的一系列著作；逾千万字的学科教辅辐射全省各州市县区。在全国小学数学（人教版）示范课观摩交流会中，附小学生与全国数学名师上了一堂精彩纷呈的"平均数"课。授课期间，孩子们严谨的数学思维，妙语连珠的生动回答，一次次获得与会专家热烈的掌声。由中国教育学会主办的全国中小学科学课堂教学优质课比赛中，孩子们清晰流畅的表达，灵动活跃的课堂发言给评委老师留下了深刻的印象。一位特级教师在课后分享时感慨："附小的孩子真是不一般！他们秉持求知的好奇心，善于质疑、发现并主动提出问题；他们乐于探究，善于思考，勤于动手，能综合运用已有知识、技能和经验自主学习。冰冻三尺非一日之寒，这些优秀品质的培养，源于每堂课的精心渗透！"参与国培计划的老师和前来参观的校长都纷纷表示："一定将附小创新、先进的课程观带回去。"

（二）问题及改进

通过反思，我们还发现了一些存在的问题。

1. 教师的课程领导力不强

个别老师课程规划及开发能力不足，对教材的挖掘不够深入，仅仅依照教材参考资料，不能将做人教育的目标合理融入教学；不注重课程内在逻辑，有一点讲一点，衔接生硬；教学方法侧重讲授、交流互动不足。

2. 教师的育人意识和能力不强

部分教师重智轻德、重结果轻过程，过分关注考试成绩；传统教学模式根深蒂固，创新思考不足，教学设计中未充分考虑育人因素，落实不到位；未将学生做人品质目标融入各学段、各学科的基础课程目标，没有实现做人品质的螺旋上升，逐步深化；有的教学内容与学生生活联系不够紧密、交叉重复、操作困难，仍停留在活动层面而缺少规范性的校本课程纲要；课程整合的推进不够全面，针对六种品质的校本课程有待进一步开发，评价机制重智轻德、相对单一。

针对发现的问题，经讨论研究，学校初步拟出以下改进方法。

1）每个学期末，学校各教研室、各年级组和个人要制定出下学期的基础课程计划。明确"教什么比怎么教重要"，确定基础课程计划的核心就是纵向剖析单一课程，横向分析各个学科，形成育人目标，并整合课程资源，重构教学内容。

2）对基础课程实施过程中出现的问题，要扎实地进行专题研讨，以保障课程整合的科学性与有效性。

3）研讨要从育人目标的落实情况出发，兼顾不同教学内容、不同教材、不同途径的教学方法；坚持"边研究、边完善"，加大对教师专业培养的力度，在教育教学实践中获得最大程度的专业成长的原则；定期对教师进行培训，同时，采取推门听课和定期举行校级观摩研讨课相结合的方式，鼓励教师积极进行课程整合的研究和创新，提高教师的科研素质和教学水平；为优化学校课程体系，充分发挥课程的育人功能奠定基础。

4）学校要大力推进激励教育，如案例写作、有奖征文、课改论坛、教学沙龙等，让自信之花开在每个人心里；通过校园文化建设，努力营造一个和谐共进、相互信任、激励为主的教育氛围。

第三节 "做人教育"拓展课程的开发与实施

　　附小根据"做人教育"的育人目标要求,针对学生的兴趣和需求,依托学生社会团等校内外资源,在"语言与交流""数学与科技"等相关学习领域横向拓展了系列课程。拓展课程作为基础课程的横向延伸,与基础课程在课程目标、实施方式等方面是相通的,但其认识视野更开阔,内容往往超越国家和地方教材范围,授课形式更加灵活。下面从学校"做人教育"理念中的育人目标切入,从目标设定、教学内容选择、课程实施和课程评价等方面,介绍和探讨"做人教育"拓展课程开发和实施的一般做法。

一、"做人教育"拓展课程的目标设定

　　"做人教育"拓展课程是学校切实推动"良习修美德 好好做个人"办学理念有效落地的反映,很好地体现了其对实现"做人教育"目标的价值,而这一价值承载和实现功能首先体现在"做人教育"拓展课程目标的界定上。具体做法如下。

(一)深入挖掘基础课程与拓展课程之间的共通性和延伸性目标

　　"做人教育"拓展课程是基础课程的延伸与拓展,几乎每一门拓展课程都可以在基础课程中找到对应的学科基础。比如,语言与交流领域的"国学""经典诵读"拓展课程,是从语文学科拓展出来;数学与科技领域的"生活中的数学""科普小课堂"是从数学课、科学课拓展出来的,等等。因此,拓展课程与基础课程二者在课程目标上具有一定的相通性,都指向附小学生的做人品质和核心素养。这就要求学校在拓展课程开发与设计上应考虑既有基础课程目标对基本思想、基本知识、基本技能的关注,使其成为"做人教育"拓展课程目标的必要组成部分。以基于语文课程而拓展的"国学""经典诵读"课程为例,这些课程要充分挖掘语文教材中的知识、趣味和教育意义,学生从一年级开始学习《弟子规》《论语》等国学经典,积累汉字文化、成语故事、古诗词、历史典故等传统文化知识,逐步从字词拓展到篇章拓展,国学知识得到充分的积累。这些知识学习、诵读能力和爱国情感等目标,都是六年级开设"我爱国学"拓展课程的应有内涵。

　　更重要的是,"做人教育"拓展课程虽然是以基础课程为基础,但它又进行

了延伸、补充与拓展，增加了基础课程的深度与广度，注重对学科知识的实践应用，主要以活动的形式组织进行，且多是学生自主选择参加学习。因此，拓展课程的目标相较基础课程目标而言，更加重视学生兴趣的激发与发展、活动经验的积累、运用知识分析和解决问题的能力等。

（二）准确体现学校"做人教育"育人目标

"做人教育"拓展课程基本是学校自主开发的校本课程，对课程目标进行选择和设定的自由空间比较大，因此可以在吸纳基础课程共通性和延伸性目标的基础上，更直接地聚焦于"三维六品"育人目标。在"做人教育"育人目标的指导下，各学习领域中具体课程的目标设定，需要紧紧围绕六种具体做人品质来展开。比如，附小六年级开设的"语言与交流"领域"我爱国学"拓展课程，力图通过教师教学与学生研讨、表演结合的多样性教学方式，来帮助学生实现以下课程目标：①更多、更全面地接触国学，了解国学，自然地产生起对国学的热爱，成为一个有文化自豪感的中国人；②在国学文化和爱国情感的浸润下，立志成为一个对国家、民族、社会以及家庭有爱、有责任感和义务感的人；③在节目创作的交流与碰撞、反复练习的陪伴与支持中，增强相互的合作精神和合作能力；④通过克服课程实施过程中的困难，培养其锲而不舍、坚持不懈的毅力。

又如，"社会与实践"领域的拓展课程——"班级文化展演"课程是学校班级文化建设活动的重要组成部分，整个活动通过确定主题、师生参与创造、展演交流、考核评比等方式加以实施。展演要求各班级充分体现学校"良习修美德好好做个人"的教育理念，在展演与实施中潜移默化地培养孩子的六种品质。因此，各班级在班级文化展演中，在关注学生六种品质的同时，根据学生不同年龄特点，确定课程目标为①鼓励每个同学都参与班级文化建设，为共同的目标而努力，增强对集体的热爱；②引导学生在课程活动中积极沟通、分工协作，培养合作意识；③帮助学生明确自己的梦想，确定短期和长期目标并努力实现梦想，培养持之以恒的品质；④通过班级文化校本拓展课程中的一系列活动以及教师及时的观察引导，帮助学生成长，培养学生自信积极、阳光乐观的品质。

二、"做人教育"拓展课程的内容选择

在拓展课程的设置上，学校充分考虑学生的兴趣爱好，力求体现多样性，开发丰富多彩的选择性课程，尊重学生的学习兴趣，满足每一位学生的学习需求。

（一）从学科知识中拓展

STEAM 课程是集科学（science）、技术（technology）、工程（engineering）、艺术（art）和数学（mathematics）于一体的综合性课程，附小借鉴了 STEAM 课程的设计思路，创建了拓展课程"创客空间"，这是对"数学与科技""艺术与审美"两个学习领域基础知识的有效拓展，课程内容主要从相关学科中选择和拓展。对这门课程兴趣浓厚的学生可以在创客空间发挥自己的特长，运用自己的科学、信息技术、数学、美术等学科知识，作出创造性的有价值的设计。与此同时，学校还针对学生的不同体育兴趣开设了足球、篮球、健美操、武术等社团课程，让学生在原有体育学科的基础上进一步提升自己的体育技能，拓展体育兴趣。

（二）结合社会生活经验拓展

云南省是一个多民族共居、民族文化共同繁荣发展的省份，拥有 25 个少数民族，有着浓郁的民族文化。因此，附小学生具有民族多元化的特点，对少数民族有一定的了解和认识。因此，了解民族知识、体验民族文化成为民族地区学生的一个学习需求。基于此，附小依托六年级社团开发了原生态歌舞拓展课程。该课程强调传授原生态歌曲的演唱技术技巧，带领学生在学习中了解民族原生态歌舞的魅力，并依据歌曲情绪编排合适的舞蹈动作，将"原生态歌舞"这一艺术形式呈现在舞台上。

（三）基于学习者学习经验拓展

兴趣类拓展课程形式多样，在附小这个大校园里呈现出百花齐放的态势。自一年级开始，学校就根据学生的兴趣爱好开设了合唱团、舞蹈艺术团、七彩童心画社等社团发展学生的音乐、美术兴趣。到五、六年级，学校根据学生知识结构的不断优化和认知水平的不断提高，开设辩论、话剧、英语剧等社团课程。此类课程均以学生的学习经验为基础进行拓展，促进学生智力和认知水平的发展，有助于发展学生的学习方式和生活方式，成为学生学校生活的亮点。

三、"做人教育"拓展课程的实施

"做人教育"拓展课程的实施以课堂、社团活动为主阵地，学生在掌握既有的基础课程知识体系和基本规律之后，以增强某些方面的兴趣爱好或者满足某些特定需求为目的，通过参加一系列的活动，运用相关知识分析和解决实际问题，以熟练学科知识、强化知识结构，提高分析问题、解决问题的能力。具体做法如下：

第一，以基础课程拓展而来的需求类课程，以经典诵读、书香之家、社会情感等拓展课程为例，在实施过程中结合语文、心理教育等基础课程的课程目标和学校"做人教育"的育人目标，以课堂为活动场所，由教师根据学生需求以讲故事、诵读、师生共读、辩论等形式进行。学生在活动中加深了对基础学科知识的理解，也在活动中传承了文化，更重要的是在潜移默化中"做人品质"慢慢形成。例如，潘莹老师执教的《经典悦读，悦心悦行》课程以经典古诗词、《弟子规》、《论语》等为读本，充分利用校内外资源，根据不同年段学习特点，由易到难、循序渐进地开展丰富的主题活动。学生在校内经典读本的学习中加深了对传统语言、文字、文化的理解和认识，在一次次诵读活动、延伸阅读、非遗文化传承人交流等活动中增强了对中国传统文化的自信心，也逐渐树立起正确的道德观念。

第二，以社团为载体的兴趣类拓展课程，一般在每周三、周五下午进行，采取知识与活动结合、室内与室外结合等方式，为不同兴趣爱好的学生群体提供了有针对性的拓展课程。附小各社团教师以自己的才能集聚了具有不同兴趣爱好的学生，师生共同努力，让拓展课程的实施在一片沃土上进行，最终孕育出异彩纷呈的社团成果。例如，袁靖老师指导的校葫芦丝乐团作为展示校园音乐文化活动的重要组成部分，聚集了学校 2～5 年级具有艺术特长以及对艺术有浓厚兴趣的学生。社团学习主要以民族器乐的演奏、民族乐曲的学习为主，旨在加深学生对民族器乐文化的理解。该社团的学习形式基本以团队分工协作为主，教师根据葫芦丝不同的音调和乐团成员的演奏特点分声部、分小组排练，学生在乐理的学习和演奏的实践中逐步提升自己。该课程依托我校优秀的教师团队，借助大学优质平台和丰富的网络资源，通过与各种省、市级交响乐团、民乐团、文艺团体的多方联动，让学生在一次次艺术实践活动中提高自身的音乐素养，增强音乐表现的自信心，实现对传统民族器乐的传承。

第三，从少先队活动、道德与法治、品德与社会等课程发展出来的"班级文化展演"课程，每年秋季开展。班级文化拓展课程是在"做人教育"理念指导下，结合班级特色，以班级为载体，以表演或解说为主要形式进行的课程。这一活动主题鲜明，以班级为主阵地开展，其中一、三、五年级以展演形式进行，二、四、六年级以解说形式进行。各班围绕学校"良习修美德 好好做个人"的育人理念，根据学生年段特点、班级特色等，联系学生学习生活中的元素，结合传统文化或时代特色，自主设定极具班级特色的课程主题。各班主题一年变换一次，力求创新，但始终以培养"三维六品"为目标，真正实现课程的育人功能。在实施与开展中，学校采取班级文化展演、解说评比和定期检查的方式督促各班实现主题目标。该课程从活动主题的选择到实施都充分发挥学生的主观能动性，让学生在合作探究与全情参与中受到熏陶。课程充分发挥了班级文化的实效，让班级真正营造出育人的良好氛围。例如，每年9月初开学，各班就会将班级文化活动的主题作为重要事项公布，在全班范围内广泛征求建议。各班集思广益，精彩主题不胜枚举。有的班级以"小口袋大世界"为主题，口袋里装满知识、阳光、自信、合作、毅力，装满无限的能量和多彩的梦想；有的班级以"妙妙世界，妙动未来"为主题，让孩子感受未来充满奥妙，充满未知更充满期待。自秋季开学到一学年结束，各班围绕班级主题持续开展特色的班级文化活动，展板内容常换常新，持续的文化效应让学生沉浸在班级文化之中，使其于潜移默化之中形成良好的做人品质。

四、"做人教育"拓展课程的评价

（一）成效与经验

附小"做人教育"拓展课程充分发挥了校内外资源的优势，为特定学生群提供开阔的成长平台。"做人教育"实施多年来，成果喜人，得到学生和家长的好评。下面介绍从学生、家长、社会等方面的积极反馈。

1.学生对课程的评价

学生是拓展课程效果最直接的评价主体。"做人教育"拓展课程对基础课程进行了延伸、补充与拓展，增加了基础课程的深度与广度，加上这些课程多是学生自主选择参加学习，主要以活动的形式组织进行，因此，学生在活动中经验得到提高，兴趣得以发展，能力也获得提升。

在需求类拓展课程中，以经典诵读课程为例，学生有了丰富的文化积累，也逐步形成自己的价值观念。走廊里，"宽转弯，勿触棱"的相互提醒；教室里，"人不闲，勿事搅；人不安，勿话扰"的相互尊重；"温故而知新，可以为师矣"的相互学习"你若盛开，蝴蝶自来"的诗词迁移……那些时时诵读的经典，都已经成为学生相处的自觉和学习的印记。潜移默化中的自主实践，是学生给予这门课程最好的评价。

在兴趣类拓展课程中，以葫芦丝乐团活动为例，乐团成员在学习和活动中加深了对少数民族音乐文化的认识，增强了对民乐的情感，也在分工协作中建立起合作意识，也在一次次登台展示中增强了自信心。有的成员在分享交流中表示："乐团的每一次活动，都让我更加明白民族乐器的魅力，传承民乐是件令人骄傲的大事。"

在班级文化展演课程中，许多学生认为，他们在共同讨论班级文化主题、设计班级文化展板的过程中，感受到善于思考、合作学习的重要性，也在一次次修改与完善中体会到坚持、有毅力的必要，从而逐渐培养起自己的良好品质。另外，他们深刻地认识到展板内容本身就是对自身学习、生活等各方面能力的评定。不同的板块给不同领域各有所长的学生更多展示自我的机会，也使他们取长补短，认识到自己的闪光点与不足之处，从而懂得积极向上、彼此学习，不断缩小与理想自我的差距，实现自我的全面发展。

2. 家长对课程的评价

家长口碑是拓展课程重要的评价方式。看到孩子们在学校能够根据自己的需求和兴趣选择有意义的拓展课程，看到自己的孩子在丰富的拓展课程中得到了提升，家长无不交口称赞，甚至也自觉参与学生的拓展课程。

经典诵读活动中，亲子共读与师生共读形成合力，三方互相成就，共同成长，一起感受传统文化的魅力，传承优秀的中华文化。"倘若不是孩子的日日督促，恐怕我的文化积淀早就不如孩子了。""我的孩子从起初的诵读，到慢慢会用经典的故事和名言提醒自己和家人，他的成长真得太大了。"……

每年一次的班级文化活动，特别是独特的班级文化展板，让家长对孩子所在班级的认识逐步加深，对孩子合作学习的成果表示赞叹。他们惊讶于小小年纪的孩子居然能创作如此精彩的展板，能在合作学习中碰撞出智慧的火花，更惊叹于孩子成长速度之快。对于此项拓展课程，家长交口称赞并极力配合。有的家长说:"看到展板上孩子们的作品展示,真为他们感到骄傲。"有的家长说:"展板中的图书漂流版块中分享了许多学生的阅读心得,让我的孩子知道了阅读的重要性,也鼓励我们全家投入到阅读中来。"还有的家长说:"小组评比版块让这些孩子懂得了合作学习的重要性。"

3. 教师对课程的评价

教师是拓展课程的实施者,也是亲历者和评价者。以"班级文化展演"课程为例,这是集全校师生之力,共同开展、统一学习的一门拓展课程,它是附小班级文化建设的创新之举。学生在一次次参与班级文化展演的过程中,逐渐深化对班级公约和班级精神的认识,形成共同的班级文化观念,从而充分体现班级文化的价值导向作用。正因为此,教师对这一课程也有很高的评价。有的老师说:"通过班级文化展演这种活泼的表现形式,孩子们从中体会到参与的快乐,享受到学习成果得以展现的喜悦,更加记住、认同了班级文化,从而营造了良好的班级氛围。"有的老师说:"班级文化展演中的展板设计无疑是让教室的墙壁变成了会说话的色彩大师,它记录了孩子们的成长足迹,鼓励着孩子们学习、运动、阅读、好好做人的热情与坚持……"还有的老师说:"为了让我们的班级文化拓展课程更有特色,更加创新,我和孩子们从传统文化、少数民族文化、现代流行文化等多种文化中汲取精华,挖掘主题,将有助于学生成长的文化元素融入班级文化,让孩子们感受到文化的魅力,体会到不同时代的精神。"

4. 社会对拓展课程的评价

通过不懈的努力,附小班级文化活动拓展课程已经逐步完善,并相继出版了凝聚各班集体智慧的书籍,如《班级文化建设金点子》《班级文化展演》等。这些成果在读者中产生了一定的反响。

(二)课程改进建议

1. 完善拓展课程的课程体系,丰富拓展课程

第一,目前,附小的拓展课程均与各个学习领域的基础课程紧密关联,尤其集中在体育、音乐和科学等学科,并且主要在高年级实施。学校应根据年段特点、学科特点精心设计课程,让每个孩子的基础知识得到拓展。

第二，重视对教师能力的培养，不断提高教师的理论水平和科学研究能力。学校领导要不断总结经验，组织老师外出考察、培训、学习交流，拓宽视野，提高教师团队的研发能力。

第三，加强拓展课程监管力度，改进评价体系。各部门要与时俱进，不断创新，层层落实，形成对拓展课程的制度化、科学化、系统化评价，提高课程质量。对民族体育大课间活动等的评价要体现多元的特性。

第四，目前，附小的拓展课程主要以社团及活动课程的方式呈现，课时量及系统性都无法得到保障。因此，鼓励更多的教师参与类似课程的研发和实践，将拓展课程真正落实到附小的"做人教育"中。

2. 鼓励新型教育资源、教育手段的开发

第一，加大对拓展课程的投入力度，利用云南地域优势和附小周边资源优势，充分挖掘拓展课程资源，并逐步形成附小拓展课程素材库，以此作为教学资源的补充。

第二，鼓励更多的教师参与拓展课程的开发，借助现代教育技术手段，结合翻转课堂的教育理念，制作有特色的微课视频，形成视频资源库，从而为学生提供更生动直观的学习内容，引导学生自主学习、合作探究。

第三，增加密切联系生活的大课程，挖掘学生的生活需求和成长需求，将基础知识充分拓展、延伸、应用。同时，尽快制定既符合不同年段的学生发展特点，又体现拓展课程特点的课程体系和评价体系。

第四节 "做人教育"个性课程的开发与实施

附小以基础课程和拓展课程为基础，针对帮助有天赋、有潜力的学生个性发展的需要，开设了一批少而精的"做人教育"个性课程。这些课程紧紧围绕"做人教育"目标、做人品质培养需要和学生个人学习兴趣，充分挖掘和利用校内外丰富、优质的课程资源，为学生搭建起提升和展示自我的金色舞台。本节以"少儿小博士""科技育苗小能手""3D/4D 小技术员"为例，介绍附小个性课程建设的一般做法，具体可概括为个性课程的目标设定、内容选择、实施和评价四个基

本环节。

一、"做人教育"个性课程的目标设定

个性课程的育人功能十分丰富，在设定课程目标时，要充分考虑与学校"做人教育"的育人目标相融合，有针对性地设定和扎实落实。学校的个性课程目标来源通常为两个方面，即对学校"做人教育"目标的深入剖析和个性课程资源育人功能的有效挖掘，二者有机结合。

（一）深入剖析学校"做人教育"目标，选择特定品质作为课程开发的出发点

个性课程开发之前，执教老师深入剖析和挖掘"三维六品"育人目标框架，选定做人教育中某一类或相关的几类目标并进行细化，以此为出发点来开发课程。例如，在"少儿小博士"课程中，执教老师选择了做人教育中"善思考""能合作""有毅力"三个品质，具体选择以下二、三级指标来细化：①"善思考"方面，乐思：保持好奇心、主动发现问题；会思：收集整理信息、提问和质疑、独立判断。②"能合作"方面，认同：相信和依靠同伴；参与：善于沟通、分工合作。③"有毅力"方面，确立目标：目标专一；持之以恒：不懈努力、有勇气面对挫折。又如，在"科技育苗小能手"课程中，执教老师深挖"六品质"中的"有爱心、负责任、能合作"，具体涉及的育人目标框架里的二、三级指标为，①"有爱心"方面。爱自然：亲近大自然、保护大自然。爱生命：平等对待一切生命。②"负责任"方面。社会责任：有自食其力和服务社会的意识。③"能合作"方面。认同、认可共同目标、相信和依靠同伴。参与：善于沟通、分工协作。再如，"3D/4D 小技术员"关注"善思考""能合作"等做人教育中的品质，具体为，①"善思考"方面。乐思：勤于观察、保持好奇心、主动发现问题。会思：收集和整理信息、有效记忆、大胆想象、提问和质疑、独立判断。②"能合作"方面。认同：相信和依靠同伴。参与：遵守规则、善于沟通、分工协作。

（二）充分挖掘个性课程资源的育人功能，丰富个性课程的育人目标

个性课程资源本身所蕴含的育人功能可以进行充分地挖掘，应根据做人教

育提出的个性课程目标，丰富和完善个性课程的育人目标。例如，在"少儿小博士"课程开发时，学生依托各种校内外课程资源开展研究性学习，课程内在地体现着对学生思维的训练、合作研究的要求等，这是该课程育人目标的重要来源。在科技育苗课程开发时，学生借助科技前沿科学育苗，体现了对学生热爱自然，热爱生命，与大自然和谐相处的培养。"3D/4D小技术员"培养学生主动了解技术创新的热情、实际动手动脑能力品质，激发学生学习科技的兴趣。

（三）将做人教育目标与课程资源育人功能相结合，生成个性课程的目标体系

经过"做人教育"目标的分析、选择和课程资源育人功能的开发，接下来是将二者有机融合，提出某一门个性课程的具体目标。这些目标将常规的过程与方法、知识与技能、情感态度与价值观等三维目标进行了有机整合，成为若干具体、可操作、能检测的课程目标。

例如，"少儿小博士"课程提出了6个课程目标：①通过体验发现、分析和解决问题的完整科学研究过程，激发开展科学研究的学术兴趣和自觉意识；②通过进行研究的设计和实施过程，增强对自然、社会问题的好奇心，提高大胆提问和质疑、规范地收集和整理信息、独立作出科学判断和形成创新观点等综合的思维能力；③通过依靠研究同伴、寻求教师指导和家长支持等方式，增强在科学研究中的合作精神和合作能力；④通过开展社会调查、参加论文答辩等方式，提高与他人进行交流和沟通以及运用科学语言陈述研究结果的能力；⑤通过克服研究中的困难，培养目标专一、坚持不懈的毅力；⑥通过参与分析和解决社会问题，提高关心社会、服务社会的责任感。

又如，"科技育苗小能手"课程设定目标为4条：①通过动手实践、亲身体验、平等对待生命，培养爱自然、爱生命的品质；②在育苗实践基地主动参与种植观察活动，提高自己的观察、记录和分析能力；③在育苗过程中，与实践小组的成员之间共同制订任务目标和计划，相信和依靠同伴，分工协作、善于沟通，齐心协力达成目标；④学会分享与担当，成为自食其力和有服务社会意识的人。"3D/4D小技术员"课程提出4条目标。①了解科技前沿：学习、认识前沿的先进制造技术、逆向工程技术等。②特色教育：通过与传统课程结合，激发学习乐趣。③综合发展：学习设计建模和3D的使用技能。④学以致用：创新设计、团队合作、参加竞赛、3D打印。

二、"做人教育"个性课程的内容选择

课程内容是符合课程目标要求的一系列比较规范的，由直接经验和间接经验组成的用以构成学校课程的文化知识体系，是课程的主体部分①。附小的个性课程内容由学校根据本校实际自主开发，体现学校办学特色，使其有助于学生的个性发展。课程内容既体现学科知识的最新成果，也能反映了当代社会生活的经验，并与学习者的学习活动相结合②。

（一）学科知识

结合某些特定的育人目标要求，附小针对性选择相关学科知识作为课程内容。例如，"少儿小博士"课程，要求学生具备扎实的科学学科知识、研究问题所涉及的相关学科知识及研究方法方面的知识和技能。科技育苗课程，学生以科学学科和劳动课为基础；在"3D/4D 小技术员"课程中，学生以科学课、信息技术课为基础；在"金话筒"课程中，学生在每周一升旗仪式和重大节日庆祝活动中主持，每月进行校报导读广播，每周七彩童心广播等，都需要他们有扎实的语文文字基础、流利的口头表达能力和善于观察生活的能力。

（二）社会生活经验

学校课程在不断适应社会发展需要的同时，也需要通过育人活动，培养学生成为社会的合格参与者和建设者。因此，个性课程的内容会呈现学生服务社会、满足社会需求的特点。这就要求个性课程要从丰富的社会生活中选择有教育价值的经验带入课程内容。这一方面可以合理判断和精心选择学生有接触、体验的直接社会生活经验进入个性课程，对学生理解、感知、接纳教学内容有着重要的帮助。比如，让学生在参与中直接体会个人与集体的关系，既能有效表达自己的情感态度，也能得到活动方法和方式的经验，培养其非智力心理因素、构建其价值观体系。另一方面，这可以扩大学生认知范围，从开阔学生认识视野的角度，以开放的心态让有价值的间接社会生活经验带入个性课程。这些直接或间接的社会生活经验，将有助于发展学生智能、形成丰富情感、培养良好道德品质的社会生活经验。例如，"少儿小博士"课程的内容分为社会科学、自然科学和科

---

① 郭元祥等.2003.教育逻辑学.北京：教育科学出版社，239
② 靳玉乐.1995.现代课程论.重庆：西南师范大学出版社，195

技发明三大类，学生可以从社会生活的方方面面选材，包括一些社会热点问题。又如，"科学育苗小能手"课程，不仅要求学生具有实际培育植物的经验，还要有科学实验的经验。

（三）学习活动

学校个性课程内容的选择重视学生的各种学习活动，学习活动是学生达到课程目标、掌握科学知识和社会生活经验的必然要求。[①]因此，个性课程以学生兴趣为出发点，选择灵活性、多样性和个性化特征明显的课程。如"少儿小博士"论文的表现形式多种多样，可以是调查报告、实验报告，也可以是研究论文等。学生根据自己的研究内容，向评审会提供研究论文、答辩 PPT 和研究数据、研究视频等。这就表现了以学生的学习活动为依托，符合学生自主学习、探究学习等学习活动的要求。

三、"做人教育"个性课程的实施

每一门个性特色活动课程都有特定的实施形式。在每天、每周或者每阶段的教学活动及班级管理活动中，都有特定的时间及空间供个人、班级或者社团参与个性特色课程。个性特色课程形式多样，紧紧围绕"做人教育"理念，培养学生的核心品质，促进学生的全面发展。

（一）教与学的方式

教师用讲座的方式集中介绍各门学科的相关知识，用启发、讨论、研讨等方式对研究过程进行有效指导。学生用自主、合作、探究的方式进行学习，具体采取参观访问、社会调查、科学实验、设计和制作等方法。一般来说，在个性课程中，学生的自主学习和参与要求比较高。

（二）基本流程

以"少儿小博士"课程为例，个性课程可以大致划分为三个主要阶段：首先是研究准备，具体包括动员和报名、集中指导、邀请评委等 3 个环节；其次是具体活动开展，包括确定主题、收集和整理资料、教师或专家辅导和确定方案；最后是评审。

---

① 张华 .1999. 论课程选择的基本取向 . 外国教育资料，（5）：25-31

（三）学习评价

学校对学生参与个性课程学习效果要进行评价。以"少儿小博士"这一个性课程为例，评价以"三自"和"三性"为基本原则。"三自"即自己选主题、自己设计和研究、自己参与制作或撰写研究论文，以确保公平、公正。"三性"即科学性、创新性和实用性。评审工作由专门邀请的评委负责，评委由专家、教师、家长、社会热心人士组成。"少儿小博士"论文的评审，要求在指定的时间内由年级评审委员会召集评审委员对论文在网上进行初评，超过2/3的评审委员通过即可参加论文答辩。论文答辩由答辩者进行自我介绍、陈述论文内容、进行论文答辩、谈论文写作体会、回答观众现场质疑组成。答辩结束后，评委对答辩过程进行评审，主持人宣布评审结果，评审委员会为学生颁发小博士证书，评审通过后由学校颁发证书或奖状。同时，组织"最佳人气"奖评选，即在网络终端进行投票，选出大家最喜欢的作品或成果，以扩大社会影响力。

在具体评价方式上，个性课程现在暂时采取颁发奖状的形式（图3-2），既是对学生学习阶段的评价和记录，也是对学生独具个性的兴趣爱好进行鼓励。孩子们在这一平台找到了自己的潜力，各班班主任老师也发现了孩子的特长，在今后的学习生活中，会和家长一起多关注孩子的个性发展。

其中，做法较为成熟的是"少儿小博士"课程。其评价方式为通过论文答辩者，获得"少儿小博士"称号，为其颁发"少儿小博士"学位证书；未能通过答辩者，获得"优秀论文奖"奖状；网络投票票数最多的同学，获得"少儿小博士最佳人气"证书（图3-3）。

图3-2　个性课程奖状

图 3-3 小博士评审现场

四、"做人教育"课程的评价

（一）成效与经验

附小"做人教育"个性课程建设经历课程建设的规范化、课程内容的丰富性和个性化、课程目标设定以及课程评价方面的提升等这几个方面的不断探索与完善，并进入了一个新的阶段，独具附小特色，对"做人教育"育人目标的导向作用突出。学校注重学生、教师、家长和社会等多方面的评价，并根据反馈积极改进。以课程观为指导，规范课程建设的管理制度、完善课程评价；统合各类课程资源、更加关注学生的个性化需求，丰富课程内容；深入探索和挖掘"做人教育"目标并扎实落实。比如，"少儿小博士"课程开展至今已有 18 年，经历了探索（2001—2007 年）、提升（2007—2013 年）和推广（2013 年至今）三个阶段，一步一个脚印，边实践边总结，不断走向成熟。"在兴趣中发现、在发现中探索"的学习方式受到了选课学生的青睐。学生、教师、家长和社会等多方面的参与，使得课程更好地服务于学生。

1. 学生对课程的评价

学生参与个性课程的过程，是主动参与品质养成、知识运用和技能训练的学习体验，促进自身个性化发展的过程。以"少儿小博士"课程为例，从 2001 年"少儿小博士"评审活动开始至今，已有 2000 多名学生参与该项活动，1000 多名学生获得"小博士"称号。参与的学生普遍认为，通过学习"少儿小博士"课程，自己的问题发现和科学思维能力、与人合作能力、社会责任感等方面都收获很大。参与学习的学生能用较为规范的学术语言论述清楚一些科学现象，化难为易，学会"写自己想说的话"。科技论文写作成为他们展现自我、交流情感、探索发现的平台。

比如，王同学在论文的选题上与父母出现了分歧，妈妈认为应该写一些专业性强的论文，而她想写的是如何能做出好吃的水煮荷包蛋。老师对她的想法表示赞同，并建议她用对比实验的方法来验证，同时分析可研究因素，最后选择水温、触动、预处理三个因素作为研究因素，探讨完美荷包蛋的煮法。在老师和父母的协助下，经过很多次实验，她完成了《水煮荷包蛋的完美做法》一文。这充分体现出"少儿小博士"论文活动的主旨：论文选题贴近学生的生活，以学生为主体，尊重学生的选择。又如，2008年12月29日通过"少儿小博士"论文答辩的吴同学用"学会研究，拓宽思路，磨炼意志，锻炼胆量"这16个字来评价自己参与"少儿小博士"评审活动的收获。她觉得通过撰写"少儿小博士"论文，学会了调查研究的方法；同时，在收集资料的过程中，增进了自己对同学的了解与同伴的沟通，变得更加自信和开朗，这对自己中学、大学的学习都有很大的帮助。

2. 家长对课程的评价

越来越多的家长参与学校的个性课程，并给予了高度评价。参加少儿小博士课程的胡同学的妈妈对孩子的研究收获感到非常高兴，细数了孩子全方位的进步：孩子在参加小博士课程的整个过程中得到了锻炼和成长，学习有了更高的目标，对生活和社会有了更深的体会和感悟。具体来说，她不仅学习到了图表制作和统计的方法，了解了更多的法律知识，掌握了科学研究的基本方法，而且感受到"办法总比困难多"，感受到"人间自有真情在"，自己要用爱和努力来回报父母和老师，多关心、帮助不幸的人。这次经历，不但在孩子的思想里播下了科学的种子，也让孩子收获了科学创新的理念，建立了科学研究的思维，打下了进一步学习提高和创新思维的基础；同时帮助孩子进一步了解社会，促使孩子形成帮助弱小、关心他人的优秀品质。孩子收获满满，受益良多。

参加"3D/4D小技术员"课程的王同学家长介绍，之前只听说3D打印非常神奇，可以打印任何想到的物品，但从未真正零距离接触过，通过孩子参加这门课程，全家人都实实在在地感受到了3D打印笔的奇妙；通过现场3D打印笔的使用，孩子们创造出了一幅幅动人的作品，观者对孩子创作出作品的细腻和美感表示由衷的赞赏，更重要的是这激发了孩子创作的热情，让他真正爱上了新技术支撑的艺术新形式。

3. 社会对课程的评价

附小部分有代表性的个性课程,受到社会的高度关注,得到了学生、家长、老师和社会各界人士的肯定和好评。比如,中央电视台、云南电视台、《少先队活动》杂志、《辅导员》杂志、《云南日报》、《都市时报》等相继对"少儿小博士"课程进行了报道。为促进交流和扩大社会影响,附小公开出版了6本小博士论文集,个性教材1本,收录学生论文200余篇。案例库中的课题和论文涉及理想、学习、校园、健康、科学、社会、文化、生活、历史、艺术等多个领域。"小博士"们积极探索思考,给同龄的孩子们一定的启示,给老师和家长们一些思考,同时给社会相关领域提供了一些有力的数据支持,发挥了良好的引领和示范作用。"少儿小博士"课程的工作经验和实施模式,学校每年都毫无保留地分享给参加科技创新大赛的学校和到学校参观学习的省内外同行,很多学校因地制宜地进行了移植并取得了显著成效。其中,云南金平县第一小学、思茅第四中学等学校做得尤为突出。这卓有成效的宣传和推广,成功启发了各校各类科普活动的开展,切实起到了极好的引领和辐射作用。通过多年的努力,"少儿小博士"课程作为西南边疆小学综合育人体系的创新与实践,已入围2018年基础教育国家级教学成果奖拟授二等奖名单。

4. 教师对课程的评价

教师作为个性课程决策的参与者,又是个性课程实施的执行者和贯彻者,在整个教学活动中,较为熟悉和了解各个步骤和环节。因此,教师在课程评价中是重要的评价主体。

通过对教学目标是否有效实现来评估教与学,教师不断反思改进,在教案中记录,形成文字,对自己以及其他老师下一步的教学指明方向。以下是两位老师对"少儿小博士"活动效果的看法摘录。

曾指导2008届学生获得全国科技创新大赛三等奖的吴琳兰老师说道:

> 作为老师,孩子在小学六年的学习中,除了学业成绩,我们还需要给孩子们一些什么东西?从"少儿小博士"课程中我得到了一些启示:首先,"小博士"论文的选题常常成为孩子们完成论文的瓶颈。选题得

当的同学完成论文的概率要比选题不得当的同学大很多。事实上，选题问题折射出的是孩子们对社会、对生活的细微观察和关注。只有善于观察、善于分析的孩子才可能在纷繁的生活中找准自己的研究方向，最终获得成功。孩子们到学校学习是为了什么？我想，能够发现问题、学以致用才是关键。其次，几乎每个顺利通过答辩的孩子都不约而同地在答辩中谈到了写论文的艰辛，谈到了他们偶尔闪现的放弃的念头。但能够笑到最后，必然是他们战胜困难、战胜怯懦的结果。所以"小博士"论文的完成过程，就是一个考验孩子们毅力的过程。

从 2004 年开始负责全校"少儿小博士"评审课程指导的李俊老师从十多年的指导和组织经历中感慨很多，他认为：

> 小博士课程是附小最具特色的个性课程之一，旨在通过小博士论文的选题、调查研究、写作、答辩等一系列环节，培养学生的创新精神和实践能力。只要学生有一双善于发现问题的眼睛，一个积极思考的头脑，有刻苦钻研的能力和不怕困难的决心，完全可以写出质量较高的论文，为自己终生学习能力的培养打下坚实的基础。

（二）问题及改进

首先，个性课程是目前基础、拓展、个性三个层次课程里最薄弱的，课程数量偏少。虽然所有个性课程的类型与内容都是依据学校"做人教育"理念及培养目标进行开发的，但还没有建立完善的课程纲要。其次，总体设计不足、课程纲要不够完善，围绕做人品质培养的系统性不足，缺少课程与品质培养的针对性分析、整体规划和特色建设，专门培养某一种品质的课程还比较少。最后，课程的评价机制还不够健全。针对这些存在的问题，建议学校从以下方面进行改进。

第一，做好个性课程的整体规划。个性课程需要思考两个方面：一是个性课程面上的整体规划，即根据育人目标要求、学校资源优势和特色建设需要，综合分析有哪些需要和可行性来开发哪些个性课程。这就需要梳理现有个性课程与做人品质培养要求的匹配性，分析哪些个性课程要进一步强化特色，哪些个性课程需要新开发等，统筹规划个性课程开发的总目标、重点和工作进度等。这里值得关注的是，建议学校在目前奖励性称号基础上，开发和完善体育小健将、小百灵、小乐手、舞精灵等课程。二是立足学习领域，构建个性课程与基础课程、拓展课程组合而成的课程群。例如，在"艺术与审美"领域，逐步构建以音乐课为基础、合唱社团为拓展、民歌采风为个性发展三个层次的音乐课程群。其中，个性课程"民歌采风"是这一课程中最高难度和最高价值课程。这一课程需要由热爱家乡艺术文化的学生利用假期回民族地区的老家期间，在长辈的带领下进行民间采风、田野调查、学习演唱。往往越是落后的民族地区农村，民歌保留越原生态，学习、采风过程也越艰难。但这是一项解开民族集体记忆、传承民族民间文化价值的重要工作，对保存民族文化意义重大。小学阶段的孩子去做这一工作，文化传承与少年成长兼顾，意义更为特殊。

第二，建立课程纲要。应该参考义务教育阶段国家课程标准的规范性写法，按前言（课程性质与地位、课程基本理念、课程标准的设计思路）、课程目标（总目标、阶段目标）、实施建议（教科书编写、课程资源开发和利用、教学、评价）等构成要素，对现有成熟的个性课程比如"少儿小博士"课程等，撰写课程纲要。事实上，这次书稿撰写中对少儿小博士案例的介绍，就已经基本包括了课程纲要的相关要素。在此基础上改善、提升，就成为课程纲要。有了课程纲要，不同老师在教授同一门个性课程时，才能获得参考性的依据。尤其是教师在撰写一学期或学年（个别课程跨学年）的教学计划时，课程纲要必不可少。

第三，完善课程评价。在个性课程开发过程中，应注意评价方式的设计，即把三类评价标准相结合：形成性评价与终结性评价相结合，定性评价与定量评价相结合，反思性评价与鼓励性评价相结合。在课程实施过程中，应以形成性评价、定性评价、鼓励性评价为主，评价标准注重反映学生的个体差异，鼓励学习习惯养成，激发积极参与意识，关注信息收集与汇总、沟通交流、回答问题等能力。在课程结束时，应做好终结性评价和反思性评价，方式上侧重定量评价，兼用定性评价，以准确判断学生学完整门个性课程后的素养提升和能力进步情况。

第四章

"做人教育"课程案例

　　落实"做人教育"理念，虽然要通过校园文化来影响和熏陶学生，但根本上要依托于主渠道——课程，尤其是需要将学校"做人教育"目标与课程目标融合，并选择相应内容和方法，在课堂教学中进行渗透。本章将选择基础课程、拓展课程和个性课程中有一定代表性的案例，对附小落实"做人教育"理念的课程建设实践进行介绍和交流，以此呈现附小"做人教育"课程建设过程中的阶段性成果。在写作体例上，本章按照"课程"和"教学"两种类型来提供课程实施案例。其中，对于一个学期甚至跨学期的完整课程实施案例，从课程介绍、课程对象、学情分析、课程目标、课程内容等10个方面展开写作，反映课程纲要的总体实施情况，简称"课程案例"；对于某一次课堂的教学案例，则从教学内容、教学目标、教学对象、教学过程、教学反思5个方面来阐述，简称"教学案例"，反映的是一次教学设计的具体实施情况。两类案例合计24个。

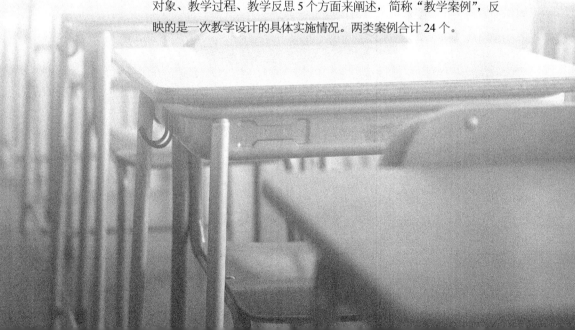

第一节 "做人教育"基础课程案例

本节为"做人教育"的基础课程实施案例,主要呈现附小按照"做人教育"要求,发挥以学科课程为主的基础课程的育人功能,将基本思想、基本知识和基本技能教育与做人品质培养相融合的一些初步做法。执教教师将做人教育的"三维六品"目标与语文、数学、英语、品德与生活、信息技术、音乐、体育、美术、综合实践活动等基础课程的目标相融合,依托和发挥基础课程在"做人教育"过程中的核心力量与主渠道作用,努力为学生成为未来受人尊敬和欢迎、对社会有贡献且能感受到幸福和快乐的人打好坚实的思想、知识、技能和品质基础。本节共收录 15 个案例,分语言与交流、数学与科学、艺术与审美、生命与健康、社会与实践 5 个学习领域来分类呈现。这些案例又可分两类。一种分类是:①完整的课程实施案例,共 2 个,即生命与健康领域的"少儿民族韵律操舞"和社会与实践领域的"种植园";②其余为 13 个课堂中的教学案例。另一种分类是,在 13 个教学案例中包括:①单一基础课程校本实施案例,包括语文课教学案例"台湾的蝴蝶谷"、英语课教学案例:*Revision(Four Seasons)* 等 12 个案例;②基础课程校本整合案例,包括语文与美术及音乐整合课教学案例"春联"、数学与美术整合课教学案例"美丽的轴对称图形"、体育与民族团结课整合课程案例"少儿民族韵律操舞"3 个案例。

一、语文与交流领域

（一）语文课教学案例："台湾的蝴蝶谷"（师世伟）

1. 教学内容

"台湾的蝴蝶谷"是一篇描写自然风光的优美文章，作者以细腻的笔触向我们展示了台湾蝴蝶谷每年春季瑰丽而壮观的景色。全文文笔优美，词汇丰富，既能让学生感受蝴蝶谷的迷人景象，又能激发学生对祖国宝岛的热爱之情。

2. 教学目标

（1）知识目标

学生能学会本课 9 个生字，两条绿线中的 7 个生字只识不写；能正确、流利、有感情地朗读和背诵课文；能理解由生字组成的词语；能在读熟课文的基础上学习课文，运用多种方法理解文中相关词语，特别是成语的意思，培养学生会思考、大胆想象、会分享的品质。

（2）能力目标

学生能积累优美的词句，了解台湾蝴蝶谷名字的由来；在感悟的基础上有感情地朗读课文；会收集和整理信息；态度积极、分工协作、善于沟通。

（3）情感目标

学生能从课文的语言文字材料中感受蝴蝶谷景象的迷人，激发其对大自然及祖国宝岛台湾的热爱之情；培养学生亲近、保护大自然、爱祖国、提问和质疑、勤于观察、独立判断、有自制力、能欣赏和感受美的品质。

3. 教学对象

教学对象为二年级学生。

4. 学情分析

学生感悟、理解课文中有关蝴蝶的文字、作者所要表达的情感有一定的困难，不善于通过思考解决问题；对于简单的蝴蝶知识有一定掌握，有很强的表现欲望，但倾听、合作能力较弱；具备较强的有关蝴蝶的文字、图片等资料收集的方法，有一定的阅读和表达能力，但灵活运用知识的能力还有待提高，文字积累偏少，在学习中发现、欣赏祖国语言文字的美有一定困难，对美丽的大自然、美丽的台湾山水的了解更多停留在音像资料介绍上。通过对课文的学习，要激发他们对祖国、对大自然的热爱之情。

5. 教学过程

（1）初读、疏通课文

引导学生读准字音、分析生字，并用指导学生分析字形、辨析同音字、形近字的方法，通过"自己认读生字，想想怎样记住它们？会读了，同桌可以互相考考""你记住了哪个字，是怎样记住的？""你喜欢读哪个自然段？其他同学请认真听，看看他们读得怎么样？（指名读、评价）""通过刚才的学习，你有什么收获？还有什么不懂的问题吗？"等引导式语句，激发和指导学生养成勤于观察、乐于思考和会合作学习的品质，达到学会生字、把课文读通顺的教学目的。

（2）精读课文

以"我们知道美丽的蝴蝶谷有许多美丽的蝴蝶，但那里为什么会有那么多蝴蝶呢？"、"这些蝴蝶谷有什么特点？（景象非常迷人）从哪儿看出'迷人'呢？"、"找出你最喜欢的句子，画下来。体会蝴蝶谷迷人的景象，并练习有感情地朗读这句话"、"你觉得这些蝴蝶什么地方迷人？"、"这么多的黄色蝴蝶挤满整个山谷，这景象迷人吗？谁能抓住重点词语读这句话，把蝴蝶谷的美读出来？指名读，齐读。（配乐）"、"大家能读得那么好，要是老师拿掉几个词，你还会读吗？指名填，齐填（不光要会填，还要把美的语气读出来）"、"今天来的不止老师一名游客，你读读书，有多少？（大批）今天有那么多客人慕名到蝴蝶谷来参观，要是小蝴蝶会说话，你会对客人说些什么呢？（跟老师自由交流）"等问题逐层推进全文学习，通过学生自读、汇报、完成填空、交流讨论、互评、表演等方法，指导和鼓励学生抓住关键词句理解课文，充分发挥学生的想象力，鼓励他们大胆表达，进而肯定学生的学习成果，进一步培养他们乐于思考、善于合作的品质，教学效果良好。

（3）总结学习内容

老师依据板书，引导学生进行总结，培养学生的概括能力和表达能力，丰富学生的语言积累，以"书上哪些词语是写蝴蝶飞的动作？"、"你还记得书上哪些词语是夸小蝴蝶色彩美的？"、"我们再来读读课文，再次感受蝴蝶谷的迷人景象吧""学完课文，你想说点什么吗？"、"试着做一名小导游，给你的家长好好介绍一下台湾的蝴蝶谷，好吗？记得用上必要的图片或文字资料啊"等总结性提问，引导学生回顾全文知识点，拓展学习内容，并升华课文中心，强化台湾是祖国的一部分的认识，激发和培养学生"亲近大自然、爱祖国"的"有爱心"品质。

6. 教学反思

（1）教学前

1）为充分激发学生学习兴趣，教师在教学设计时精心准备多媒体课件，帮助学生展开大胆合理的想象，创设课文情境。

2）本文语言清新优美，教学设计时，教师主要采用配乐朗读、情景教学等，以便让学生在朗读中深入理解课文内容、在音乐中感受课文的意境；同时注重指导学生融入情景，有感情地反复朗读，深入体会，结合各种方式的读，让学生在读中学，学中悟。

（2）教学中

1）每个学生对课文的感悟有深有浅。课文没有严密的逻辑顺序，除了第一段整体描述外，另外三段都体现了蝴蝶谷的美。根据这一特点，紧扣蝴蝶谷的"美丽"，教师引导学生用自读、汇报、填空、交流讨论、互评、表演等方法抓住重点词句，品读悟读，并利用多媒体手段，充分调动学生用多种感官来体会、感悟，达到声音、图像、文字相结合，指导学生有感情朗读，以达到内化积累的效果，培养学生学习的自主性，促进学生主动学习。

2）在引导学生质疑提出问题后，教师及时指导学生针对所提问题再读课文，进一步培养学生会思考、乐于思考的能力和品质。

3）课堂面向全体学生，注重每个学生的发展。在课堂上，虽然绝大多数学生的发言、朗读很精彩，但还有一部分学生因为担心回答错误会被同学嘲笑等，不能及时调整自己的情绪、正视自己的不足，课堂学习表现不佳。教师应注意及时鼓励和引导这些学生，落实学生的合作学习能力，培养学生有爱心、不耻笑他人，会合作、保持阳光心态的良好品质。

（3）教学后

1）在写字、朗读教学环节中，由于课堂教学时间有限，教师对一小部分学习困难生的辅导和帮助没有完全落实，这在一定程度上影响了学生责任意识的培养。在教学中，教师一定要以身作则，落实对学生"负责任"品质的培养。

2）在两课时的教学中，受限于教学环节和任务的落实和对学困生的指导和关注不够，一些学生在课堂上出现坐不住、不能专心倾听的情况，这是教师在教学中经常会犯的错误，应及时解决，以帮助学生在养成良好学习习惯的同时成为一个有毅力的人。

3）在课堂评价中，要重视评价主体的多元化与互动性。教师的评价、学生的自我评价以及学生之间的相互评价要有机结合。教师应当及时、客观、机智地对学生的学习情况给予评价，引导学生自己总结学习经验，对所学情况有客观的认识，进一步激发他们勤学乐思、合作交流、乐观积极的学习热情。

（二）英语课教学案例："Revision（Four Seasons）"（蔡铮）

1. 教学内容

"Revision（Four Seasons）"是对 1～3 单元的单词及句型的一个复习课程，通过这节课，教师应提高大部分学生对各个季节的喜爱，对不同季节的天气、着装、活动等进行描述与表达的能力。

2. 教学目标

（1）知识目标

学生能自己查找各地天气等特征，能够用有关温度、服装、气候特征及季节性活动等单词和句型进行表达与交流，掌握交际策略，学会日常口语交际。

（2）能力目标

学生能在复习课中提高语言运用能力，提升与本单元相关的听、说、读、写技能的综合运用能力。

（3）情感目标

培养学生对大自然的观察能力，能欣赏和感受美，爱自然，爱家乡；激发学生的积极思维，调动学生的学习积极性，使其善思考。

3. 教学对象

教学对象为二年级学生。

4. 学情分析

大部分学生掌握单词较好，也已掌握基本句型，但对一个季节的整体表达仍有欠缺，这正是本节课的重点和难点所在。大部分学生喜欢表演，但也有极个别同学特别害羞、胆怯，对用英语连贯地表达对事物及自己的情感有一定的畏难情绪。复习课内容并不都是学生学过的，但也不是全新的，所以学生比较容易走神。

5. 教学基本流程

（1）导入环节（lead-in）

学生先通过回答老师提出的与天气相关的问题，再模仿老师对他人提出关于对季节的喜好或相关活动问题。

（2）激发兴趣环节（enlightenment）

老师通过转盘、头脑风暴等游戏激发学生对英语学习的兴趣和巩固旧知识。

（3）呈现新知环节（presentation）

老师呈现云南有地方代表性的四季图片，引导学生对季节、气候及其所开展的活动进行描述。

（4）语言练习环节（practice）

学生依据老师给出的描述模板尝试描述云南其他地区的季节、气候特征，并在相应的活动过程中感受到家乡的美，能用连贯的语言对某一事物进行描述。

（5）表演展示环节（performance）

老师将英语与美术进行整合，让学生以小组合作形式来展现图画中的季节及相关气候和活动。

6. 教学反思

（1）教学前

1）为了能让学生在本节复习课有话题背景，老师先让学生了解世界各地不同季节的天气情况及其开展的活动，老师让学生先尝试用思维导图的方式呈现。老师也准备好相应的 PPT 资料。

2）根据教学内容，教师分别采取了导入法、交际法、游戏活动教学法和功能意念法。本节课老师采用不同方式引导学生，学生在学习单词和句型时先模仿老师的语音语调，反复训练。教师让部分模仿得好的同学当"好声音"带动更多同学练习，同时让学生在合作中完成对某一事物的完整表达。在合作中学会交流，学生发挥各自所长，相互学习。

（2）教学中

1）教学中，根据学生的表现、实践练习中的态度、运用语言的能力给予学生适当的不同方式的评价。课堂上，根据学生回答问题的能力、游戏活动中的反应、对话中语言的运用能力，教师进行适当的口头评价。内容包括对问题回答的流利度、读音的标准度、对图片描述的完整度、对情景对话的创设度。各小组在转盘游戏活动中展开小组竞赛，实施小组评价。学生分小组合作表述四季的气候特征及相应活动，实施小组互相点评，生生互评。在表述老师给出的图片比赛中，优胜同学可获得"机票"，教师进行荣誉激励性评价。

2）课程结束时，让学生回家自己选取一个季节进行描述，并录音发到微信语音练习群，由当节课得到"机票"奖励的同学担任"小考官"，给出等级评价及改进意见。让每个学生做一张询问卡，看看在一星期时间内可以对家人、同学问多少个关于本单元内容的句子，别人回答后需要签名或盖章，一周后比一比谁的最多，评选出"语用大王"。

（3）教学后

1）整节课以学生较为熟悉和感兴趣的云南各地为情景，学生对所描述对象不陌生，更有了爱家乡、爱大自然的美好情怀。老师在教学过程中结合学生美术课画的作品来展开对季节及相应气候和活动的描述，培养学生思考和观察日常生活的能力，同时在小组合作中碰撞出智慧的火花，让学生以不同的形式来表达，提升其语用能力和创造力。

2）不足之处：本节课因课程容量较大，所以学生制作自己的小绘本及展示绘本的时间不足。另外，对关于季节气候的相关文化知识，学生准备了很多，但没能充分展示。在今后课程安排中，教师应更加注意时间安排的合理性，也应更深、更广地挖掘学科资源，提升对学生品质的培养。特别是应利用英语学科的特点来提升学生的人文素养，拓宽文化视野，使其接纳各国文化，并更具国家意识，进一步成为一个受人欢迎和尊敬的人。

（三）语文与美术、音乐整合课案例："春联"（马丽婕、曾恒详、冯镜宇）

1. 教学内容

教学内容为小品文"春联"。

"春联"是一篇用生动优美的语言介绍春联的作用、种类、特点及读背春联的好处等的小品文。文章中心突出，通俗活泼，短小精悍。

2. 教学目标

（1）知识目标

学生能说出春联的含义、春联的特点、春联的语言规律等；能学会从字的格式、内容、用笔、用墨、注意大小轻重缓急等方面说明春联的书写要求；能辨别《春节序曲》《小拜年》《步步高》等反映不同地区春节音乐的风格与特点。

（2）能力目标

学生能正确、流利、有感情地诵读春联；能根据春联对仗的特点仿写春联；学生能书写春联；能理解与尊重不同地区的文化差异。

（3）情感目标

学生通过体悟优秀的中国传统文化，增强民族自豪感与责任心；通过诵读、书写春联等，丰富情感体验，养成良好的审美情趣和积极乐观的生活态度。

3. 教学对象

教学对象为四年级学生。

4. 学情分析

学生在日常生活中对春联比较熟悉，但对春联的特点、规律等缺乏更深入的整体性认知，对春联的书写少有尝试，对春联表现出来的中国优秀传统文化及不同地区的文化差异缺乏深入体悟，因此，学生需要从不同的角度深入认识春联，通过诵读、书写、赏听等多种方式深入体会春联的文化意蕴。

5. 教学过程

（1）导入（音乐教师）

听赏与简介《春节序曲》《小拜年》《步步高》。

师：今天我们欣赏的这些音乐片段，音乐风格各不相同，可要表达的情绪是一样的，都是为了庆祝——春节！（出示春联）

（2）识赏春联（语文教师）

1）春联的含义

课文有四幅春联，请学生说出春联的含义。

2）诵读春联。让学生多种形式练读，读出抑扬顿挫的味道，和谐动听的气势。诵读出春联的"声律美"，体会"抑扬顿挫、和谐动听"。

3）赏析春联。"对仗"的修辞书法：字数相等，词类相当。

小游戏："春联连连看""补春联"，搭配春联上下联，深入体会"对仗"的修辞手法。

4）知识拓展——对联。赏析名联：大观楼——大观楼长联；翠湖——观鱼台对联。

（3）书写春联（美术教师）

1）书写示范。老师从书法的角度，解说怎样写春联（注意事项：格式、内容、用笔、用墨、大小、轻重缓急等）。

老师示范书写。

2）书写作品。老师指导学生写春联，可写成不同的字体（小篆、隶书、楷书、行书、草书）。

同学们书写春联并展示自己的作品。

（4）互赠春联（语文、音乐、美术三位教师）

全体行拱手礼、齐诵：

上联——有朋自远方来；

下联——众贤于千里聚；

横批——不亦乐乎。

伴随《春节序曲》的音乐，同学们互相赠送春联。

（5）总结

教师引导学生进行学习总结，并升华学习主题。写春联是庆祝我国传统文化节日春节的重要习俗之一，教师引导学生研习传统文化，深化爱国主义情怀。

6. 教学反思

（1）教学前

1）为达到从不同角度深化学生对春联的认识，本节课整合了语文、音乐与美术等不同的学科知识，教学资源丰富，包括《春节序曲》《小拜年》《步步高》等音乐作品，以及毛笔、对联纸等书写对联的用具，因此教师要提前准备好教学资源及用具。

2）本节课通过不同方式引导学生学习春联，包括诵读、赏听、书写等，主要通过体验式学习的方法，让学生在体验中学会关于春联的知识，更让学生在体验中养成良好的学习方法，发展积极的情感体验。

（2）教学中

1）教学中，教师根据学生在学习中的表现、实践练习中的态度、运用技巧的能力给予适当的口头评价。内容包括学生表达出音乐带来的情绪，表达对春联的理解；能利用对仗填写对联；能背春联；能读出对联的音律美；能恰当地使用对联；在写对联时，学生能认真仔细注意书写要求。向别人介绍春联的知识后，生生之间互相评价。通过课堂上的练习"连连看""补春联"进行课堂辅助评价。学生推荐同学读对联，评比谁能读出抑扬顿挫的声调、和谐动听的气势，并进行生生互相评价。

2）教学中，教师应善于发挥评价的检查、诊断、反馈、激励、甄别和选拔功能。如在练读过程中，学生自由练读后有个推荐读的环节，这是学生对于学习同伴的一种评价，也是教师进行的诊断式评价和激励式评价。

3）课程结束时，教师创设情境进行总结，既很好地训练了学生将学到的知识运用到现实生活中，复习和巩固所学知识，又及时运用提问的形式帮助学生升华了课文主题，培养了学生"亲近中国传统文化、爱祖国"的品质。

（3）教学后

1）这节课的教学结合各学科教学要求，展示春联，让学生体验学习春联的乐趣，既是对课上知识的复习，又是对学生学习能力和做人品质养成的检验。从课后的作业质量来看，绝大多数学生学会了自己思考，达到了预期目标。

2）语文和音乐的融合增强了学生感受美、发现美的意识，学生也体验了中华文化的博大精深，培养了其爱心品质和心态阳光。语文老师组织学生分组对春联、读春联，学生在活动中体验了团队协作的力量，发展了合作精神。美术老师教学生写对联，锻炼了学生的观察能力，培养了其耐心和有毅力的品质。总的来说，这节课三位学科老师通力合作使学生品质的培养有效落实。

3）在整合课堂中，教师要善于运用多种评价方式，以形成性评价关注学习过程，揭示问题，及时改进教与学的活动。以终结性评价关注学习结果，对教学活动作出总结性的结论。如对于学生在音乐教学过程中对于音乐的情绪情感体验表达，教师应鼓励学生大胆表述自己的体会，并用语言对学生进行评价式的引导，这就是一种形成式的评价。再如学科教学环节的转化时，各科教师带领学生对本轮教学进行的总结和过渡式引导，就是对教与学的一种终结性评价。

同时，在整合课堂中，教师还要重视评价主体的多元与互动。教师的评价、学生的自我评价以及学生之间的相互评价要有机地结合。在这节整合课堂上，教师特别重视学生的自我评价和相互评价，评比读、推荐读、聆听他人发言后的补充等，都体现了教学环节中始终贯彻的、在理解和尊重学生这一前提下的有效评价。

4）不足之处：如在备课中要全面考虑教学环节的时间安排，需在今后的教学中进一步改进。

二、数学与科技领域

（一）数学课教学案例："附小新貌"（梅海华）

1. 教学内容

本课是利用附小文林校区逸夫楼一楼改造的契机，采用"合作学习 +PPT 演示＋团队阐述"的模式，发现和解决改造后的逸夫楼中所蕴藏的两个数学问题，使得学生数学学科基本思想、基本知识、基本技能得到进一步训练、应用，以促进其理解和内化；培养学生"有爱心、负责任、善思考、能合作"的附小做人品质；人教版数学教材中的多数综合实践活动课（如"绿色出行""理财""确定起跑线"等）都可仿照此案例模式进行。授课时间为六年级下学期。

2. 教学目标

（1）知识目标
学生能熟练掌握长方形面积和长方体体积公式。

（2）能力目标

学生能运用长方形面积和长方体体积公式发现和解决实际问题；能进行小组分工协作收集数据，根据纷繁复杂的信息进行大量计算；"善思考""有责任""能合作""有毅力"。

（3）情感目标

学生能感受到学校为改善校园环境付出的财力和心力，更加热爱学校，感恩母校。

3. 教学对象

教学对象为六年级学生。

4. 学情分析

学生已具备计算长方形面积和长方体体积等解决此专题所需的数学知识和制作 PPT 的基本技能，他们即将毕业离开母校，对校园充满着眷恋之情，对改造后的逸夫楼充满了好奇，利用六年所学知识去发现校园新貌中蕴藏的数学问题，一定会兴致盎然；学生需要分工协作完成一系列与在课堂上解题不同的挑战性任务，部分学生可能会找不到解决困难的方法而随意应付，个别学生可能会与团队成员意见不一致而导致不能坚持完成。

5. 教学流程

（1）基本流程

1）小组分工协作收集数据，发现并确定有价值的数学问题。

2）小组合作，制作能清楚展示题意和解题思路的 PPT，分块阐述思路，并在小组交流中不断改进完善。

3）各小组以"PPT 演示 + 团队阐述"进行汇报。

4）根据各小组展示时的表现：团队是否团结有协作、PPT 演示是否清楚有创意、阐述是否正确有想法，师生共同举手表决，分别评出"最佳合作奖、制作奖、阐述奖"，总结收获。

5）布置作业：仿照此案例模式，以小组为单位自主学习六下《绿色出行》一课，专门安排一节课进行汇报交流。

附：A。新逸夫楼一楼长约 43 米，宽约 16 米，内有 53 根柱子，柱子长 0.7 米，宽 0.8 米，有同样大小的沙坑和石坑各一块，沙石坑长 7.8 米，宽 4.5 米，每个坑中有 6 根柱子。改造前逸夫楼一楼长约 16 米，宽约 8 米。问：改造后面积增加了百分之几？（面积保留整数，结果保留两位小数）

解题：

①改造前逸夫楼一楼的面积：$8 \times 16 = 128$（m^2）

②新逸夫楼一楼占据活动空间的柱子根数：$53 - 6 \times 2 = 41$（根）

③2 个沙石坑的占地面积：$7.8 \times 4.5 \times 2 = 70.2$（$m^2$）

④新逸夫楼一楼的面积：$43 \times 16 = 688$（m^2）

⑤新逸夫楼一楼活动空间的面积：$688 - (0.7 \times 0.8) \times 41 - 70.2 \approx 595$（$m^2$）

⑥改造后面积增加的百分比：$(595 - 128) \div 128 \times 100\% \approx 365\%$

答：改造后逸夫楼的面积增加了 365%。

B。埋在池子里的沙石高 0.2 米。每立方米沙子约重 1.5 吨，每立方米石子约重 1.8 吨。如果每吨沙子需 750 元，每吨石子需 900 元，问：两个坑的沙石大约一共花费多少钱？

解题：

①每个坑装沙的容积：$7.8 \times 4.5 \times 0.2 - 0.7 \times 0.8 \times 0.2 \times 6 \approx 6.35$（$m^3$）

②沙子的花费：$6.35 \times 1.5 \times 750 \approx 7144$（元）

③石子的花费：$6.35 \times 1.8 \times 900 = 10\ 287$（元）

④沙石总花费：$7144 + 10\ 287 = 17\ 431$（元）

答：两个坑的沙石大约一共花费 17 431 元。

（2）精彩片段

【片段一】

　　师谈话激趣：同学们，经过六年的学习你们已经掌握了相当多的数学知识，如今逸夫楼改造成功，一楼由过去的教室变成了宽敞明亮的大厅。运用你们所学的知识，去发现这其中有没有什么你感兴趣的数学问题？（图 4-1）

图 4-1　附小新貌

学生大多信心满满，跃跃欲试，带上相机、皮尺等到逸夫楼一楼观察记录，思考并讨论发现的数学问题，形成初步设想，记录在本子上，这时学生隐隐察觉到自己发现的问题并不容易解决。

回到教室，全班交流各组找到的数学问题，分析其中哪些问题可以通过什么渠道收集到真实有效的数据，哪些问题的解决是有一定价值和挑战性的，最终否定无价值的问题，提炼出要解决的两个问题。

生1：老师，现在逸夫楼一楼的数据我们已测量好，可是改造前的长和宽我们怎么知道呢？

生2：还有沙子和石头的价格也不知道。

师：想一想，去学校的哪个部门有可能收集到这些信息？

生：哦，是不是后勤部门？

师：对！总务处是管理校舍的部门，你们可以去借阅《逸夫楼改造平面图》。

生3：柱子的根数我们数过了，有53根，要减去这些柱子和两个沙坑的占地面积。

生4：不对，有12根柱子是在沙坑里，减去沙坑的占地面积和剩下的41根柱子就可以了。

师：需要考虑的信息很多，要全面考虑留下有价值的信息。

在这一片段的教学中，教师让学生充分发表意见，只在疑难处进行点拨，培养了学生"善思考"品质中的"提问和质疑"。

【片段二】

虽然解题步骤多，计算量大，但因为是团队合作学习，各小组基本能解答并得出结果。差异体现在 PPT 的设计制作上，有的小组只是做了几张简单的示意图，有的小组却能根据解题的每一步做一张幻灯片，但总体上都做得不够细致，致使大家没能完全理解其思路。正当大家普遍觉得困难时，有一个小组汇报时采用了动态演示：将两个沙坑中的 12 根柱子隐去，使大家直观看到了沙坑中的 12 根柱子并不占据一楼活动空间的面积，因此要从 53 根柱子里将这 12 根柱子减去。动态演示立刻启发了同学们，各小组兴致勃勃地投入新一轮 PPT 的改进中，一个数据调查出错就把前面的推翻重来，一个图显示得不符合实际比例又重新再画，在几个疑难处使用动态演示，连续修改近一个月。果然再次汇报时，大家疑问声少了，同学们的阐述也自信大方了。

在这一过程的教学中，教师通过充分放手、积极激励，引导小组合作和向他组学习，培养了学生"责任心"品质中的"知错能改、信守承诺"，"能合作"品质中的"相信和依靠同伴、善于沟通、分工协作"，"有毅力"品质中的"追求优秀、有勇气面对挫折"。

6. 教学反思

本案例的亮点在于教师将"合作学习 +PPT 演示 + 团队阐述"模式引入数学综合实践活动课中，"合作学习"能让各个层次的学生在团队的带领下成功解决信息量较大的综合性题目；"PPT 演示"能让学生运用信息技术手段更直观深入地亲历实践过程；"团队阐述"能让学生自信表达，体会到战胜困难之后的成功感。在总结收获时，学生发自内心地说："改造后我们活动空间的面积增加了 3 倍还多，仅沙石坑一项就花费数万元，学校为我们创造了如此良好的成长环境，我们更要勤奋学习，以优异的成绩来感恩母校。"可以说，从学生历时一个多月的表现来看，本课有效地培养了学生的多种做人品质，课前预期的三维目标得到了实现。感到不足的是个别小组的 PPT 制作技能欠缺，导致最后的展示留下了遗憾。今后在分组时要让每个组都有数学思维强和 PPT 技能好的带头人，数学老师也要主动去制作一些典型课例的课件，能在 PPT 制作上给予学生有效的指导。

本案例最难之处并不在于制作 PPT，而是在从校园的环境中提炼出符合六年级学生认知水平的数学问题，学生设计了几十道题目才挑选出这两题，所以教师要珍惜教材中那些准确、有价值的综合实践题目（如"绿色出行""理财""确定起跑线"等），不应该只将其当作一道高难度的练习让学生动笔解答，而应该细致分析题意，确实找到收集真实数据的有效方法，最好采用"合作学习 +PPT 演示＋团队阐述"模式来解决问题，一定能从中培养学生良好的做人品质。多年过去，孩子们可能会忘了小学教材教过什么数学知识，但不会忘记他们曾经走进银行咨询、走向田径场测量、走进逸夫楼拍照的那一幕幕，不会忘记准确严密的思维才能设计出可以与广告媲美的 PPT，更不会忘记自己作为团队一员需要养成的品质，这就是数学实践活动课留给学生的做人财富。

（二）科学课教学案例："声音的变化"（郭敏霞）

1. 教学内容

"声音的变化"是在认识了声音的产生之后进一步探索声音的变化，主要包括声音强弱的变化和声音高低的变化两部分。通过研究发现振动的幅度会影响声音的强弱，大小、粗细、长短、松紧不同的物体会发出高低不同的声音，为下一课探索音高的本质奠定基础。

2. 教学目标

（1）知识目标

学生能够发现音量是由物体振动的幅度决定的，振动幅度越大，声音越强，振动幅度越小，声音越弱；能把事物的特点和性质相联系起来，发现发声物体越小、越细、越短、越紧，发出的声音越高；反之，发出的声音就越低。

（2）能力目标

学生能通过仔细观察提出与"声音的变化"有关的多种问题；能在分组探究时合作学习；能有效收集实验中获得的数据和信息；能运用所学知识自制简易乐器。

（3）情感目标

学生通过学习本课知识在乐器中的运用和演奏自制乐器，产生对乐器的研究兴趣；通过科学实验、探究式学习等方式研究声音的变化，培养科学研究的探索精神与科学学习的兴趣。

3. 教学对象

教学对象为四年级学生。

4. 学情分析

学生认识很多乐器,具有一定的乐理知识(能区分不同音阶,认识渐强、渐弱符号),但是很少有同学对乐器进行过系统、仔细的观察,也很少有学生思考过为什么乐器能发出不同的声音。因此,需要把声音的变化和物体发声的本质联系起来探究,运用科学的方法收集和整理信息。

5. 教学过程

(1)"音乐会"导入

听赏《月光下的凤尾竹》演奏会。

师:演奏的过程中声音有什么变化?
(引出"强、弱,高、低")

(2)探究声音的强弱变化和什么有关

1)引导学生将"声音的强弱变化"与"物体振动状态的变化"联系起来。

师:我们已经学过,声音是由物体振动产生的,那声音强和声音弱时,物体的振动可能会有什么不一样呢?

2)利用弦乐,分组探究并汇报。学生用不同的力度弹拨同一根琴弦,比较琴弦声音的变化,观察琴弦振动的不同。

3)用仪器验证,得出结论。借助测振仪测量鼓面的振动幅度,同时,用分贝仪来测量鼓的声音的强弱。

收集数据得出结论:声音的强弱和物体的振动幅度有关,振动幅度越小,声音越弱;振动幅度越大,声音越强。

（3）探究声音的高低和什么有关

1）借助多种乐器，分组探究。学生充分利用带来的乐器，仔细观察并比较发出高音和低音的部分有什么不同，并进行记录。

2）小组汇报。物体越……发出的声音越低，物体越……发出的声音越高（师板书总结）。

3）知识拓展。生结合经验总结生活中有哪些乐器也是运用这些原理发出高低不同的声音的。

教师通过多媒体展示钢琴、编钟发出高低不同的声音的原理。

（4）分组使用自制乐器

学生用自制乐器依次挑战以下三个任务：①按一定顺序演奏出高低不同的声音；②用自制乐器演奏这首歌曲中的一个小节；③全班合作用演奏《洋娃娃和小熊跳舞》。

（5）总结

教师引导学生进行学习总结，激发学生的研究兴趣，鼓励学生寻找其他材料，用当天所学的知识制作乐器。

6. 教学反思

（1）教学前

1）为了深刻理解声音的变化，本节课从乐理知识入手，运用了多种乐器（古筝、葫芦丝、手鼓、木琴、尤克里里等）和几种自制乐器（特定长度的PVC管2套、自制木琴2个、三弦琴模型2个、自制编钟、自制音乐风铃），借助分贝仪、测振仪等多种工具。因此教师要提前准备好教学资源及用具。

2）本节课倡导学生运用多种方式探究学习，包括观察、假设、实验等，主要通过实验的方式，让学生在合作探究中学发现声音变化的本质原因，更在小组学习过程中养成"善思考、会合作"的品质。

（2）教学中

1）教学中，教师积极发挥评价的诊断、反馈和激励的功能。比如，根据学生通过观察提出有价值的科学问题，科学探究中的思考和发现，实验汇报的条理性等给予适当的口头评价。内容包括学生能发现演奏过程中声音的强弱变化时，教师表扬"你听得真仔细"，学生能有不同的发现时，教师也给予鼓励"你的耳朵真是灵敏"；又如，在学生提出自己的发现后，教师会追问："你们和他的发现一样吗?"这时,学生对同伴给予一种评价,也是教师进行一种诊断式和激励式评价的依据。另外,在提出科学问题后,当小组内交流学生自己的猜想时,教师应创造生生互评的机会,在每个探究活动结束后,小组汇报自己的研究成果,运用小组互评的方式激发全班同学之间的思想碰撞。

2)课程接近尾声时,教师通过板书带领学生总结声音的强弱变化和高低变化各与什么有关,从学生的表述中可以判断本节课的知识目标是否得到了落实。学生用自制乐器演奏《洋娃娃和小熊跳舞》(图4-2),激发学生对自制乐器的兴趣,引导学生"学科学、用科学"。

(3)教学后

1)演奏音乐自然而然地引发科学探究,创设了一个轻松愉快的课堂教学环境。学生对音阶非常熟悉,短短几分钟的探索,学生就能快速地辨别出不同音阶,加以引导后他们能将关注点落在"乐器是怎样发出高低不同的声音"的问题。借助音乐器材探究科学问题,整合学生已有的乐理知识和乐器资源,加深了学生对所学知识的掌握和运用,激发了学生对乐器的研究兴趣。这在培养学生音乐素养的同时,也注重培养了学生"善于观察"和"乐于探究"的科学素养。本节课找到科学与音乐学科的交叉点,通过有限的材料激发了学生无限的创新思维,将科学知识应用于音乐领域,再次实现课程整合,注重培养学生的科学与音乐的整体素养、综合思维方式,达到了预期效果。自制小乐器提升学生的动手能力,有助于积累学生的生活技能,逐渐实现"学会一技一艺,能够自立于社会"的培养目标。

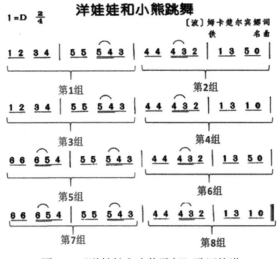

图4-2 《洋娃娃和小熊跳舞》歌词简谱

2）将声音的强弱变化与物体的振动特征联系起来，也是在培养学生的初步的逻辑思维——将事物的特点和性质联系起来。教师可充分借助多媒体实现这一目标。

3）不足之处：有些材料的运用不够充分，比如古筝。教师可以让更多的孩子用古筝进行探究。另外，教师调控课堂的能力有待提高和积累，对个别同学的关注和指导还不够。

（三）信息技术课教学案例："神奇的图块"（罗瑛）

1. 教学内容

本课教学的名称是"神奇的图块"。

"神奇的图块"是小学信息技术课程中"画图"软件的主要教学内容之一，即通过"选定"工具的使用，来实现"图块"的选定、移动、复制和粘贴等操作。

2. 教学目标

（1）知识目标

学生能掌握"选定"工具的使用方法；能掌握"图块"复制、粘贴的方法。

（2）能力目标

学生能在教师创设的故事情境中对知识和技能进行主动探究和思考；能通过与他人合作的方式学习和使用信息技术；能学会使用与自身认知水平相符的教学资源进行学习；能根据自身情况完成对应的梯级任务，拓展思维，激发自身的创造能力和提高自身的审美能力。

（3）情感目标

培养提升附小倡导的"善思考""能合作"的做人品质等的核心素养。

3. 教学对象

教学对象为三年级学生。

4. 学情分析

学生已经学习了"画图"软件"工具箱"中的一些常用工具及基本操作，

为本课学习"图块"的选定、移动以及"图块"的复制、粘贴等操作做好铺垫。学生已基本具备独立思考问题的能力，但合作意识不强，因此教师设计了自主探究、小组合作的环节。教师在设计教学任务时应注重其趣味性、可操作性。这样既调动了学生学习的积极性，又激发了他们探索创新的能力，让学生感受到创作的乐趣和成功的喜悦。

5. 教学过程

（1）情境导入

教师借助一幅生动的"海底世界"图画情境创设，导入课程。

师：凶猛的大鲨鱼正紧跟在一条小丑鱼的身后，眼看小丑鱼马上就要被吃掉了……

（上课之初，老师绘声绘色地进行了情境创设，话音到此故意停顿了一下。）

生：老师，后来怎么样了？

（显然，学生的好奇心被激发，学习兴趣开始萌发。）

师：同学们能不能想一个办法，让小丑鱼脱离危险？

（问题一经抛出，富有同情心的孩子们纷纷举手，大胆说出各种想法，力求帮助小丑鱼脱险。这样，教学的导入顺势拉开了序幕。）

生：把小丑鱼移动到图画的其他位置，是让它得以逃生的最快方法。

师：那如何才能做到呢？

（2）自主探究

面对老师的再次发问，学生迅速安静下来，有的滴溜溜地转着眼珠，有的微蹙着眉头，还有的用笔在纸上比画着，显然，他们已经开始思考。

他们边思考，边上机尝试，很快，有一位学生打破了沉寂，举起了手。

受到老师邀请的他上台边演示边讲解，他的表现赢得了全班同学的掌声。

生：老师，小丑鱼移动后，它之前所在的位置留下了一个白色的区域，为什么会这样？（掌声落定，另一位学生立刻举手问道。）

老师没有直接给出答案，反问：不错，这是一个非常有价值的问题。同学们愿不愿意亲自动手操作来探究一下谜底呢？

学生纷纷响应，开始各自尝试，并时不时地交头接耳，互相交流。最后，经过实施验证，学生提出的几种方法都能够将问题解决。

于是，老师开始评价：好学深思，心知其意。刚才，大家通过自己的思考和验证，得出结论，真正感受了喜欢学习，勤于思考，就能体会其中的含义。

（3）合作探究

看到学生意犹未尽，还有强烈的探索欲，老师发出新的挑战：同学们，在我们的"海底世界"中有很多热带鱼，其实，老师只绘制了一条热带鱼，更多的热带鱼仅用了不到一分钟的时间就全部展现在图片中，你们猜猜老师使用了什么秘密武器？

带着问题，老师让学生以小组为单位进行合作探究，并巡视指导。

一位学生很快做出了回应：老师，这个问题太简单了，运用"复制""粘贴"功能就可以实现。

听到这里，有的学生开始焦躁不安，有的则手忙脚乱，还有的不紧不慢。

老师在这个时候，示意全班学生停下所有操作，为他们讲述了一个关于合作的小故事"彩球逃生"。故事讲完了，很多学生举起了手，其中刚才那位学生说道：

老师，我想尝试和其他同学一起再找找其他的方法。

老师微笑着点了点头，伸出大拇指为他点了一个大大的赞。

探究结束，学生分享了小组合作的观点……

（4）练习

梯级任务"美丽的社区"。

（5）总结

这一课即将结束，老师向学生分享了自己的感悟：

> 同学们，一个人目标高远，有合作精神，懂得取长补短，共同发展，就有可能成为一个成功之人。老师希望你们今天不仅仅学习了信息技术的知识，还能从课堂中得到更多的启迪。

在具体授课环节，创设了两次自主探究和一次合作探究。练习环节也设计了具有一定开放性的梯级任务，学生展示作品，师生共同点评，最后总结、分享收获。

6. 教学反思

（1）教学前

1）在学生机房，教师运用凌波多媒体网络教室软件辅助教学。本节课采用的资源类型主要为图片，教师根据教学设计将这些图片资源划分为两个部分。其中，第一部分的图片"海底世界"用于教学和学生的探究学习；第二部分的图片"美丽的社区"和"素材库"用于学生完成梯级任务。

2）本节课主要采用"任务驱动法"进行教学，充分尊重学生的主体地位，遵循通过探究、思考、分析、讨论来解决问题，归纳、提炼得出结论，全程充分展现自主探究。

（2）教学中

1）在课堂教学中，教师不断鼓励学生要勤于思考，勇于实践，真诚地对他们进行赞赏，让学生始终保持学习的热情。无论是回答问题，还是展示作品等环节，教师都尝试采取交流分享的方式，有效地调动了学生主动参与评价的积极性，实现评价主体的多元化。但是在学生作品自评与互评环节，学生的认知有局限性，因此有的评价不够客观和全面，带有更多的个人感情色彩，这个时候教师则给予了适当的引导和评价。

2）根据学生个体差异，教师设置带有层次性的梯级任务，对不同的学生采用不同的评价标准和方法，以促进所有学生都在"最近发展区"上获得充分的发展，有利于激发他们学习的动力、挖掘学习潜能。

3）在教学实施过程中，一方面教师根据学生年龄特点，创设富有童趣的情境，把知识点融入一个个有趣而灵活的小任务当中，让学生能够轻松完成任务，容易获得学习的满足感；另一方面教师多次让学生自主探究，引导学生主动思考，发现问题并解决问题。这样既培养和提升了学生"善思考"的做人品质，又激发了他们探索创新的能力。

（3）教学后

1）课程结束时，教师当场反馈，针对课堂上合作不到位的情况做出评价。在后续的教学中，教师有意识地设计一些需要合作的小任务让学生完成，比如小组内同学共用一本书，共用一台计算机来完成任务等，以此逐步培养提升他们"能合作"的做人品质。

2）回顾课堂上，一个学习能力强的学生在大家才开始准备合作的时候，就道出了答案，甚至还拓展了一些新的发现。教师没有因为他打破了自己的教学计划而感到无措，而是临时调整教学，及时引入关于合作的小故事，并通过实践让学生感悟到与别人合作比一个人单打独斗更容易出成果，从而培养和提升他们"能合作"的做人品质。

3）不足之处：针对梯级任务，个别学生产生惰性心理，降低了对自己的要求，这就需要教师能够准确把握每一个学生的能力水平，明确他们需要达到目标的需求，并在课堂上做到监督到位。

（四）数学与美术整合课案例："美丽的轴对称图形"（刘玲、李银彦）

1. 教学内容

"美丽的轴对称图形"是人教版三年级下册第三单元内容。认识"轴对称图形""平移和旋转""剪一剪"等内容都是学习空间与图形知识的必要基础。在第一课时认识了轴对称图形并了解了轴对称图形特点的基础上，本节课采用学科整合的方式，结合美术、数学学科的特点，认识、观察并体会生活中的对称美，通过实践课课型，理论联系实际，制作美丽的轴对称图形，设计美丽的校园一角。

2. 教学目标

结合国家课程标准和"良习修美德 好好做个人"的"做人教育"理念，本节整合课的目标如下。

（1）知识目标

通过观察、实物操作，学生能够判断轴对称图形，找出它们的对称轴，学会画对称轴，进而通过轴对称图形的特点自主探究、观察、比较和概括，学着制作不同的简单的轴对称图形。

（2）能力目标

用数学中学到的轴对称图形的特点，学生能动手操作，用轴对称图形设计我们美丽的校园。学生不仅创造出自己喜爱的轴对称图形，还不断想象，认真交流和沟通，通过他人的创造，再一次根据设计的校园情境进行不重复的创造，最终创造出和谐的、美丽的、多功能的校园。这不仅可以锻炼学生的创造能力，也可以提升其语言表达能力，增强其集体意识，培养其合作能力。

（3）情感目标

师生共同体验设计美丽校园带来的成功与快乐，学生的审美情感得到熏陶，老师也在和学生的共同创作中感受到学生的创造美，进而培养学生对生活的积极乐观态度，形成阳光心态，能够让学生学好数学、留意生活、创造美丽。

3.教学对象

教学对象为二年级学生。

4.学情分析

学生喜欢旅游，能够发现大自然中的美，体会自然界的和谐。但并不是所有学生都能在旅途中，从雄伟的建筑里体会数学之美，或者在以往生活经验的基础上感知对称的特征，发现对称美。

随着学生对知识的求知欲望的增加，学生能够对生活保持好奇心，善于观察，主动发现问题，但因为年龄特点，大部分学生缺乏收集和整理信息的能力，不善于建立模型。

在小学的学习中，学生逐渐体会到合作的重要作用，但在实际合作中，部分学生会以自我为中心，不相信同伴，从而达不到有效沟通和有效合作。

现阶段学生容易满足，应该在成功的喜悦中学会追求更加优秀。在日常生活中，轴对称现象对于孩子来说并不陌生，自然界中具有轴对称特征的事物很多。学生已经有了一定的感性认识，对学过的一些平面图形所具有的轴对称特征有一定的了解，已经形成初步的空间观念。在信息时代，教师应该用多媒体让学生认识更多的轴对称图形或者现象，鼓励学生增加见闻，使自己更加优秀。

生活就是一本大教材，学生作为学习的主人，应该不断欣赏和感受生活中的美，并将生活中的美变为知识之美。本节课就是在发现美的同时创造美，在对称美中寻找自然之美、生活之美、数学之美。

5. 教学过程

数学学科教师主持课程。

（1）复习导入

播放视频——世界各国建筑物标志美景，引入用轴对称图形的特性建造的世界著名建筑物的话题，体会生活中的对称美，体会世界之美与数学之美。

（2）认识轴对称

1）这些建筑物图片都是我们学过的什么图形？

2）课件展示我们生活中轴对称图形，并板书，美丽的轴对称图形。

3）判断是否是轴对称图形？并解释，沿着图形中间对折，两边的图形完全重合，说明这是轴对称图形。

4）介绍对称轴。

（3）认识生活中的轴对称图形

1）提问：校园里的落叶是否是轴对称图形，如果是，判断出轴对称的位置。

2）提问：美丽的校园还吸引了蝴蝶和蜻蜓，他们是否是轴对称图形，如果是，判断出对称轴的位置。

3）提问：学校科技馆里还有沙漏和战斗机模型图片，它们是否是轴对称图形，如果是，判断出轴对称的位置。

4）提问：这四个小朋友们也被美丽的校园吸引了，正手拉手在操场上玩游戏。小朋友们手拉手是否是轴对称图形，如果是，判断出轴对称的位置。

5）提问：那这四个围在一起的小朋友们，是否是轴对称图形，如果是，判断出轴对称的位置。

最后，教师出示以上轴对称图形的例子，引出下一环节。

美术学科教师主持课程，数学教师协助教学。

（4）利用对称图形的特性进行动手前探讨

1）学生评价老师剪得怎样，教师解说如何才能在只画半个小人的情况下得到一个完整的小人。注意：需要对折一次，沿折痕画半个小人。

2）老师提问：你们有什么好方法可以让老师剪一次就能得到不止一位小朋友吗？注意：多次对折，得到多条对称轴。

3）小组分工实验，实验分成两组，其中一、二组的同学在有折痕的一边沿着折痕画半个人并剪下来，三、四组的同学沿着没有折痕的一边同样画半个人并剪下来，我们来看一看哪两个组的同学能够得到几位手拉手的好朋友。

4）学生自己得出结论：因为没有把对称轴放在图形的中间，三、四组同学的小朋友没能把小手拉在一起。

5）教师现场示范，可用一张正方形的纸对折为红领巾一样的三角形，然后再次对折，对折三次后，同样在对称轴的地方画半个人并剪下来，这时我们就能得到不一样的轴对称图形了。

（5）利用对称图形的特性进行动手指导

1）两位教师现场指导，鼓励学生尝试多种不同的折法，在确认好折痕，也就是对称轴所在的位置后，沿着对称轴，把学生心目中最美的校园一景用轴对称图形的方式认真地剪下来，并在剪好图形后用学过的镂空技术把剪纸变得更美丽。

2）学生动手制作轴对称图形。

3）学生展示自己的作品，说说自己剪了什么，想放在哪个位置。学生大胆想象、大胆创作，设计出美丽的校园，不仅学会了运用轴对称图形的知识，还在操作中成为一名名优秀的小设计师。

4）进行生生评价和师生评价，评价自己、他人、集体的作品，追求更加有创意的作品。

（6）数学、美术学科教师与学生共同总结

课堂小结

1）学生自己评价设计出的校园，谈谈自己的收获。

2）教师总结评价如下。

A 老师：恭喜同学们已经成为小小的设计师。（板书——小小设计师。）

B 老师：实际上，轴对称图形存在于我们生活的方方面面，除了有简单的平面轴对称图形，还有立体轴对称图形，美丽的轴对称图形让我们的生活更加精彩，所以我们更应该学好数学、留意生活、创造美丽。

6. 教学反思

在课堂教学过程中，教师应重视评价主体的多元化与互动性。教师的评价、学生的自我评价以及学生之间的相互评价有机结合，整个教学环节始终贯彻在"理解和尊重学生"这一前提下进行有效评价。

在教学过程中，教师还应该设置不同梯度的提问供不同层次的学生回答，让每个学生都参与到课堂中，体会成功的喜悦。学生接受数学知识的能力有所差异，但接受美术知识的能力却不相上下。在回顾数学知识的环节中，教师的提问可以简单化，让学生在动手操作和讲述的过程中建立数学概念，真正理解什么叫作"轴对称图形"。但在美术的制作环节中，教师的提问便可以拔高，因为每个学生都会利用数学中的概念解决美术中的难点，能够积极参与到轴对称图形的制作中，创造出更多的对称美。

教学过程中，教师可以鼓励学生更大胆一些，可以将设计校园的一角扩大为公园一角或者某生活区一角。这就不会限制学生的想象，在学生的创作中，学生可以制作出更多的生活中的有创意的轴对称图形。

"数学源于生活，用于生活"，现实生活中蕴藏着大量的数学信息，是数学教学的丰富源泉。教师应该做生活的有心人，寻找和发现学生熟悉的生活情境和感兴趣的事物，为学生提供观察、试验、猜测、推理等数学活动的资源，让他们借助丰富的生活情境走进数学世界，深挖学科资源，抓住重点品质培养。

三、艺术与审美领域

（一）音乐课教学案例：《浏阳河》（杨维娜）

1. 教学内容

《浏阳河》为红色民歌，歌曲用问答的形式从婉转的音乐中表达出对毛主席的感激，又带有湖南花鼓戏元素，更显其鲜明个性。

2. 教学目标

（1）知识目标

能控制声音把五声调式婉转旋律演唱准确；把握湖南地方方言的特点；掌握休止符的处理和运用技巧；探讨音乐传统的重要性。

（2）能力目标

做一个心态阳光的人，会合作，懂合作，能欣赏美和感受美。

（3）情感目标

理解多元文化，尊重艺术。培养学生爱国主义精神，并懂得感恩，懂得尊重老一辈音乐家的心血，懂得尊重传统。

3. 教学对象

教学对象为六年级学生。

4. 学情分析

学生对歌曲喜恶明显，但对音乐作品辨别能力不足。对红色歌曲缺乏深入的了解，对时代背景感触不深刻，因此需要教师进行深入的时代渗透，讲解创作经历。不过学生想象力、接受能力和理解能力都很强，可以让本课更丰富多彩。

5. 教学过程

（1）导入

创设轻松课堂氛围，从有趣的小故事开头，带动学生的聆听兴趣。

（2）范唱（想象环节、共享环节）

教师利用自身优势为学生到位地范唱全曲，提出让同学们闭眼去聆听音乐，想象音乐带来的画面：浏阳河蜿蜒流过一座座青山，毛主席带着战士们在战场奋勇杀敌，远在家乡的亲人们在为他们祝福，等待他们胜利归来；战争胜利后浏阳河人民幸福的欢呼，踏着青青的草地上欢腾跳跃着，歌颂着伟大领袖老主席。学生的分享激起了他们深深的爱国热情，并感受这来之不易的幸福生活。

（3）介绍歌曲

教师的语言透露着对毛主席和先烈的感激，让学生从老师身上先感受到浓浓的爱国热情，并被感染着。

讲述这首歌曲的背景，介绍词曲作者。《浏阳河》由唐璧光作曲，徐叔华作词，是 1950 年创作的小型歌舞剧《双送粮》的第三曲，后来独立出来成为广为传唱的歌曲《浏阳河》；1957 年被改为湖南民歌；"文化大革命"结束后，词曲作者的名誉和作品上的署名权被恢复。

（4）学唱歌曲

教师采用自主学习法让学生跟随钢琴旋律的引导自学歌曲，并对歌曲演唱进行了一些拓展，如对唱、轮唱等，再一次培养了他们讲配合、会合作的意识。

（5）知识拓展

欣赏新创的《又唱浏阳河》，并与《浏阳河》作对比，让学生在对比中欣赏传统文化与现代元素碰撞出火花的美好，也思考其利弊，最后心怀敬意演唱全曲结束本课。

6. 教学反思

（1）教学前

为了做到更科学合理的目标预设，深入了解了本课歌曲，以爱国教育为主题，培养会合作意识，懂得感恩和尊重他人，教师为本节课准备了大量资料，如浏阳河图片，革命图片，各个版本的浏阳河音乐作品，视频资料以及词曲作者的资料。

（2）教学中

1）在教学中，教师先培养学习兴趣，接下来引导学生分析理解歌曲，再次激发学生学习兴趣并逐步激起爱国情绪，最后深入了解创作背景，让学生感受创作的不易，明白了传统不能丢、不能忘，要尊重他人劳动成果，更要有效发扬。

2）教师通过多种方式创设想象画面，包括演示，情景创设等，主要通过对比讲解的方法，让学生思考传统文化和现代文化的碰撞，激发其对前辈作品的敬意。

（3）教学后

一堂好课，不仅仅在于学生学到的书本上的知识，更重要的是如何把思想教育渗入其中。在课堂上，讨论和引导给予了他们去发现的才能展示，并逐步渲染和熏陶其爱国思想，有效地实现了爱国主义教育。

本课的意义并不在于教唱，而在于对一首作品诞生的深入研究，从作品的时代背景到历史意义，又从不同时期音乐的变化，从不同时代的人对一首歌的理解和表达进行了深入的研学讨论。在讨论中，同学们阐述了以下观点：时代的碰撞是有益的尝试，可在一定意义上推动传统文化，但在改变和综合中一定要保留原创特色，获得原创的同意，珍惜前辈的心血，尊重传统文化。总地来说，本课既完成了对音乐的美的深入鉴赏，又成功完成了红色思想教育，使学生对作品的尊重意识、赏识意识又上了一个台阶。

（二）美术课教学案例："精细的描写"（梁海榕）

1.教学内容

"精细的描写"是属于"造型·表现"学习领域，让学生进一步学习写生及用线进行精细描写的方法，使学生能够发现静物线的美感，培养学生的观察能力、线的造型能力以及画面组织能力。

2.教学目标

（1）知识目标

学生能进一步学习写生及用线进行精细描写的方法，增进对祖国传统艺术的了解。

（2）能力目标

学生能提高对线条和结构的观察能力，养成勤于观察、善于观察的正确习惯；学会进行线的排列和造型表现的独立思考及画面组织能力；能在小组学习探究中提高探究意识；能小组合作，分析景物结构，在和同伴的沟通中学会合作。

（3）情感目标

学生能感受我国传统绘画技法，体会线描画的精美、细致，发现、欣赏静物线的美，感受、激发对祖国传统艺术的热爱。

3. 教学对象

教学对象为五年级学生。

4. 学情分析

学生已经具备一定的造型表现能力，能熟悉、熟练地使用各种线条。同时，学生观察、比较、分析物像的能力也逐步增强，能够注重物像的外形结构特点，表现自己的所见所感，但往往观察不够详细，不知道怎么用线进行精细描写。在教学中，教师引导学生观察特征和变化，发现平时容易忽视的细节；加强示范作用，帮助学生观察和精细描写，特别是用线条表现不同物像。

5. 教学过程

（1）导入

师：同学们，今天的美术课，我们一起来学习"精细的描写"，老师写课题，学生朗读课题。

（2）解析精细

1）提问学生：课题中的关键词是什么？

师：你认为精细的描绘是什么样子的？

2）教师总结。精，就是精密。细，就是深入细致的刻画。要对物体进行精细的描写，就要学会细致的观察。

（3）对比观察

1）观察事物。教师首先引导学生来观察鞋子整体的样子，其次观察鞋子局部细小的特征。（课件展示）

2）学生描述。教师提问学生鞋子的局部特征可以用哪些线条表现，学生观察后进行描述。比如鞋带，可以用波浪线、斜线……比如鞋子的透气孔，还有鞋子的黏合线可以用虚线、交叉线……

3）找茬游戏。教师出示两幅精细程度不同的鞋子绘画作品，请学生对比观察哪幅更具美感。

（4）教师示范

1）线条示范。教师示范线条如何有序的组织和排列，让学生感受精细的美感。

2）写生示范。教师依据向日葵的照片进行写生示范，并根据物体的特点，进行线条的疏密安排和精细的刻画。

（5）欣赏作品

教师引导欣赏书中的《藤椅》（图 4-3）、《菜篮子》（图 4-4）两幅作品，提示线条的疏密对比及层次空间感。

（6）学生实践

作业要求：①运用线条对物象进行精细的描写；②疏密变化的线条表现物体的特征和美感。

（7）展示评价

1）创设情境：植物王国、快乐超市、动物家园。

2）粘贴作品：学生将画好的绘画作品粘贴在不同的展板上。

3）评价作品：①评一评哪幅作品描绘得最精细。②评一评哪幅作品线条表现得最细致。③你觉得最佳绘画能手奖应该颁给谁？

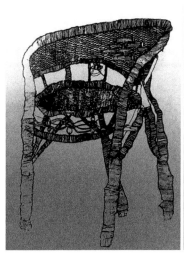

图 4-3　藤椅

图 4-4　菜篮子

（8）总结

教师引导学生进行学习总结，并升华学习主题，提高学生线条表现能力，并画出不同程度的精细作品；引导学生欣赏画家名画，体会线描画的精美、细致，激发学生对我国传统艺术的热爱。

6. 教学反思

（1）教学中

1）教学开始时，教师以激发学生兴趣为主，带着问题走进课堂。将课题以说唱的形式当场书写，引入什么是这节课的重点，从而引出精细的描写，激发学生想象的空间，使其对课堂内容有所期待。首先，让学生重点观察物体的整体特点，再深入观察局部特征，突破学生对物象观察不仔细的难题。其次，让学生对比精细程度不同的绘画作品，自主寻找作品中以"线"体现出的美感，并通过小组探讨的形式，让学生认识到美感是通过线条有序的组织和排列形成的。

2）在示范过程中，学生突破用线的难点，掌握线的疏密关系，体验如何组织线条，发现精细之美。通过教师的示范，学生进行思考，分析教师作画的方法，把课堂交给学生，让学生做课堂的主人。老师则根据学生的分析得出结果，并通过欣赏学生作品的方式，贴近学生，掌握作品中的疏密关系，分析作品作者的用线意图，提高学生对线的认识。

3）课程结束时，教师采用了师评、自评和互评的方式方法，体现了美术课程标准的理念和目标，帮助学生树立学习信心和发现自己的不足，对学生的美术学习能力、学习态度、情感和价值观等方面的发展进行了评价指导；鼓励学生以多样化的学习方式来学习，充分肯定学生的进步和发展，也使学生明确需要克服的弱点并找到发展的方向。在展示中，教师创设情境，提供各种有趣的展板，让学生有选择地粘贴自己的作品。这样既提高学生积极性，做到了多元化的评价，又使学生的作品精彩纷呈，突破教学的重点和难点，达到教学目标。同时，这样的学习方式是以学生谈体会为主，学生能认识到学到的内容可以学以致用，延伸其学习知识，发展其美术知识，提高其审美价值和对未来的展望（图4-5，图4-6）。

（2）教学后

1）学生是课堂的主体。本节课根据美术课程标准适应素质教学的要求，面向全体学生，选择有利于学生发展的美术知识和技能，既张扬了学生的个性，又让学生轻松愉快地学习了本课的知识。教师设定的游戏环节让学生产生了学习的激情，激发了学生学习美术的兴趣，学生主动参与，积极探讨。整个课堂在趣味无穷的情景体验和浓厚的情境氛围中达到高潮。

2）通过本课的教学，教师应在今后的教学实施中做到从学生的实际出发，找到学生在学习过程中遇到的难点，在教学中引导并解决，以此激发学生的学习兴趣，顺利完成教学目标。

3）不足之处：教师可以再多设计一些情景，尽量培养学生直接作画的写生习惯，增强画面的童趣，让学生自主体会和探索，可能会得到意想不到的效果。在学生实践过程中，许多学生在"画"和"不画"中不知如何取舍，教师可给学生更加直观的演示，以此来实现更高效的美术课堂教学。

图 4-5　教学照片

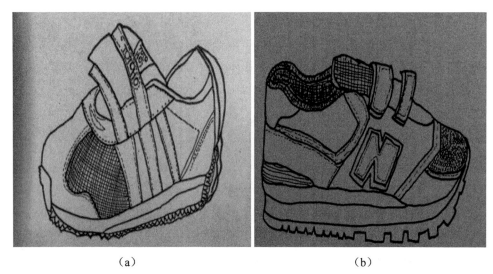

（a）　　　　　　　　　　　　　　　　（b）

图 4-6　学生课堂作业

四、生命与健康领域

（一）体育课教学案例："丛林探险"——50 米终点冲刺跑（唐晓芬）

1. 教学内容

"丛林探险"——50 米终点冲刺跑。终点冲刺是全程跑的最后一段距离，要保持最快速地冲向终点。在跑至距离终点大约两米处，躯干迅速前倾，用胸部撞线（或到达终点垂直面）。"丛林探险"通过创设情景，层层递进，引导学生善思考、乐实践。

2. 教学目标

（1）知识与技能

学生能掌握快速冲过终点、用胸部撞线的技术动作；能结合要求，不断提高技术动作；学生的速度、力量和灵敏素质得到提高和发展。

（2）过程与方法

学生能积极参与，自主探究和合作学习；能体验到运动的快乐和成功的喜悦；学生的意志得到了磨炼。

（3）情感态度与价值观

学生能将所学技能运用到生活实践中；学生能展现有爱心、能合作的优秀品质以及集体荣誉感。

3. 教学对象

教学对象为三年级学生。

4. 学情分析

学生在生活中对快速奔跑比较熟悉，但对终点冲刺的重要性和技术动作的掌握不足。因此，教师要从技术动作上对跑速进行分析和认识，让学生从思想上认识到冲刺跑对提高跑速的重要性，再通过学、练、游戏、竞赛等方式提高冲刺跑的能力提高跑速。

5. 教学过程

（1）导入与热身

根据提示材料，学生在规定时间内找到分布于校园中的任务卡。
（背景音乐：《我爱运动》）

　　师：今天我们要到丛林中去探险，在途中会遇到很多困难，大家要善于思考、积极合作才能完成任务，走出丛林。任务卡就在校园中，请各组根据提示材料，快速找到任务卡。

（2）探索与实践

1）了解冲刺跑的重要性。观看视频，将跑速和时间进行对比，请学生说一说终点冲刺和没有冲刺哪个跑得快？为什么？

2）练习冲刺跑。观看猎豹奔跑视频，激发自主学习的兴趣，带入角色进行多种形式的冲刺跑练习。（情景创设：快速通过危险地带）

体会快速冲刺的动作技术，做到加力摆臂、不停、不跳，胸部撞线快速冲过终点。（背景音乐：《加油、加油！》）

3）反馈学习效果。请2～3名学生展示冲刺跑，学生进行评价和分析，进一步巩固技术动作。自荐展示，分享练习心得后，学生再次进行冲刺跑练习。

4）教学竞赛。采用追逐赛、挑战赛、师生赛、巅峰对决进行学习成果展示。

（3）游戏"共渡难关"

学生运用所学技术，团结协作共同度过丛林生存这一难关。

师：孩子们，丛林中缺水缺粮，还有被猛兽侵袭的危险，我们要发挥集体智慧，利用现有条件，共同渡过难关。

各组先讨论，丛林中有哪些可利用的资源（如可以食用的浆果、可以烧火的柴枝......）。教师发令后，看哪组最先找到可用资源。

（背景音乐：*Wakawaka*）

（4）放松、总结

完成了丛林探险，孩子们放松身心。

（背景音乐：《虫儿飞》）

教师引导学生进行学习总结，升华育人目标。有的说学会了团结合作，有的认识到做事坚持有毅力的重要性，更多的是体验到运动的快乐和成功的喜悦。

6. 教学反思

（1）教学前

1）为了学生能进一步掌握冲刺跑技术，教师为本节课准备了丰富的教学资源，包括：猎豹奔跑视频、自制教学对比视频、自制游戏交接物"令牌"，以及选用了歌曲《我爱运动》《加油、加油！》*Wakawaka*《虫儿飞》等教学资源。

2）本节课通过情景创设，采用多种练习方法，螺旋上升难度，运用多媒体设备和自制教学视频，让学生更加直观地了解所学知识，从而激发其学习兴趣，促进其运动技能的掌握。

（2）教学中

1）在教学中，教师根据学生的学习态度、参与程度和运用技能的能力给予适时的评价。内容包括学生表达出对冲刺跑能提高跑速的认识；能积极投入练习，尽全力完成冲刺跑；能主动交流、合作学习；能掌握冲刺跑的动作技术；能勇于展示、接受挑战；能给予自己和他人正确的评价；对有困难的组员，能主动给予关爱和帮助。

2）在教学中，教师强调学生主体地位，加强对学生学法的指导，通过观察、思考、互助提高学生自主学习的能力。与此同时，教师注重营造民主、和谐的学习氛围，尊重学生的人格、差异和选择，分层进行教学指导，尊重不能"齐步走"的学生，教师及时发现他们身上的闪光点予以表扬和鼓励。一个肯定的眼神、一个竖起的大拇指都能给同学们带来强大的动力，带着阳光心态，去体验、去收获。

3）课程后半段，教师创设情境进行游戏，引导学生将所学技能运用到生活中，巩固和拓展了新知，发展了素质和技能。齐心协力、共渡难关后，学生的责任感、意志品质和团队意识都得到了培养。

（3）教学后

1）这节课以了解冲刺跑的重要性，让学生体验、掌握和运用冲刺跑的技术动作，对学生的学习能力和做人品质的养成进行了检验。从学生的运动参与和学习效果来看，这节课达到了预期的目标。全体学生都不同程度地感受到运动带来的快乐和成功，他们身上流着汗，脸上洋溢着灿烂的笑容。

2）教师用情境创设，层层递进，引导学生完成学习任务，尤其在各环节的衔接上，运用生动的语言自然过渡，将学生引入每一个环节。由于有情境、有任务、有竞赛，学生勤于思考、乐于实践。

3）采用分层教学，跑得快的学生轮流担任小组小老师的工作，对需要帮助的同学给予指导，使其"有爱心"的良好品质得以培养；对跑得慢的学生及时鼓励，针对常见错误，创设了"加油站"，如摆臂不到位、大腿上抬不积极的同学，可以到此处参看说明和图示进行正确动作的练习，多数学生经过反复练习，不断进步，培养了其"有毅力"的良好品质。

4）不足之处：如竞赛时，由于时间紧，对小裁判的培训不够到位，在两人以上同时过终点线时，小裁判的判罚不够准确，今后需对体育小骨干加强培训。

（二）体育与民族团结课整合案例："少儿民族韵律操舞"（周栋梁）

1. 课程性质

"少儿民族韵律操舞"是一门将国家课程体育课和地方课程民族团结课程整合而成的校本基础课程，旨在通过学生的体验、实践和参与，使其体验到少数民族歌舞和旋律相伴的运动乐趣，领略到丰富多彩的少数民族风情。这不仅促进学生身心健康发展，而且弘扬民族传统体育文化。以少数民族文化为基础，以丰富多彩的身体练习为主要手段是本课程的主要特点。

2002年，附小以课程论为理论指导，以国内大课间开发的研究为基础，结合学校场地小、学生人数多等特点，紧紧围绕终身体育、身心健康、文化传承等育人目标，从多角度、多层次挖掘和展示民族体育文化丰富的物质形态和精神形态内涵，创造性地开发了符合小学生身心发展规律的彝族、哈尼族、白族、景颇族、傣族和佤族六套室外少儿民族韵律操舞及手铃操、扇子舞、烟盒舞三套室内操舞。2018年，根据学校课程体系的总体设计，本课程属于服务做人品质培养的基础课程，也简称"民族大课间"。

2. 课程对象

课程对象为全校学生。

3. 学情分析

附小虽地处云南这个多民族省份，但附小学生中不同民族的孩子基本生活在城市中，接触当地民族文化不够，对民族文化的了解也越来越少，他们身上的民族文化在不断淡化和消退。在体育活动中融入一些符合孩子认知规律的传统民族文化，有助于孩子从小了解学习、传承传统民族文化。

不同学段学生有各自不同的特点：一、二年级的小学生活泼可爱；三、四年级的小学生接受能力强；五、六年级的小学生身体素质好。根据这些特点，学校创编了符合各年级学生心理、生理、认知等特点的少儿民族韵律操舞，相应年级的学生都能较好地完成练习。

4. 课程目标

本课程是由国家课程体育课和地方课程民族团结课程整合而成，学校自主管理的基础课程，课程目标的设计是以"健康第一，终身体育"为指导思想，充分考虑本课程以民族文化为基础、身体练习为主要手段的特点，调动学生的积极性和主动性，与附小做人教育的"有爱心""心态阳光""负责任""能合作"等核心素养发展目标相结合，具体设定如下：①通过了解、体验云南省少数民族的传统体育文化知识，培养学生热爱家乡的情怀；②通过与音乐、舞蹈结合的身体练习，增强学生的体质，树立开朗活泼的阳光心态，促进学生身心健康发展；③通过民族操舞的系统学习，培养学生的多元民族文化素养，弘扬民族传统文化，激发学生的民族凝聚力，树立正确的民族观，增强弘扬民族传统文化的社会责任；④通过入场、年级间换场、退场等集体协同配合和班级之间的评比，培养学生合作精神和竞争意识，并学会正确处理合作与竞争的关系；⑤通过"民族大课间"活动，促进学生协调性、灵活性和时空感知能力等身体素质发展。

5. 课程内容

（1）室外少儿民族韵律操舞

本课程以民族传统体育作为韵律操舞的切入点，在云南省26个世居民族中选择了彝族、哈尼族、白族、景颇族、傣族、佤族等有代表性的6个少数民族作为课程开发的民族文化基础。根据各民族的传统体育文化的特征，加入现代韵律操、广播操的元素，学校为每个年级创编了一套室外民族韵律操舞，以便让学生系统地学习和了解一个少数民族的传统文化。每个学生到小学毕业时都熟练掌握了6套室外少儿民族韵律操舞，比较深入地了解到6个少数民族的传统文化。

（2）室内少儿民族韵律操舞

以彝族传统体育文化为基础，本课程还包括三套室内少儿民族韵律操舞，目的是充分利用学校场地，让学生通过跳民族操舞、听民族音乐、唱民族歌曲、品民族文化，在身心健康得到发展的同时，又让少数民族文化得到传承和发展。

6. 课时安排

学年总课时为90课时。其中，周一、周三、周五10：05—10：45分进行实际锻炼75课时；讲解民族传统体育文化知识1课时；按年级集中学习民族韵律操舞、排练进场、换场和退场6课时；利用体育课准备活动时间对一些重点、难点动作进行长期复习8课时。

7. 课程资源

（1）丰富多彩的民族文化资源

1）种类繁多的技术动作素材。云南少数民族众多，不同民族有着不同的地域分布及特点，蕴含着深厚的民族文化，体育文化极其丰富。例如，提取彝族的《阿细跳月》、哈尼族的《捉泥鳅舞》、白族的《霸王鞭舞》、景颇族的《目瑙纵歌》、傣族的《象脚鼓舞》、佤族的《甩发舞》中跳、跃、转、摆、甩、踢、蹬、伸等动作元素，创编出丰富多彩、形态各异、学生喜爱的操舞动作。

2）形式多样的民族音乐。云南各民族音乐种类繁多、博大精深，源远流长。例如，提取彝族的《阿诗玛》、哈尼族的《太阳歌》、白族的《海东调》、景颇族的《景颇刀舞》、傣族的《孔雀舞》、佤族的《木鼓舞》等音乐元素，通过对音乐节奏和速度进行改造，不仅控制了整套操舞的运动强度，学生载歌载舞达到较好的锻炼效果，而且可增强整套操的生命力和艺术性。

3）色彩斑斓、风情各异的民族服装。云南各少数民族服饰丰富多彩，璀璨夺目，源远流长，它凝聚着各少数民族的审美意识、装饰艺术和族群特征，汇聚了地域的、历史的、民族的气息。依据现代服装的特点，学校充分挖掘少数民族服饰文化，考虑如何使其与学生的运动及审美情趣相结合，设计制作出各式各样具有一定的民族性和艺术性的现代少儿民族服，现已成为附小学生十分喜爱的校服。

（2）高质量的校内外教师资源

1）校外教师资源。附小和云南师范大学、云南民族大学、云南艺术学院一直保持着良好的合作关系，这些学校在理论研究、动作设计、编排、音乐制作等方面一直给予附小大力支持。

2）校内教师资源。学校领导高度重视本课程的开发和实施，体育、音乐、美术、年级等教研室的教师在技术动作、音乐、服饰、课程实施等方面提供了指导、帮助和保障。

8. 课程实施

（1）基本流程

1）体育老师对音乐老师和班主任老师进行动作培训，规范其每一个动作，对每个老师的具体任务和职责做出安排,确保学生按时、按质完成本课程的学习任务。

2)体育老师对每班挑选出的 5~6 名协调性好的学生和班主任老师一同进行培训,使他们熟练掌握所学操舞的动作要领,为全班的学习打下基础。

3)开学后的前两周,体育老师利用上课时间教授室外操舞,音乐老师利用上课时间教授室内操舞,课余时间则充分发挥班主任、体育教师、音乐教师和体育骨干的作用,对学生进行集体或个别辅导;同时积极发挥家长的督促作用,利用视频资料,确保每一个学生都能在最短时间内较好地掌握本课程。

4)第三周全校开始正常锻炼。学校利用评比手段,每月进行达标评比,每年进行一次全校比赛,从而激发学生的班集体荣誉感和积极锻炼的热情,检验学生掌握情况,促进学生高质量地完成少儿民族韵律操舞,使其达到较好的学习效果。

(2)学习评价

1)教师评价。体育老师对学生的学习过程进行观察,对学生在学习后相关的体育文化素养、动作技能完成情况等方面,通过考试、平时表现、学生自评等方式,对个人提出综合性的评价结果。

2)学校评价。利用评比手段,每月进行达标评比;每年进行一次全校比赛。月评委老师通过对师生到位情况、纪律、操舞完成质量以及候场、换场等方面获得班级评价结果,每月对完成好的班级进行表扬。月达标成绩及全校比赛成绩计入优秀班级中队评比成绩。

9. 课程实录

每周一、周三、周五上午 10:00—10:40,全校学生分低、中、高三个学段,伴随着优美而风格各异的民族音乐旋律,唱着民族歌曲,身着经过加工改善的色彩斑斓、风情各异的少儿民族服做操舞(图 4-7),前后分三个学段入场。

一、二年级学生伴随着彝族音乐入场,跳着彝族舞蹈,12 个八拍后开始跳彝族少儿民族韵律操舞;做完后跟着音乐节奏,20 个八拍完成一、二年级前、后换场,跳哈尼族少儿民族韵律操舞;跳完后伴随着哈尼族退场音乐,跳着哈尼族舞蹈,12 个八拍完成退场。

三、四年级学生伴随着白族音乐入场,跳着白族舞蹈,12 个八拍后,开始跳白族少儿民族韵律操舞；做完后跟着音乐节奏，26个八拍完成三、四年级前、后换场，跳景颇族少儿民族韵律操舞；跳完后伴随着景颇族退场音乐，跳着景颇族舞蹈，12个八拍完成退场。

五、六年级学生伴随着优美的傣族音乐入场，跳着婀娜多姿的傣族舞蹈，10个八拍后开始跳傣族少儿民族韵律操舞；做完跟着音乐节奏，20个八拍完成五、六年级前、后换场，跳佤族少儿民族韵律操舞；跳完后伴随着佤族豪迈奔放的退场音乐，跳着佤族舞蹈，12个八拍完成六套少儿民族韵律操舞。

在室外少儿民族韵律操舞开始时，三、四年级学生同时在教室练习扇子舞，五、六年级学生同时在教室开始练习烟盒舞，一、二年级学生跳完室外操舞后，回到各班教室练习手铃舞。

全校师生在室内外载歌载舞，在浓浓的氛围中感受着民族体育文化的博大精深，锻炼身体的同时，也在潜移默化中培养了学生爱家乡、爱集体、负责任、能合作、心态阳光、积极向上等附小做人品质，树立了学生正确的民族观和热爱家乡的情怀。

图4-7　民族韵律操舞

10. 课程评价

（1）成效与经验

从 2002 年 10 月份开展至今，附小"少儿民族韵律操舞"得到省内外专家、广大家长及师生的一致好评，成为学校对外展示的一个重要窗口。实践证明，"少儿民族韵律操舞"课程给学生营造了一个集体活动的氛围，提供了一个锻炼、合作、竞争的环境，通过学生之间不断配合、协作，使其不断地体验成功与失败，不断地受到表扬与批评等心理锻炼，使学校的育人目标"有爱心、负责任、能合作、有毅力、心态阳光"等品质在活动中得到体现和渗透，有效促进了学生的身心健康全面发展。同时，这门课程对民族文化传承、学校校园文化建设、学校风气形成以及学校办学特色打造等，都有着良好的影响和宣传作用。

（2）问题及改进

附小少儿民族韵律操舞目前在内容、结构等方面略显单一，今后将紧紧围绕培养"三维六品"的附小做人教育目标，通过继续深入挖掘少数民族传统体育文化，优化各环节的技术动作，完善评价体系等一系列措施，使少儿民族韵律操舞更加焕发出勃勃生机和活力。

五、社会与实践领域

（一）品德与社会课教学案例："拒绝毒品，珍爱生命"（钱卫珉）

1. 教学内容

"拒绝毒品，珍爱生命"是六年级上册品德与社会的内容。通过了解毒品，学生知道吸毒的危害，自觉抵制毒品的诱惑，提高自我预防能力。

2. 教学目标

（1）知识目标

学生加深对毒品的认识和了解，明确吸毒的危害。

（2）能力目标

学生增强防毒、拒毒的意识和能力，自觉远离毒品；以自创的表现形式将课本内容生动化、形象化，提高学习积极性，发展综合能力。

（3）情感目标

珍惜生命的价值，珍爱生命，增强生命意识。关爱他人，形成乐观进取、积极的人生观。

3. 教学对象

教学对象为小学六年级学生。

4. 学情分析

六年级学生大体知道毒品是有危害的，但仅仅知道一些简单的防范措施。大多数学生认为毒品离自己很远，思想上不够重视，对于新型毒品的类型和如何预防更是很不清楚。

5. 教学流程

（1）教师

教师：今天为大家主讲的是×××小组及成员，他们主讲的内容是《吸毒一口落入虎口》，期待他们为我们带来精彩的内容（图4-8）。

（2）主持人上场

主持人：首先让我们一起了解毒品的相关知识，请大家专心听讲、认真记录，之后将会进行有奖知识问答。（有目标的学，提升学习的专注度。）

内容有：毒品的分类；毒品的种类；毒品的制作及吸毒的危害等。（学生自制PPT课件，有文字、图片，边看边讲解，既生动又形象。）

主持人：下面进入有奖知识问答，有小组必答题和抢答题，答对的同学有奖励，希望大家积极参与。（现场互动，学生参与性高，寓教于乐。同时锻炼了学生的组织能力和协调配合能力。）

主持人：请观看视频，一起了解明星背后的故事。（吸毒事例分析：李代沫、柯震东、宁财神等明星自毁星路。）

主持人：请欣赏小品《吸毒者的下场》。

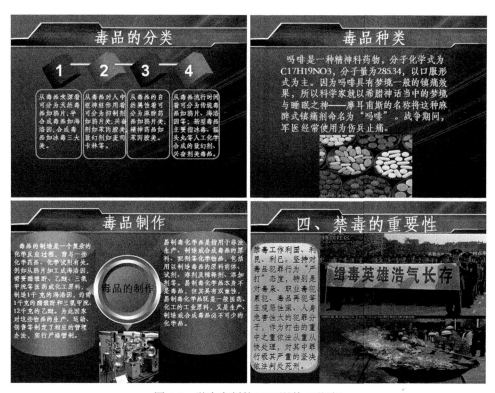

图 4-8　学生自制的 PPT 课件(节选)

(小组成员自编、自导、自演,是最受学生欢迎,也是最精彩的一个环节,最能挖掘学生的创新意识和潜能。)

主持人讲解禁毒的重要性。(图文并茂。)

主持人:请欣赏配乐朗诵《拒绝毒品,珍爱生命》。(与语文、音乐学科进行整合,学生学有所用。)

(3)学生评价

1)自评:由主讲小组对本次讲课中出现的问题进行总结和反思。

2)互评:由听课学生给主讲小组指出讲课中的优点和不足,并给出公平公正的评价(分 A、B、C 三个等级)。

3)教师评价:抓住主讲中和学生评价中的闪光点给予表扬、鼓励,对不足加以指导和帮助。

6. 教学反思

通过改变学习模式，以小组合作形式创造性地完成主题内容展示，既满足了学生的学习需求，又培养了学生以下几方面的"做人品质"。

在准备时，能力强的学生主动承担，并指导和帮助能力弱的同学；课堂上，要包容和体谅讲解中的失误和不满意，培养了学生"有爱心"。小组成员不埋怨、不指责、不推卸责任，学会了互相补台，有团队精神，培养了学生"能合作"的品质。小组在整个过程中，要自己动手完成撰稿、编写、课件制作、板书设计、表演等一系列工作，培养了学生"善思考"的品质。在学生自评、互评和教师评价中，小组成员要勇于面对自己的失误或不足，还要接受他人的批评、指正，培养了学生"心态阳光"的品质。

改变学习模式的尝试和实施的初衷就是要把附小的"良习修美德 好好做个人"的育人品质融入其中，挖掘学生的潜能，激发学生的学习积极性和主动性，充分利用学生的求知欲望，潜移默化地培养学生的六种品质。教师应充分挖掘和利用好教材资源和学生资源，真正把学校的"做人教育"落实到每一节课，为学生将来成为"受人尊重和欢迎、对社会有贡献、自己能感受幸福和快乐的人"打下品质基础。

在整个教学过程中，学生心理素质、能力的差异和经验不足，导致实际与预设不符、效果不理想、时间分配不合理、过程衔接不好出现冷场等现象，但这些点评、指导会促进后面的小组越来越精彩。加强准备阶段的教师指导，会让学生准备更充分，更自信，能力提高更快，展示效果更佳。

（二）少先队活动课教学案例："学会感恩——抱一抱温暖就在身边"（刘丽榕）

1. 教学内容

主题队会"学会感恩——抱一抱温暖就在身边"。主要内容包括：①生命观的教育，学会感恩；②和谐观的教育，学会一种积极向上的人生态度；③爱与责任的教育，学会主动关爱他人与集体。

2. 教学目标

结合学校育人目标，开展本次主题队会时，把有爱心，负责任，心态阳光的品质融入活动目标,具体确定的三个目标包括:①学生学做一个心态阳光的少年,遇事能乐观向上,态度积极;在与人交往的过程中能感受幸福,学会欣赏,懂得宽容,懂得感恩。②学生增强责任意识,能爱亲敬长,学会关心和体贴家长,懂得分享与担当。③学生懂得热爱集体,具有关心同学的品质,学会清楚表达自己的感受,体会他人的心情和需求,更加积极主动地参与集体活动。

3. 教学对象

教学对象为四年级学生。

4. 学情分析

四年级的学生大部分是独生子女,在有爱的环境中成长,但是由于家庭环境和教育环境的限制,会有个别学生在家里出现以自我为中心的现象,感恩意识还相对缺乏。

在学校里,同学们有较强的交往能力,善于表达自己的想法,可是由于四年级的学生处于情绪和情感的突变期,在与同学交往的过程中会出现不善于考虑他人感受、不会主动关心他人和集体的现象。虽然懂得对帮助过自己的人学会感恩,但是该如何用行动表达谢意尚缺乏指导,导致学生责任意识相对缺乏。

虽然从一年级开始学校就有意识地培养学生学会感受爱,四年级的学生情感可控性也逐渐增强,但是生活中若遇到困难不知道怎么处理时,有些同学容易受不良情绪的影响,不善于梳理自己的情绪,觉得没有人关心自己,其阳光心态的养成还需强化。

5. 教学流程

(1)创设情境,引出话题

通过解释《弟子规》"首孝悌,次见闻,知某数,知某文"的意思,引出做人第一重要的是孝顺父母和兄弟友爱,通过讨论交流,得出感恩的主题。

(2)回忆成长中的温暖,懂得感恩

1)感受温暖,说一说温暖给我们什么感觉。采用实验:有两杯水,哪一杯你觉得温暖?温暖给予我们什么感觉?其他的同学也说一说你心中的温暖。

2)听感恩故事《一杯牛奶》,讨论交流其中蕴含了怎样的道理。总结:生活中就有温暖，遇事时心态阳光，学会感恩。

3）选身边事，抒心中情。提问：身边谁给过你温暖的感觉，你想对他说点什么？做点什么？

学生交流自己故事，懂得感恩。最让人感动的一个片段是，图4-9（a）中紧紧相拥的两个同学因为学会了感恩而成了好朋友。

男同学：平时的我经常喜欢和我的同桌恶作剧，觉得欺负她是一件很开心的事情，昨天我把她最心爱的钢笔弄坏了，她哭着说不再和我做同桌。我一开始满不在乎，反正我也不想和她一起坐了。下午放学回到家，我准备做作业，可是把书包翻个底朝天也没找到我95分的试卷，这可是我要拿回家改错并且向爸爸邀功的试卷，我又气又恼，想来想去就觉得是我同桌故意把试卷藏起来了。我正在气急败坏地向妈妈告状，这个时候妈妈的电话响起，电话那头传来同桌的声音："阿姨，实在对不起，今天我不小心把他的试卷带回来了，现在我就送过来，您家住哪儿？"当时的我只有一个想法，我以后不再欺负她了。现在的我要向她当面道歉，感谢她的大度，以后我不再恶作剧。（面对女同学说）你还愿意和我做同桌吗？

（女同学点点头，两个学生眉开眼笑地拥抱在了一起。）

4）听了这么多的故事，你觉得我们的集体是什么样的？今后该怎么做？让学生学会如何关爱同学、父母和身边其他人。

（3）用行动表达你的感恩之情

活动：给同学一个拥抱[图4-9（b）]，还有哪些行动可以是表达我们的感恩之情呢？努力学习，尊敬长辈，珍惜他人劳动成果，主动帮助别人，遇到困难主动找人帮忙……

（4）总结

通过这次的队会，同学们感受到身边存在的温暖，知道了做人要学会关爱他人，感恩他人，要做一个心态阳光、有责任心的小主人。

（a）　　　　　　　　　　　　　　　（b）

图 4-9　活动现场

6. 教学反思

此次队会的目的是让同学们正确理解感恩的含义，怀着一颗感恩的心去看待社会，孝敬父母，尊敬老师，关心同学，进而成为一个心态阳光、有责任心的人。活动结束后，看到学生发自肺腑的文章，听到他们饱含深情地表达对父母、老师、同学的感激之情时，尤其当学生对自己平时不恰当的行为自省，能拥抱不愉快的事情，真正在改变时，老师为学生能有所收获、有所改变而感到开心。

在讲故事的过程中，大部分学生都从感谢自己的父母、老师、同学开始，理解感恩。此时，教师引导学生意识到，许多默默为我们奉献的人也需要我们感恩，并表达我们的感恩之情。同学们懂得关爱他人也不一定就是要做出什么惊天动地的大事，为爸爸妈妈倒一杯茶、洗一次脚也是对父母的感恩；见了老师行礼问好，也是对老师的感恩；随手捡起楼道里的垃圾，也是对清洁工的感恩。

本次队会结束后，"谢谢""没关系"这样的语言成为班级里最常听见的词语，同学之间流行的小游戏"抱一抱"也成了化解矛盾的"小法宝"。从家校交流的反馈上看出，同学们回家后对待家庭成员的态度有了很大的转变，自己做事也变得更加主动。

不足之处是在活动前可以收集学生对父母基本资料的了解情况，通过数据对比让学生更加清楚在过去的行为中哪些是做得不够好的地方。在活动时，教师可以把讲故事的环节变成学生的真实案例，让同班学生寻找自己温暖瞬间和需要改进的不足。

我国一直以来都大力倡导孝亲感恩。人是社会性的存在，每个人都曾受惠于他人。学会孝亲感恩可以瑞泽生命，孝亲感恩就是爱与责任的教育。而感恩不仅仅在于班会时同学们讲的点点滴滴，感恩是一种形式，更是一种积极的人生态度。感恩教育主题班会虽然结束了，但是感恩教育并没有结束，今后学生把感恩内化更为重要。因此，在设计中学校应该加入一个小目标完成跟踪调查，每周纪录一件"我学会感恩"的小行动，加强学生的行动力。

（三）综合实践活动之教学案例："消防小卫士"（何颖婷）

1. 教学内容

学生在云南省青少年消防科普教育基地中参加消防安全、模拟地震、急救演练、防爆反恐等实践学习。

2. 教学目标

（1）知识目标

学生能探索安全知识，在体验式活动、小组讨论中，勤于观察，保持好奇心，主动发现问题，动手操作的同时巩固对消防安全知识的掌握，提高危机意识，并能做出独立判断。

（2）能力目标

学生能学会遇到火灾、地震、爆炸、暴恐事件等自然及人为灾难时的应对方式，并能相信和依靠同伴，分工协作，完成自救。

（3）情感目标

学生能养成有勇气并积极面对挫折的情感态度，能强化安全意识，珍爱自己的生命，平等对待一切生命，养成有爱心、负责任、有毅力的品质。

3. 教学对象

教学对象为各校区五年级、六年级学生。

4. 学情分析

五、六年级的学生有较强的纪律意识，能体会安全演练的重要性，但缺乏操作消防器材、接触消防设施的实践机会。学生能在一定的理论知识的学习中思考，在研学的过程中，转换为行动力。学校开展争当消防小卫士的实践活动，以帮助学生增强日常安全意识，保护自身生命安全。

5. 教学流程

[活动日程安排]

08：20 学校集合。

08：30—09：30 乘大巴车前往云南省青少年消防科普教育基地。

09：30—09：50 开营仪式，团队分组（以班级为单位分组）、课前引入。

10：00—11：50 活动过程。

[活动一] 实战灭火

学生分批次进入四大主题项目分别参观和体验消防安全培训（图4-10）：在电教馆观看消防影视片、了解重大火灾起火原因；模拟突发火灾时，如何紧急疏散；模拟火灾时的各项逃生技巧以及实战灭火。

[活动二] 模拟地震

学习地震原因、模拟地震体验、地震疏散、逃生演练（图4-11）。

[活动三] 紧急救护

学习现场紧急救护技巧、挑选学生代表模拟心肺复苏过程、伤口包扎演练三个项目。尝试以参与、探索、动手实践、过程记录的方式去探寻消防的秘密。

12：00—13：00 午餐（图4-12）。

13：00—13：30 午休。

[活动四] 反恐演练

在会议室学习反恐知识，并接受反恐演习演练（图4-13，图4-14）。

14：40—15：50 课后分享，形成研学成果，由各班的导师和工作人员集合学生在场地不同区域分别做课后分享；引导学生将课中实践记录下来的内容进行自我反思和结果探索；结合课前自检的知识点，对消防主题有更新、更深的认识；最后引导学生展开讨论，如何将本次研学所得运用于生活。

15：50—16：20 集合并合影（图4-15）。

（a）　　　　　　　　　　　　　（b）

图 4-10　实战灭火

图 4-11　模拟地震体验

图 4-12　愉快午餐

图 4-13　反恐知识学习

图 4-14　反恐演习演练

图 4-15　合影留念

16：30 乘车返校。

17：00 学生抵达学校，活动结束。

6. 教学反思

（1）教学前

1）为保证活动的顺利开展，研学基地准备了消防影视片、《消防小卫士》宣传册、灭火器、消防标识、急救包等教学用具。

2）学校教师带队前往，在出行过程中确保学生的安全。

（2）教学中

1）在活动中，老师们看到了学生玩游戏时的团结合作和完成演练时的紧张严肃，同学们有较好的竞争意识、集体意识，相互合作，一起参加组间竞争，形成了良好的团队意识。

2）学生全力以赴地完成训练，不怕吃苦、不怕困难地进行练习。教师和导师创设的情景，实现了培养学生有毅力的预期目标。

（3）教学后

1）活动结束后，研学基地给同学们颁发证书，肯定了大家在活动中的表现。同学们也纷纷表示要珍惜当下安全幸福的生活，要珍惜生命，做一个能感受幸福和快乐的人。

2）本次活动受到了师生的欢迎，学生能在校外了解消防知识，并实际操作相关消防器材，这样体验式的学习方式受到学生们的期待和欢迎。当然，本次活动也存在一些不足，比如，课程强度大，活动期间天气炎热，个别学生出现轻微中暑现象，以及部分学生感觉太累的情况。同时，本次活动以消防为主题，一次性参与人数多，场地比较拥挤，原计划设置多个课程，后因时间、场地因素取消。

经过和研学基地导师的协调，我们提出相关改进措施：结合学生的年龄层次及特点开发不同主题的课程，并力争做到教学场地多样化、特色化，以弥补此次活动出现的不足。

（四）综合实践活动之课程案例："种植园"（刘晓书）

1. 课程性质

"种植园"是附小樱花语校区依据校区独特的自然优势开发的一门基础课程，且属于基础课程中的综合实践活动课程。课程以培养学生综合素质为目的，把语文课、品德与社会等课程中关于劳动教育的知识运用于实践，通过日常的、持续性的活动提高学生动手能力，促进学生形成热爱劳动、主动担责、有付出才能获得回报的思想，从小养成勤俭节约的习惯。这些好习惯和优秀品质都将为学生成为自食其力的人奠定良好的基础。

附小樱花语校区成立于 2012 年 9 月。校区坐落于美丽的滇池之滨，总占地面积 20 000 平方米，拥有得天独厚的自然环境。在学校"良习修美德 好好做个人"办学理念的指导下，校区充分利用"小蜜蜂农场"这一种植园，为学生提供生活实践的空间，创造性地指导学生进行园艺、厨艺实践活动，帮助他们树立自信心，学会与人沟通、交流，培养团队合作意识。在这里，学生和老师一起体验了"一分耕耘一分收获"的快乐；在这里，柴米油盐已不再是大人们的专利，学生用自己的巧手学会了大本领。

2. 课程对象

课程对象为附小樱花语校区一至五年级学生。

3. 学情分析

当美德成为一种习惯性的行为和品质时，学生进入社会才能具有扎实的品德基础。学校一直坚持"良习修美德"这一办学理念，通过长期的习惯养成教育来培养学生做人所需要的品质和德行。附小学生中不少人家境优越，父辈往往能为其提供良好的成长条件，甚至就业机会。因此让学生明白做一个对社会有贡献的人，基本前提是不依靠父母而自食其力，就具有非常重要的现实意义。在这样的现实背景下，学校的"种植园"课程更凸显了其必要性与重要性。"种植园"给学生提供了一个学习基本生活技能，亲身实践、品味种植艰辛与快乐的机会。

4. 课程目标

本课程与学校做人教育的"有爱心""负责任""能合作""有毅力"等核心

素养发展目标相结合，具体设定如下。

有爱心——以学校自然环境为依托，通过动手实践、亲身体验的方式，营造"爱自然""爱生命"的育人环境，使校园的一草一木、一砖一墙都能教会学生有爱心，平等对待一切生命。

负责任——创建种植、厨艺综合实践基地，提高学生的生存能力和生活能力，培养其主动参与劳动的意识，在体会劳动乐趣的同时，学会分享与担当，努力成为有自食其力和服务社会意识的人。

能合作——在种植和烹饪美食的过程中，实践小组的成员之间共同制定任务目标和计划，相信和依靠同伴，分工协作、善于沟通，齐心协力达成目标。

有毅力——从播种到收获，从春始到秋收，从确立目标到实现目标，都需要持之以恒的毅力，以此教会学生要坚持不懈地做好一件事，必须目标专一，而且在追求目标的过程中要有定力，不被干扰，持续付出，有勇气去面对挫折。

5. 课程内容

附小樱花语校区自 2012 年成立，便围绕学校"良习修美德 好好做个人"这一德育理念（后提升为办学理念）继续进行课程改革，创造性地将"立德树人"的课程研究向官渡区延伸推广。依托樱花语校区校园面积大的优势，特别开发了"小蜜蜂农场"和"快乐小厨房"等综合实践基地，让学生在快乐中学习，在实践中成长。

6. 课时安排

知识与方法传授 2 课时，种植过程 12 课时，收获及加工 2～3 课时，共计 16～17 课时；分别从每年的 9 月和 3 月播种，到每学期末收获，前后共持续 8 个月时间。

7. 课程资源

（1）校外课程资源

各班级邀请部分有种植技术与经验的家长进班、进年级开展科普知识及种植技术专题讲座，并担任校外指导员。

（2）校内课程资源

1）校园西侧有近 60 小块"小蜜蜂农场"，由校区各班级的田园兴趣小组分别负责其中的 2 小块进行种植实践活动（图 4-16）。

2）学校专业种植指导员及相关负责教师为学生提供指导和帮助。

8. 课程实施

（1）教与学的方式

教师及家长校外辅导员用课堂讲授的方式介绍各种蔬菜种植的相关知识，用现场实际操作等方式进行指导；学生用自主、合作的方式进行学习与实践活动。

（2）基本流程

"种植园"课程是一门实践性与操作性极强的课程，时间跨度大，大致划分为六个主要阶段：了解和学习种植知识及方法—翻土整地和施肥—播种—管理—收获和加工制作—展示评价。

（3）学习评价

1）评价标准。学生是否能将所学知识进行运用；种植过程中是否善于观察，善于与组员合作；管理过程是否能持续；能否坚持记录。

图 4-16 "小蜜蜂农场"

2）评价方式。进行植物种植评比和观察日记评比。

3）评价人员。评价人员包括教师、校外辅导员、家长及种植小组成员。

4）评价等级。按照"种植园"课程评价标准获得优秀等级的学生，被授予"种植能手"称号并颁发证书；根据学生在种植过程中的突出表现，为其颁发"毅力王""观察家"证书。

9. 活动纪实

"昼出耘田夜绩麻，村庄儿女各当家。童孙未解供耕织，也傍桑阴学种瓜。"每一个清晨，伴随着孩子们琅琅的读书声，大家喜爱的"小蜜蜂农场"也呈现出勃勃的生机。"小蜜蜂农场"位于校园西侧，布局合理，景色优美。农场被合理规划为近60小块，状如蜜蜂巢，由校区各班级的田园兴趣小组分别负责其中的两小块。这些幸运的孩子不再只是在古诗词中寻找"耕种"的乐趣，而是亲自在学校自己的"农场"里播种、培土、浇水、施肥，直至收获。每次种植活动前，老师都会通过田园种植课进行细致指导：认识苦菜、白菜、茄子、番茄、辣椒、萝卜等蔬菜不同的种植技巧及管理、照料方法。学生在主动获取、选择处理信息的过程中，培养了自己收集资料、分析、交流等研究问题的能力。

每年9月份开学以后，同学们便在老师带领和指导下，在菜园里陆续种下白菜、萝卜和莲花白。经过2～3个月的精心照料，期末未至，绿油油的大白菜、圆鼓鼓的莲花白和胖乎乎的白萝卜便可收获了。春季学期，大家抓紧大好时节，在明媚的春光中育苗撒种，茄子、辣椒、苤蓝……当茄子披上紫袍，辣椒穿上绿衣，苤蓝笑裂了嘴……孩子们就开始喜盈盈地收获自己的劳动成果（图4-17）。

师生将收获的蔬菜在厨艺课上加工成一道道美妙可口的佳肴。"快乐小厨房"里每天都飘荡着孩子们的欢声笑语和阵阵诱人的香味，平时在三尺讲台上传道授业解惑的老师们也纷纷变身为"厨娘""厨男"，带领孩子们将自己的劳动成果进行加工，并精心设计一次次别开生面的厨艺活动，水煮大白菜、排骨炖萝卜、凉拌洋芋丝、素炒莲花白、番茄炒鸡蛋，等等。拣、洗、切、炒、煮、凉拌……孩子们在小厨房里操刀上阵，勤学各种生活技能，分享自己的劳动果实，既学了本领，也多了一份担当；既品赏了美食，也学会了合作；既享受了成功的喜悦，也拥有了一份将来服务社会的责任（图4-18）。

图 4-17 丰收的小农场

10. 课程评价

（1）成效与经验

学校的"种植园"课程最大限度地解放了学生，让他们有了一个展现自我、体验成功、得到肯定的机会，因此得到了广大学生、家长的欢迎与认可。看着自己精心种植的蔬菜茁壮成长，学生的心中充满了自豪感，也由此培养了他们热爱大自然的情感，培养了他们的爱心和责任感。这一切都对健全学生的人格起到极大的促进作用。

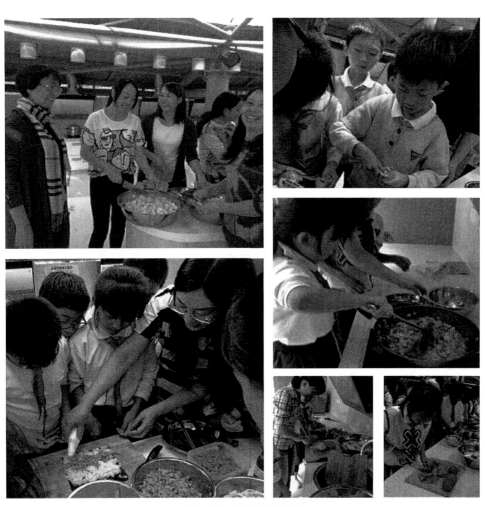

图4-18　厨艺活动现场

学生对课程的评价：

　　我酷爱田园种植，是班级蔬菜园艺兴趣小组的一员。对于我这个蔬菜培植的"发烧友"来说，学校的田园实践活动可是我的最爱喔！在"园艺老师"的指导下，我不仅知道了一些蔬菜的名称、生长特点，还懂得了"翻土—整地—施肥—播种—管理"等种植环节，并学习了怎样栽种它们。在实践活动中，我真切体会到了农民伯伯劳动的艰辛，知道了要珍惜别人的劳动成果，同时也要分享自己的劳动成果。"一份耕耘一份收获",在一次次种植实践活动中,我深深体验到了劳动带来的愉悦和收获时的快乐,我爱我们的"小蜜蜂农场"!

——附小樱花语校区 2012 级(4)班罗同学

家长对课程的评价:

把孩子送到附小,我们非常放心,也非常自豪。我的孩子在学校学到的不仅仅是知识与技能,更重要的是养成了良好的生活、学习习惯,学到了许多优秀的品质。学校的"种植园"课程让孩子了解到许多植物的知识,这让孩子的思维开拓了。更让我们开心的是,他以前一回家就是看电视、玩电脑,现在回家后就给他的花浇水、松土。作为家长,我们非常感谢学校能为我们的孩子提供这么好的实践课程,为他们的未来打下坚实的基础。听着孩子发出快乐的笑声,看着孩子滴下辛勤的汗水,我真的很感动。

——附小樱花语校区 2012 级刘同学家长

老师对课程的评价:

来到学校的樱花语校区,我接触到了别样的课程。在指导"田园实践活动"和担任"厨艺课"教学的同时,我在教,也在学,我在教中学,也在学中教。对于生活在城市的我来说,"田园"和"厨艺"都是全新的领域,更是全新的挑战。"爱自然,勇担当,会合作"是我在这一系列"立德树人"的课程中传授给孩子们的优良品质,我在用"爱与责任"育人,也在努力让孩子们成为受人尊敬与欢迎,对社会有贡献的,拥有"爱与责任"的好人。孩子们今天在学校种植园里学到不仅仅是一种技能,更是一种品质,而这一切,必将在未来陪伴他们,影响他们……

——附小樱花语校区刘老师

(2)问题及改进

"种植园"因为是新开设的课程,所以还存在一些问题和不足:①课程体系的评价方法还不够规范和完善;②个别教师和家长对课程的重视程度不够。针对以上问题，我们计划作以下改进：进一步规范和完善"种植园"课程的评价方法；积极引导教师及家长树立正确的育人观和成才观，从唯分数论的藩篱中解脱出来。

第二节 "做人教育"拓展课程案例

本节为"做人教育"的拓展课程案例，主要呈现附小以基础课程为核心、为满足特定学生群体的兴趣和需求而横向拓展课程的一些做法。开设这些课程的目的，是为更好地以做人品质为中心来发展学生的核心素养，使学生的知识结构得以拓展和完善，潜能得以激发和培育，核心素养得以提升。本节共收录了8个案例，分别属于4个学习领域，依次为"语言与交流"领域的经典诵读课程案例"经典悦读，悦心悦行"、毕业季社团课程案例"我爱国学"；"艺术与审美"领域的葫芦丝乐团课程案例"荷塘月色"、合唱表演社团课程案例"原生态歌舞"；"生命与健康"领域的"社会情感学习"教学案例"交朋友"、校园体育课程案例"花式篮球"；"社会与实践"领域的班级文化课程案例"放飞梦想，阳光成长"、"国旗下的演讲"、教学案例"一颗钉子"。其中，"社会情感学习"、"交朋友"和"国旗下的演讲"、"一颗钉子"为教学案例，其余6个为课程案例。

一、语言与交流领域

（一）经典诵读课程案例："经典悦读，悦心悦行"（潘莹）

1. 课程性质

"经典诵读"是学校自主开发的一门拓展课程，其目的是培养学生的语文素养，并通过经典中所体现的优秀品质对学生进行做人品质教育，增强学生的民族自豪感和文化自信心。在学校开展经典诵读活动的基础上，我班继续深入开展了"诵读经典作品，学习经典作品"主题活动。

"循序渐进诵读经典和了解经典"是本课程的主要特点。在教学中，不同年级选择不同的诵读内容，内容从易到难，从少到多，循序渐进。如对于二、三年级学生，从文本引申，读古诗、古代民歌、《弟子规》等，重在培养学生对经典作品的亲切感，注重作品的简单有趣。四年级学生处于中段，稍有提升，除了古诗、《论语》，开始引入浅显的文言文。五、六年级学生，可加入古词，加大文言文比例，加入现当代经典诗歌作品，以提升学生对经典作品的感受力为重点，要求学生能理解作品大意，体会意境及情感，感悟经典作品中折射出的人性光辉。在这循序渐进的过程中，让学生逐渐领悟到中华传统文化的博大精深。

"做受人尊敬和欢迎、对社会有贡献且自己能感受幸福和快乐的人"是附小的育人目标，而"有爱心、负责任、善思考、能合作、有毅力和心态阳光"是实现这个目标所应具备的六种品质。对经典的学习，可以作为对学生进行这六种品质教育的一个重要活动，让中华优秀传统文化成为建构孩子们人生信念的重要精神资源，也成为孩子们进行文化与审美积淀的最佳途径。

2. 课程对象

课程对象为五年级学生。

3. 学情分析

小学阶段的孩子有超强的记忆力，属于"记忆的黄金期"，接受的很多信息将终生留在大脑中，经典阅读尤其如此。

五年级的孩子刚进入青春期，浮躁、困惑、叛逆将对他们的学习和生活造成干扰，不利于健康人格和阳光心态的形成。

"421"式（即四个老人、一对独生子女夫妻、一个第二代独生子女）的教育环境让有的孩子身上或多或少地带有"责任心欠缺""意志力薄弱""不讲信用"等毛病。

受社会各种环境的影响，不少学生盲目地追随外国文化，对我们自己的民族文化积累与熏陶不足。

阅读与写作是学生整个语文学习中的重点，但孩子们阅读量不够，归纳能力欠缺，观察力缺乏引导等，导致这两大块内容的学习成为难点。

4. 课程目标

本课程的目标涉及两类标准的融合。一类是国家课程标准，具体又有两个方面：①教育部颁发的《完善中华优秀传统文化教育指导纲要》相关表述，即加强中华优秀传统文化教育，不仅具有重要性，更有紧迫性。青少年学生是祖国的未来，民族的希望，加强对青少年学生的中华优秀传统文化教育，既给学生以文化滋养，又引导他们增强民族文化自信和价值观自信。②《全日制义务教育语文课程标准》总体目标的相关表述为，要让中小学生认识到中华文化的丰厚博大，要汲取民族文化智慧，关心当代文化生活，吸收人类优秀文化的营养，提高文化品位。能初步鉴赏文学作品，能借助工具书阅读浅易文言文，背诵优秀诗文。

另一类是学校做人教育目标，即将学生做人品质中的六种品质融入课程目标。具体体现的品质为"有爱心"中的珍爱自己、有同情心、尊重他人、爱家乡、爱祖国；"负责任"中的关心体贴家长、分享担当、信守承诺、文明言行；"善思考"中的勤观察、主动发现问题、有效记忆、大胆想象；"能合作"中的遵守规则分工协作；"有毅力"中的追求优秀、有自制力、不懈努力、有勇气面对挫折；"心态阳光"中的有自信心、态度积极、悦纳和宽容、感恩、欣赏和感受美。

将上述两类目标融合，本课程具体目标设定如下。

1）通过各种形式的诵读活动，帮助学生提高对经典作品的有效记忆能力、理解能力和迁移能力。

2）通过对经典的专心诵读，引导学生树立"静"和"安定"的学习态度，让学生慢慢安静下来，不断提升其专注力，使其逐渐形成专心阅读的学习习惯和意志力。

3）通过诵读过程中的名家经典欣赏，让学生和圣贤"对话"，汲取大家智慧，领悟语言的曼妙，感悟文章的意境，开拓自己的视野和眼界，从而提升对经典作品思想和语言之美的感受能力和欣赏能力，让生命成长更有价值和意义。

4）通过经典的学习，帮助学生了解中国的璀璨文化，增强其对祖国文化的自信心、自豪感和传承责任。

5. 课程内容

（1）课程概述

主要是介绍课程开设的目的、意义及要求等。

（2）诵读作品的选择范围

只要是能传递优秀传统文化中的美好精神和品质的作品，文字或质朴或优美的作品,能对孩子进行六种做人品质教育的作品,都是经典诵读的对象。具体选择范围分三种:第一种是课外延伸,如学了《小池》,延伸学习周敦颐的《爱莲说》;学了《寻隐者不遇》,延伸了解"隐士文化",学习陶渊明的《桃花源记》。第二种是按时代及代表人物学习,如最早的诗歌总集《诗经》中的《蒹葭》《桃夭》等、战国时屈原的《离骚》(节选)、唐代李白的《将进酒》、杜甫的《茅屋为秋风所破歌》等。第三种是结合现实、环境学习。例如,下雨了,学一首戴望舒的《雨巷》;春天到了,学一篇朱自清的《春》;余光中先生去世了,学学他的《乡愁》等。

(3)诵读能力指导

以一篇经典为例先介绍经典主要内容和作者生平,然后采用听录音、看视频、听老师诵读等方法,让学生领略经典诵读的魅力。最后介绍各种诵读方式方法来诵读这一作品,以此提高学生对诵读基本方法和技巧的了解力以及把握度,为后面的诵读活动打好基础。

(4)诵读活动的开展和体验

教师先介绍经典大意、背景、表现情感等内容,有时辅以一个相关小故事来加深学生的理解和感悟;然后对经典进行各种形式的诵读训练,让学生体验诵读的乐趣。

(5)展示与交流课程学习成果

定期组织班级经典诵读比赛,让学生自由发挥,可独自也可以和同学合作;可单纯地诵读也可排成小品,只要体现诵读的意义即可。

6. 课时安排

每周三、五早上 8:00—8:30 的晨读时间,一周 2 课时,一学期 30 课时。

7. 课程资源

(1)校内资源

1)校本教材《弟子规》《论语》;课程读物《古诗 75+80 首》;班级自编教材《经典悦读》。

2)来自国学社团的老师的指导。

3)多媒体课件和音乐。

（2）校外资源

1）邀请非物质文化遗产的传承人到班级，指导经典诵读活动。

2）邀请家长参与孩子的诵读活动，到班上欣赏诵读活动。并让家长在家督促学生学习。

8. 课程实施

（1）教师教法

1）示范：读给学生听。

2）讲解：对于经典的出处、背景、大意，作者的生平、特点、思想等方面进行相关介绍。

3）倾听：听学生读，进行音韵节奏的指导。

4）组织：分阶段组织诵读活动展示。

（2）学生学法

1）听赏：先听多媒体或老师的范读，形成初步认识。

2）模仿：跟老师读，做到节奏准确，字正腔圆。

3）自主学习：自己诵读文本，进行自我感知。

4）合作学习：几个人一起按自己喜欢的方式进行诵读训练——悦读。

5）自我展示：对作品进行自主诵读或表演——美读。

（3）学习评价

1）评价方式。一个月一次，组织班级"经典诵读"赛。主要采用朗读和背诵两种方式，学生根据自己的实际情况，决定选用哪种方式进行评价。在形式上，学生可自由发挥，可独自诵读，或和同学合作；可单纯地诵读，也可以排成小品。

根据学生选用的比赛方式，结合比赛过程中的表现进行打分。"比赛方式"加上"比赛表现"的总分就是最后的诵读成绩。

2）评价人员。由班级语文老师和6名家长组成。

3）评价等级。评价分三个等级：第一等级，能流畅有感情地大声背诵，做到抑扬顿挫，颁发"最佳诵读之星"奖状；第二等级，能流畅地大声背诵，颁发"优秀诵读之星"奖状；第三等级，能流利有感情地大声朗读，颁发"未来诵读之星"奖状。

9. 课堂实录

下面是《论语》中有关责任与诚信内容的诵读指导。

师：孩子们，快期末了，老师感觉大家各方面有些懈怠了，说说自己的问题吧！

师：是啊，有时候，我们都会找个理由给自己放松，这很正常。可是，放松之后，该怎么做呢？

师：看得出，你们是一群敢担当、有责任感的孩子，老师为你们高兴。今天，我们就先学习《论语》中有关责任与诚信的句子，希望对你们的成长有启发，有帮助。

学生（听录音范读）：子曰：君子不重则不威，学则不固。主忠信。无友不如己者。过，则勿惮改。

（老师带读。）

（老师简介句子的意思，强调，要把忠实与诚信作为自己的主要目标，犯错也不可怕，要学会知错就改，这也是一种诚信和敢担当。）

（学生谈谈自己的体会和感受。）

（学生读，老师指正。）

师：刚才我们初步调整了一下状态，看得出，同学们都很好学，那老师再送给大家几句孔夫子的学习名言好吗？

（继续播放录音。）

子曰："学而时习之，不亦乐乎？"子曰："温故而知新，可以为师矣。"

子曰："学而不思则罔，思而不学则殆。"子曰："由，诲女知之乎？知之为知之，不知为不知，是知也。"

（老师带读。）

（老师简述意思，强调学习态度的关键性、学习习惯的重要性以及学习方法的必要性。）

（学生读熟。）

（课后作业：自己读3遍。一周内背熟。）

10. 课程评价

（1）成效与经验

1）学生评价。很多学生乐在经典诵读活动中，在思想水平、学习习惯、欣赏能力等方面有了提高。

　　自从读了这些优美的诗句，我便十分佩服这些伟大的诗人。他们把这么丰富的情感，用优美的文字表达出来，使我受益匪浅，有时我也会有感而发地背出几句诗，读经典让我知道中国语言文字的博大精深，对我的语文水平提高有很大帮助"。

——简同学

　　学习古文后，我不仅能品味古文的优美意境，还增强了对古文的鉴赏能力，同时学习古文还能陶冶情操，激发了我的爱国热情。

——杨同学

2）家长评价。家长不仅支持，而且会关注孩子具体的进步。

　　孩子读经典后，这些耳濡目染深邃的思想和隽永的文辞，在孩子们稚嫩的心灵种下文学的梦想和文学的种子。所以，班上的小作家们可是不少哦。

——顾同学的家长

　　"业精于勤荒于嬉，行成于思毁于随。"我觉得孩子们多读一些古文和古诗，对孩子的帮助是很大的。

——陈同学的妈妈

　　这个活动非常好！让我们有机会去学习中华优秀传统文化，从中学到了做人的代理和处事的准则，践行了附小的校训：良习修美德好好做个人。

——郭同学的妈妈

3）教师评价。

　　作为一名语文老师，我希望用常年坚持的诵读活动来辅助学生提升语文素养，其显性进步是，让学生有积累扎实的语文功底，提高语文成绩。同时，希望能在学生脑海中勾画出中国诗词文赋发展的主线，为学生将来学习语文打一个基础。隐性收益是，加强了学生的人文培养，让他们拥有终身受益的品质、能力和习惯，让学生今后成为"有爱心、负责任、善思考、能合作、有毅力且阳光心态"的人。"经典诵读"课程已经进行了4年，我感觉同学们很喜欢这个活动，背诵能力明显提高。尤其是通过《论语》中关于责任心、学习态度、习惯和方法的学习，在整个期末复习过程中，学生的学习积极性明显提高，努力的人多了起来。所以说，经典真是能打动人心。

几年下来，我发现学生有了很多的积淀，有的学生写景物描写时，会用上"这一池的荷花亭亭净植，可远观而不可亵玩焉"；有的同学纠结于是去玩还是上兴趣班时，会说"学与玩不可得兼，舍玩而取学习者也"；有的同学能在饭店里，把墙上王羲之的《兰亭集序》完整地读下来，引得大家赞不绝口，家长骄傲，孩子自信心爆棚……

综上所述，"经典诵读"活动对孩子们的成长是很有益处的。所以，我们会继续把此活动开展下去，真正让经典诵读"悦心悦行"。

（2）问题及改进

一是作为指导老师，怎样在规定时间内让活动效率更高，是我们仍需努力与创新的方向。二是评价方式过于单一。活动评价是为了促进学生的学习，改善老师的教学，教师应继续发掘评价的检查、反馈、激励功能，善于运用多种评价方式，以形成性评价关注学生的学习过程，及时改进教与学的活动；以终结性评价关注学习成果，对活动做出总结性的结论。教师还要重视评价主体的多元与互动。只有教师的评价、学生自我的评价以及学生之间的互评有机结合，才会让评价成为尊重与理解前提下的有效评价。

（二）毕业季社团课程案例："我爱国学"（赵丽娅）

1.课程性质

"最美毕业季"是我校为毕业班同学提供的拓展类课程，主要以社团活动为载体，对小学六年学习的知识、素质和能力积累进行集中展示。"我爱国学"社团即为其中的一个子单元。

在今天这样一个全球化时代，复兴中国传统文化是中华民族伟大复兴极其重要的一环。没有强大的、富有民族特色的文化软实力，未来的中国是难以屹立于世界先进民族之林的——弘扬传承国学文化的重大意义就在于此。"我爱国学"社团以提升学生国学素养、树立文化自信、浸润家国情怀并展示学生综合能力为目的，是国家语文课基础上拓展出来的一门校本课程。在社团活动的框架中，这门课程集教师教学、学生研讨、知识积累、节目创作为一体，让每一个自愿选择加入社团的孩子更多、更全面地接触国学、认识国学、爱上国学。课程不仅以唤起学生的文化自觉、树立文化自信为目的，而且与附小做人教育中"有爱心""负责任""能合作""有毅力"等核心素养发展目标有机结合，很好地体现了学校的做人教育要求。最终，我们将学生学习课程所得巧妙融入一个舞台节目中，依托每年五月的"最美毕业季"在展示活动，全方位呈现附小学生的国学素养及其他综合素质。

2. 课程对象

课程对象为六年级学生。

3. 学情分析

六年级学生整体上处于少年向青年的过渡期，拥有非常丰富的内心世界，有自己独立的价值判断且在学习领悟能力、知识技能用水平上处于小学阶段的顶峰，因此很多人自发地对国学产生了浓厚的兴趣。学生通过自己的阅读，发现国学不仅能帮助他们理解并处理好自己与家庭、集体、社会的关系，而且还可以引导他们进行全面而正确的自我认知。但是，单纯的自读、自悟已经满足不了他们的内心需要，有老师点拨、有同伴分享的"我爱国学"社团，就成了他们的好去处。

4. 课程目标

作为附小的校本拓展课程，我们将综合实践活动的一般特点与附小做人教育中"有爱心""负责任""能合作""有毅力"等核心素养发展目标相结合，具体设定如下。

1）让孩子更多、更全面地接触国学、了解国学，自然地产生起对国学的热爱，成为一个有文化自豪感的中国人。

2）在国学文化和爱国情感的浸润下，立志成为一个对国家、民族、社会以及家庭有爱、有责任感和义务感的人。

3）增强学生的合作精神和合作能力。通过克服课程实施过程中的困难，培养其锲而不舍、坚持不懈的毅力。

5. 课程内容

"我爱国学"社团课程概述，主要是介绍课程开设的目的、意义、要求、课程学习成果展现形式等；在学生自行搜集和查阅资料的基础上，了解究竟何为"国学"；在遵循学生认知规律的基础上，激趣当先、循序渐进，学科、生活多方位助力，逐渐明确自己对国学的"认识"。

以社团课程为中心，辐射方方面面，让学生尽可能多地识国学、学国学、用国学。

六年级下学期时，学校确定该社团课程学习成果展示的方式，最大限度地运用课程内所教所学，展现社团学生的综合素质。

6. 课时安排

从9月到次年5月毕业季展演，共计约50个课时。其中，概述2学时，分专题学习30学时，商议确定节目形式4学时，排练节目12学时，总结所得2学时。

7. 课程资源

1）文本资源——辉煌灿烂的历史文化、国学经典。

2）教师资源——校外，有经验丰富、颇具声望的校外辅导员；校内，有认真负责、善于学习和创新的教师团队。

8. 课程实施

明确概念，了解国学范畴，从广义的中国古代文化及学术多角度、全方位切入，最终聚焦"国家之文学"。

循序渐进，激发学习兴趣，将国学课程与课外阅读、语文学科有机结合，扎实理解、深刻感受并尝试运用课程所学，实现国学与学生学习生活的融会贯通。

一年一度，确定展现形式，基于"最美毕业季"展示活动的具体寄望和需要，集中"火力"突破专题,在社团成果逐渐丰满成熟的同时,进一步实现课程教学与学校核心素养发展目标的结合。

9.课堂实录

(1)起步——何为"国学"

来到国学社里学习的孩子,都对诗词有着浓厚的兴趣,唐诗宋词信手拈来。但是,国学到底指什么呢?这是第一堂课上我们要解决的核心问题。

夏同学快人快语,他说:"国学就是指唐诗宋词!也包括我们小时候背的《弟子规》《三字经》!"话音才落,做事一向细密认真的杨同学便手拿资料站了起来:"不然不然,广义上中国古代的文化和学术,包括历史、哲学、地理、政治、经济乃至书画、音乐、医学、星相、建筑等都是国学所涉及的范畴。""哇⋯⋯!"同学们一方面折服于她的用心预习,另一方面更为国学范围之广泛、内涵之丰富、影响之深远而惊叹。一向沉默寡语的范同学缓缓举起了手:"老师,我查到的资料显示,广义的国学确实可以泛指中国古代学说,它们慢慢发展融合为中国的传统文化。但是也有学者认为,国学的定义应该是指国家的文学,这才是国学之根本。"是的,国学广博无边,作为能力不足、时间有限的六年级学生,只能在大致了解的基础上,有选择地进行学习。基于这样的想法,我们确定了国学社学习的基调——以"国家之文学"为主要学习、研究对象,感受祖国传统文化之美。

至此,这群热爱诗词的孩子明白了,在未来一年的学习里,除去诗词之外,还有诸多的"国家之文学"等待他们去阅读和研究。同时,他们还要将课程学习所得,综合于一个舞台节目来展示——孩子们这才发觉"有意思"和"不简单"。

(2)夯实——循序渐进,激趣当先,语文助力,事半功倍

诗经楚辞、史记汉赋、唐诗宋词、明清小说⋯⋯作为国学经典,蕴含着中华民族的文化命脉,存续着整个中华民族的文化基因。六年级"毕业季"国学社的教学怎样才能做到难度适宜、行之有效呢?我和搭档戴老师一致认为,必须考虑学生的心理、年龄、认知特点,以"趣"为先,搭建系统有效的学习体系。

附小中高年级一直在学习《论语》,因此,我们开课伊始便以"温故而知新"导入。重读已经熟背的《论语》,看看有没有新发现?一大拨勤于思考、善于发现的同学立刻涌现出来——赵同学提出,《弟子规》里"无心非"和"有心非"是有着明确区分的,所以成年人在面对小孩犯下的"错误"时,绝不应一概而论;杜同学说,《弟子规》中"过犹待,百步余"这样的提法已经"过时",对长辈的

敬重，新时代有新准则……重读经典新发现，不仅降低了"毕业季"国学研究的"门槛"，更成功地激发了学生研读国学经典的兴趣，点燃了他们提升思考层次的热情。

语文教材中许多课文、知识点与国学有着紧密联系。从《如梦令》到《渔歌子》，从《林冲棒打洪教头》到《三打白骨精》……在经历了课堂上环环相扣的问答、咬文嚼字的品析之后，我们每次国学课都先拿出20分钟读书读文——先捧着书默默地读，再抬起来大声地诵，将语文教学的核心"读"与国学之美浸润结合起来。后来，王菲版《水调歌头》的吟唱，为孩子们打开了更多扇国学欣赏的窗：一起吟诵《岳阳楼记》《陋室铭》，通过设计不同的朗读方式，或快或慢，或吟或唱，令大家乐在其中。我们还十分注意教材的延伸：学习了《孔子游春》，再读读《论语》；背诵了《拔苗助长》，又阅读了《庄子》……这些不仅赋予了经典更多的时代元素，而且丰富了学生的思维，让学生在收获更多精神食粮的同时，学习兴趣愈发浓厚了。

（3）呈现——确定形式，专题突破，以研代讲，水到渠成

六年级下学期，社团学习成果展示的方式确定下来了，其中有一段28名男生齐诵《沁园春·雪》的环节。为此，学校专门进行了一次专题研读。因为大家在学习《七律·长征》时就简单了解过毛泽东的生平事迹，所在社团里，我们就把重点放在了此诗的创作背景上。蔡同学发现，"北国风光，千里冰封，万里雪飘。望长城内外，惟余莽莽；大河上下，顿失滔滔"不只是实写冬日雪景，更是喻指当时的严峻局势。面对如此的风雪、苦难，强者给出的回答是"山舞银蛇，原驰蜡象，欲与天公试比高"。与天意对抗，需要的是怎样的力量、勇气和智慧呢？静默的群山起舞了，沉睡的高原觉醒了，化作了千军万马，在大地上纵横驰骋。毛主席是"欲与天公试比高"的强者，更是唤醒民众、催发潜力的领袖。

"俱往矣，数风流人物，还看今朝"被视为"惊天之语""点睛妙笔"。品析时，张同学激动地站起来，念出了资料上的这段话："那一刻思接千载，那一刻豪情万丈……毛泽东已经远眺到一条正升腾而起的东方巨龙，自豪感奔涌而出，于是冰雪有了诗情，于是山河有了画意，于是有了这千古绝唱！"我趁热打铁，请她诵读这句诗，然后女生读、男生读、全班读。历史责任感、民族自豪感，这些平日里抽象的词语，越来越强烈、明晰地呈现在孩子们动人心弦的齐诵中。

最终在毕业季舞台上男生的表演以少年特有的蓬勃无畏诠释了"雪"，给予观众强烈的心灵震撼。我们借"国之文学"给孩子牵引的文化脉络，在专题研

读的深度"刺激"下，已悄然转化为学生的爱国热情、报国愿望、责任心和义务感。

10. 课程评价

"我爱国学"社团推进的整整一年里，学生时时体现的善于思考、敢于表达的特质前面已经提及，不再多言；研习"国家之文学"的同时，他们内心自然生发出的对中国传统文化和华夏民族的热爱，包括对自己社团的认可与自豪，也都水到渠成。

夏同学说："国学社让我成了一个更自豪的中国人。"内向的太同学则表示："国学社的课程和活动，让我更了解、也更爱自己的祖国和文化，传承和发扬它，人人有责。"

汇报演出结束后，有一位同学的家长给我发来信息：

> 赵老师，一个半学期的国学课程，让我的孩子更懂事了，真的。看到《弟子规》里的行为规范在孩子身上形成，听到孩子用《论语》里为人处世的哲学为我排忧，我真的又惊诧又感动。以前，没觉得"好好做个人"这句校训有什么特别的地方。可是如今看来，真心谢谢附小、谢谢毕业季、谢谢国学社，让我的孩子逐渐成长为一个有良心、有道德、有思想的人，成为一个好人！

附小的"良习修美德 好好做个人"的办学理念，强调要让学生成为有爱心、负责任、善思考、能合作、有毅力且心态阳光的人。愿每一个附小的学生在未来的人生舞台上，都能如毕业季一般，被尊重、受欢迎，很幸福、很快乐！

二、艺术与审美领域

（一）葫芦丝乐团课程案例："荷塘月色" _{（袁靖）}

1. 课程性质

校葫芦丝乐团是展示校园音乐文化活动的一部分，属于学校在音乐课基础上、结合地方文化特色拓展而成的一门校本课程。为了传承和弘扬本土少数民族的器乐文化，同时结合《义务教育阶段音乐课程标准》提出的"弘扬民族文化，理解音乐文化的多样性"这一基本理念，附小成立了葫芦丝乐团，为那些对少数民族音乐文化有传承兴趣且有艺术特长潜力的学生提供兴趣导向的课程服务。本课程为选修课，其演奏的旋律具有典型的民族性，深受学生喜爱。

2. 课程对象

课程对象为 2～5 年级对音乐有兴趣且有艺术潜质的学生。

3. 学情分析

不少学生有兴趣学习葫芦丝，也参加了课外班，但他们难有机会与其他学生一起进行合奏，缺乏合作意识与团队精神。而校器乐艺术团就很好地为孩子们搭建了合作平台，让孩子们进入乐队来培养集体责任意识和团队精神。

大部分附小的学生家长非常重视孩子综合素质的培养，给孩子在外找专业教师进行学习，他们乐意孩子在附小参加器乐团。这是课程开设来自家长方面的基础。

4. 课程目标

根据音乐新课程标准理念，"应该强调音乐实践活动，通过艺术实践活动，有效提高学生的音乐素养，增强学生音乐表现的自信心，培养学生的合作意识和团队精神"。在艺术团的活动实施过程中，结合学校"良习修美德 好好做个人"的理念内涵，注重将学生做人品质当中的善思考，负责任，能合作互助，有毅力融入课程目标，更是对学生能欣赏、感受美，幸福感心态提升的培养；在排练葫芦丝乐曲《荷塘月色》的活动时为此设置了以下课程目标：

1）成员能准时准点到达教室进行排练，将乐器摆放整齐，以此培养学生良好行为习惯，树立学生的责任意识。

2）通过体验发现、分析和解决乐谱中各声部的吹奏方法过程，培养学生善于思考，自主学习的能力。

3）通过每位乐团成员必须按要求熟练演奏自己声部的乐谱，持之以恒，坚持不懈，培养学生的毅力。

4）通过设立乐曲声部小组长，小组长与组员间互助学习，各自声部队熟练后再进行合作演奏，培养学生合作互助精神和积极心态。

5）通过体验训练和表演中的旋律，学习欣赏和感受美，增强幸福感。通过合练，最终在校内外的舞台上进行展示和表演。

5. 课程内容

1）课程概述，主要是介绍课程开展的目的、性质、要求等。

2）乐曲排练过程和方法。主要是介绍根据葫芦丝不同的音调进行小组划分、小组间分析乐曲演奏指法、小组间再进行合练等排练过程和讨论法、示范法、合作法等方法，并进行演奏练习。

3）合作学习的方法和技能。教学生学习如何与小组成员进行交流和沟通，学习通过与他人合作来分析和解决乐曲中问题，达到统一的效果。

4）排练过程的开展和体验。教师针对具体的曲目《荷塘月色》，带领学生围绕自己的声部进行气息训练、技巧训练、旋律熟悉以及乐曲情感处理，练习小组合作学习和演奏，体验乐曲的律动感，培养学生的合作精神。

5）展示和表演合奏乐曲《荷塘月色》。配上舞台的走位、服装灯光和背景，学生在"六一"儿童节和毕业季进行全校展演，增强学生的成就感和对生活的幸福感。

6. 课时安排

24 课时分练乐谱，24 课时合练乐谱，24 课时舞台实践课，共计 72 课时。

7. 课程资源

（1）校外的课程资源

1）请云南师范大学艺术学院的专业老师来我校对学生进行专业指导。

2）学校与各种省、市级交响管乐团、民乐团、文艺团体多方联动，组织学生观看各种艺术表演，打开学生视野，通过直观的感知让学生领悟音乐，快速成长。

3）借助网络平台，在各大型教学网上（如洪啸音乐教育网、古曲网）上搜索好听并适合学生演奏的乐谱进行排练。

（2）校内课程资源

附小是一个拥有一校五区的大型基础小学，有音乐教师 29 位，每位教师都是由学校精挑细选并有自己专长的。这样的一个团队资源让我们各校区的老师成为"事业伙伴",发挥各自的专长,一起研修共同指导,为艺术团学生提供教学。

8. 课程实施

（1）教与学的方式

教师通过示范演奏法、讲授法、提问法对乐曲学习进行指导；学生通过听赏法、自主学习法、讨论法、合作学习法进行学习。

（2）基本流程

葫芦丝乐团课程是跨学年的课程,在每学年"六一文艺演出"进行展示。排练大致分为三个主要阶段：首先是乐器演奏的行为习惯培养,包括团员点名、乐器摆放、排练坐姿和纪律要求；其次是乐器成员分组（包括选定声部、声部识谱分练、声部组的合练）、全体成员合练、乐曲情绪处理；最后是舞台实践课,包括走台排练、正式演出。

9. 课堂实录

在乐团初次合作乐曲的过程中,学生发现大家的音乐并没有合在一起,却一时找不到问题出在哪里。于是我提出了问题。

师：同学们思考这首音乐应该用怎样的力度演奏,想想用什么方法让自己更能融合在一起呢？为了引导学生找到问题,我加入了一个活动过程。

（同学们绞尽脑汁地思考。）

师：请一声部和二声部的同学两两合作演奏,第三声部的组长来聆听一下！（通过两声部中两两合作演奏第三人来聆听的方法,让学生发现问题出现在旋律对空上后便开始根据平时上小课的经验,互相讨论寻找解决节奏对空的方法。）

生1：虽然我没有参加过乐曲的合奏练习,但是有过双手对空的合作练习,我们可让一部声部同学演奏,二部同学哼唱旋律进行合作同时手打节拍,感受音乐合作的整体音效,之后再进行交换,速度稳定后声部之间加入乐器进行合作,这样就能合到一起了。

生2：可将合不出的乐句单独抽出来,由慢到快进行训练再合作。

生3：还有学生提出可以通过提前默唱对方声部,熟悉旋律节奏后，培养音乐的乐感和声部之间的默契度，这样更容易合在一起。

学生根据自己的学习经验做到了举一反三，将上小课的方法应用到合奏的学习中，使得合作演奏取得了不错的成效。这让我惊喜于学生自我思考的能力，从问题本质出发，寻找解决问题的方法。

10. 课程评价

（1）成效与经验

1）学生评价。平时的训练采用学生自评互评相结合的方式。在学生初次合奏作品时，请学生对自己演奏的声部进行描述性评价，如"从 20 小节开始声音强了，速度抢了，不熟练……"。分组组合的环节多采用生生互评，通过自己的理解和配合，使音乐变成自己的"语言"奏出音乐魅力，充分发挥和调动学生的积极性，考验学生灵敏反应和同伴间的默契配合度，从而达到相互交流和激励，培养他们的合作意识。

2）观众评价

在葫芦丝乐团的《荷塘月色》演出（图 4-19）完毕后，获得台下观众热烈的掌声。有观众说："附小学生演奏的葫芦丝声音太动听了，为我们省有如此美的少数民族乐器感到自豪，更为附小孩子有机会学习葫芦丝感到羡慕，我都有让孩子学一学的愿望了。"

3）教师评价。教师一方面给予鼓励性评价，如"你非常敏锐的听出了演奏的问题，这就是进步，改进一下演奏的强度就更好了！"；另一方面给予指导性评价，在演奏《荷塘月色》开始时，学生之间需要连贯统一的气息进入。之前排练时，学生仅仅是从音准和节奏上进行吹奏整齐，忽略了共同演奏出小河流淌的轻柔感。通过教师的讲解与引领，学生首先从音乐之外，观看荷塘月色的图片视频激发学生的审美；然后从音乐角度去听辨与对比让学生感知；最终合作表现音乐。

（2）问题与改进

通过一学期的训练，器乐社在"六一"儿童节和毕业季的表演中获得学校师生的一致好评，但随着实践活动队伍的壮大，也存在一些不足，主要两方面：①合作不够高效；②缺乏更多鼓励性的学生评价机制。针对以上问题，我们将考虑做如下改进。

（a）　　　　　　　　　　　　　　（b）

图 4-19　《荷塘月色》表演现场

首先，构建学习社群，助力和谐互进。加入让学生两两合作演奏、第三人来聆听的方法，让学生找出合奏节拍不统一的问题，大家再共同思考解决问题的方法。要充分激发学生的自我内驱力，形成"生生互动"的学习氛围，这不但能高效提高乐团的演奏水平，还有助于"能合作"品质的形成，切实将音乐的新课程标准与学校的做人理念融合在一起。

其次，给学生建立完善的荣誉系统。通过荣誉获得，培养学生的表演自信和积极排练度。建构"乐团演奏家层层评价系统"，设立乐团一级荣誉指挥奖、二级荣誉乐团首席奖、三级荣誉乐团演奏奖，将此纳入学校的统一评价体系。这种评价主要包括学习成果展示、校内外演出活动以及互助学习成果汇报等方面的综合评定。教师可以把评定的水平成绩单发给学生，并根据章程发给学生对应的乐团演奏家奖章，以增加学习的趣味性、竞赛性，激发学生的学习热情。

（二）合唱表演社团课程案例："原生态歌舞"（禄琪）

1. 课程性质

"原生态歌舞"在我校是一门民族文化传承和学生艺术表演素质发展为目的、在六年级学生群体中组建的拓展课，课程具有综合性、表演性、实践性。本课程的主要特点在于"综合性学习"，课程强调传授原生态歌曲的演唱技术技巧，带领学生在学习中了解民族原生态歌舞的魅力，并依据歌曲情绪编排合适的舞蹈动作，将"原生态歌舞"这一艺术形式在舞台上呈现。

2.课程对象

课程对象为六年级参加合唱社团的学生。

3.学情分析

在之前小学 5 年的音乐课学习中，学生已经初步掌握了音乐课的基本知识及歌曲演唱的基本技能，但"原生态音乐"这一概念对于孩子们来说仍是一个相对陌生名词。大家在常态音乐课的学习中准确地了解到各民族文化习俗和音乐知识，也学唱过经改编后的民族歌曲，却从未接触过来自民间的原声原味的民族调子。更何况，在流行音乐大众化的今天，少年儿童由于环境的影响，大都自出生就开始接触流行音乐，就算是生于少数民族地区的民族孩子也已经很少唱自己民族的歌曲，因此，在高楼大厦成长起来的孩子们很少有机会接触到原生态音乐。鉴于此，"原生态歌舞"课程力图给学生搭建一个走出音乐教材、走进民族文化、学习各项演唱、表演技能技巧，展现民族文化和自身才艺的金色舞台。

4.课程目标

本课程主要将有爱心负责任、心态阳光等附小学生核心素养与国家音乐课程标准结合。具体如下：

1）通过深入认识原生态音乐与劳动人民和人文环境的关系以及学习演唱家乡的原生态歌曲，产生对家乡、对民族文化的喜爱之情，萌发热爱家乡少数民族音乐的情感。

2）通过对原生态唱法的技巧学习，增强孩子对民族音乐文化的认识，提高民族歌曲歌唱技巧及歌唱中情感表达的能力，树立对音乐终身学习的愿望。

3）通过对家乡原生态歌舞的挖掘、认识和表演，增强学生对民族文化传承的责任感和参与意识。

4）通过原生态歌舞的练习和表演，提高学生欣赏和感受美的能力，增强对美好生活的幸福感。

5.课程内容

（1）原生态歌舞简介

主要是引入"原生态歌舞"的概念，介绍其特点、舞台表现形式以及其对民族音乐文化发展的意义。

（2）基本功训练

主要进行常规的发声练习、原生态唱法中"大、小嗓"交替的演唱技法训练、舞台表演技术技巧。

（3）云南"海菜腔"音乐曲调练习

本次课程的内容围绕为由云南红河石屏当地两位"海菜腔"传承人、国家一级演员——李怀秀和李怀福带上了青年歌手大赛的舞台、被传唱到海内外的一些花腰小调其中的《阿哩调》《阿苏喂》《花腰快调》进行学习。

（4）成果展示

主要是通过六年级毕业季的舞台向全校师生及六年级学生家长进行演出。

6. 课时安排

主要利用每周三下午一个半小时的社团活动时间进行训练。约 64 课时，其中，训练 60 课时，展示 4 课时。

7. 课程资源

本次课程主要依托于我在跟随"西部歌王"——李成刚老师学习期间收集的音乐资料与素材，同时，借鉴李怀秀、李怀福两位原生态老师的唱法和舞蹈家杨丽萍导演的原生态大型歌舞剧"云南印象"，总结学习之后再开展教学。

8. 课程实施

（1）教育学的方式

基于"原生态歌舞"这一艺术表现形式在小学艺术活动中极少被引入，学生对其知之甚少的现状，教师以开展讲座的形式向学生全面介绍其概念、起源以及在民族文化历史传承中的意义、表演形式等多个方面内容。随之开始展开演唱技法和舞台表演技能的指导训练。由于这次合唱团合唱曲目的特殊性，教师所采用的教学方法是听唱法，通过不断的聆听来进行乐感的培养，和发声方法音色的模仿。因为歌曲找不到准确的曲谱（没有资料记载），学生的一字一句的学习都是通过我的口传和心授。

（2）基本流程

"原生态歌舞"的学习大致分为三个阶段：第一阶段为启蒙熏陶，包括集中讲解、表演视频赏析；第二阶段为技能技法训练，包括发声练习和歌曲学唱；第三阶段为展示表演，包括歌曲段落衔接设计、舞蹈站位编排。

9. 课堂实录

此课程最终在毕业季的舞台上以《花腰印象》歌舞的形式呈献给观众，以下是舞台上表演的情景环节（图4-20、图4-21）。

（1）第一主题——初见

26个演员以二重唱及四声部轮唱的方式将《阿哩调》婉转悠扬的旋律带给观众。所有演员共分为四个声部，每个声部板块按照演唱顺序以边走边唱的表演形式依次出场。给观众带来的听觉感受是随着声部的不断叠加，音响效果越来越丰富立体，萦绕在观众耳边的是空荡悠远、充满神秘民族色彩的旋律，仿佛带领观众走进宁静古老的民族山寨。

图4-20 《花腰印象》表演现场1

图 4-21 《花腰印象》表演现场 2

　　这段音乐意在表现花腰彝族女孩子在相互交流生活中琐事，或是相互倾诉内心情感的一个场景，因此我没有设计复杂的舞蹈动作，而是孩子们相互牵手自然地演唱着出场，不时地与同伴进行声音与眼神的交流，好像只要一句旋律或一个眼神，身边这位同伴就能明白自己的心思。

　　（2）第二主题——撒欢

　　在花腰彝族人民的日常生活习惯中，他们通常以互动歌或舞的形式来促进人与人之间的情感交流。常见的形式有对歌、斗舞，或配以花腰彝特有的乐器三弦为伴奏音乐，边唱边跳烟盒舞。在第二主题中，我将花腰彝载歌载舞的其中一个片段还原出来。学生通过圆圈、横排、三角等舞台造型将一段富于舞曲色彩、曲调欢快热烈、节奏感强烈的《花腰快调》表现出来。我还选用了花腰彝的传统舞蹈"挞啰"中、"转勾""击掌"等基本动作来表现此段热烈欢快音乐，在其中编排进激昂有力的拍手和跺脚动作，节奏的速度由慢到快，直全此段尾声处的快到几乎让人窒息，高亢激昂、曲奇转折的旋律与其相互作用，给观众带来一种酣畅淋漓的视觉与听觉的感受。

（3）第三主题——抒思

随着第二主题节奏越来越快，观众的情绪越来越高涨。突然，所有的动作和声音戛然而止，在一切静止5秒后，由我演唱的《思念调》将观众的情绪带入一种深切的思念情境。当观众随着这段音乐产生惆怅忧伤的情绪时，孩子的声音开始重叠进来，与我共同完成这段歌曲的演唱至尾声。整个舞台表现中，歌舞的情境以起—转—抒这三个阶段，将花腰彝歌舞这一综合艺术形式表现出来，在细节处映射了花腰彝的民族文化与音乐文化，将其用表演的形式传播、传承。

10. 课程评价

（1）成效与经验

本课程是我校在艺术表演教学领域有史以来的第一次试验开展。针对六年级学生声带正在发育，特别是绝大部分男生正处于变声期这一情况来说，这次"原生态歌舞"课程的开展对于我来说也是一次大胆的尝试。幸运的是，从课程实施情况来看，本课程得到了学生的普遍认可。

1）学生对课程的评价。经过一个学年的综合学习，学生反映，他们深切地感受到家乡民族文化的丰富多彩和传承民族音乐文化的重要意义。在此基础上，学生掌握了一定的歌唱基本技能、原生态唱法的基本技巧，提高了舞台表演中作为一个学生演员的艺术修养，从此将"原生态歌舞"文化的种子埋藏于心。

2）家长对课程的评价。"原生态歌舞"的表演在当今综艺表演的舞台中并不多见，即使能看到也很少有孩子的表演。很多家长告诉我，这一表演的确让他们觉得眼前一亮。一名学生家长说："没想到我的孩子还能唱这样旋律起伏大、音调又高昂的高难度的歌曲。"还有的家长说："没想到我那生性胆小害羞的女儿竟然能自信又大方地在舞台上完成又唱又跳的表演。"……正如这些家长所言，我们社团成员除常规音乐课外，没有进行过系统的发声练习，加上原生态唱法又很难学，要达到理想的表现效果，很不容易。

3）专家对课程的评价。"西部歌王"李成刚老师一直致力于西南一带彝族音乐的研究及传承。他认为原生态音乐是中华民族的文化瑰宝，对于我们土生土长的云南人来说更是一笔宝贵的财富，我们有义务去学习它、传承它。看完我们的表演，他感叹："附小的孩子各方面都如此优秀，对于成人来说学习原生态歌曲都不是一件容易的事，附小的孩子竟能完整地用歌舞来进行诠释，我仿佛看到了我们云南原生态音乐的在未来发展路上的无限希望。"的确，从小在孩子心中蕴藏的这一丝原生态音乐文化的火苗，一定会有在未来的某一天变为熊熊燃烧的音乐之火。

4）教师评价。在教学中，我深感教学的困难，但也为同学们的辛勤努力和精彩表演而感到欣慰。困难首先在于，原生态唱法中大、小嗓（真假声）变换这一抽象的高难度技巧对学生来说很困难。大部分男生进入变声期，对于大、小嗓（真假声）转换的技巧无法完成。因此在教学中，在保护他们声带发育的同时，我要更多地思考如何根据他们能够掌握的音色来选取合适的旋律调子，融入整个节目的编排。再者，学生平时接受的流行音乐太多，由于不断地模仿流行音乐的唱法形成了一定的歌唱发声习惯，而流行音乐的演唱方法及音色与原生态唱法及音色恰好背道而驰。因此，发声练习与歌唱的习惯培养需要一个长时间的练习和教师适当的语言引导才能有所成效。

（2）问题与改进

"原生态歌舞"课程虽因带有极强的综合表演性而在毕业季的舞台上深受师生的喜爱，给学校的艺术教育注入了新鲜血液，但这是附小首次组建开展此课程，且原生态歌曲的演唱技巧难度颇高，歌曲旋律不易学习，与之相关的学习素材、音响视频资料稀缺，因此在活动开展中存在一些问题和不足。其主要表现在以下几个方面：课程中歌曲的学习素材不够完善、规范；课程中"歌""舞"两个艺术形式的融合不够贴合；课程中男生的参与度不高，大部分演员是女生。针对这些问题，我们将考虑作如下改进。

第一，教师本身多寻求校外资源，引进民间艺人授课指导，发掘身边的音乐资源，扒出所学歌曲素材的歌谱，降低学生演唱学习的难度。第二，用科学的发声方法作为辅助，加强男生演唱技法的训练指导，鼓励男生大胆地尝试模仿，教师根据个人音色和演唱技能的差异给予明确的训练要求。第三，今后有机会，鼓励学生回家乡亲自做原生态歌舞的采风，增加学生对原生态歌舞的了解和理解。我本人也要积极参与采风。

三、生命与健康领域

（一）"社会情感学习"教学案例："交朋友"（陈美玲）

1. 教学内容

"交朋友"是"社会情感学习"（social and emotional learning，SEL）课程中的一个专题。通过游戏互动，拉近学生的距离；通过绘本欣赏，打开心扉，情感升华并帮助身边没有朋友的人。

2. 教学目标

（1）知识目标

学生理解良好的人际关系，明白拥有一颗爱心和心态阳光的人最受欢迎。

（2）能力目标

学会发现身边人的优点，不自卑，相信自己，学会和身边的人建立良好的人际关系。

（3）情感目标

打开学生的心扉，让他们拥有阳光心态，拥有一颗爱心，学会帮助身边的人。

3. 教学对象

教学对象为四年级学生。

4. 教学流程

（1）游戏设置，放松自我

一个"盲人"贴鼻子的游戏。贴鼻子时，这位"盲人"可以选择自己最好的朋友进行提示帮助（图4-22）。

通过这个游戏，有的同学说："还好有朋友帮助，成了'盲人'的我也可以把事情做好。"有的同学感叹道："我们的身边需要朋友。"还有的同学这样说道："我要和我的朋友道歉，让他原谅我，因为有朋友真好！"

图 4-22　授课现场

通过游戏，学生的情感之窗打开了，积极性被调动起来了，他们身心备感轻松，并感受到社会情感学习课程与其他学科学习的不同。

（2）循序渐进，打开心扉

学习绘本《没有朋友的欧弟》。

通过模仿各种声音，绘本中的山猪、小刺猬、小兔子被演绎得惟妙惟肖，学生们听得出奇地认真。教师抓住契机，抛出问题：每个人都需要朋友，但是小兔子欧弟，为什么一个朋友也没有？

通过总结同学们的发言，我们发现原来拥有一颗爱心具有阳光心态的人最受欢迎。紧接着，教师再次抛出问题：通过三年多的学习生活，你们一定交到了不少朋友，想一想：你的朋友是谁？你是怎样和你的朋友相处的？

学生七嘴八舌地讨论起来。有的说："朋友遇到困难，我总是第一个站出来，所以他愿意和我做朋友。"有的说："我们常常一起完成一个手工，共同分享对方的小秘密，所以我们成了朋友。"有的说："我安静，他阳光开朗，所以他吸引我，我愿意和他交朋友。"学生谈得精彩、开心，谈到激动处眼中还含着泪花。他们或拥抱或握手或分享，此时此刻，我们的课堂上开满了友谊之花，它们是那样的绚烂，那样的夺目，那样的热烈……

但是，有一个学生并没有融入这热烈的讨论中，而是耷拉着脑袋，一言不发，显得格外孤单。

（3）情感升华，帮助你我他

"同学，你来分享一下你和你的朋友之间的故事。"教师走到这位学生的身边，抚摸着他的头说。

只见这个学生低着头，揉一揉已经红了的双眼，结结巴巴地说："老师，我……我没有朋友。"

"为什么这样说？"

他的脸红彤彤的，支支吾吾地轻声回答道："老师，我学习不好，也没有什么优点，我觉得大家都不愿意和我做朋友。"

原来这是一个不自信的学生，他封闭了自己的内心。

社会情感学习课程不就是要帮助这些需要帮助的学生吗？不就是要解决学生们在生活中遇到的情感问题吗？不就是要帮助学生阳光自信，学会建立良好的人际关系吗？

教师拉起他的手说："你看，我就愿意和你做朋友，我是陈老师，你叫什么名字？"这名学生抬起头，看着我说道："陈老师，我叫小石"。他的声音大了不少，眼睛一下子燃起了希望。这时他的同桌突然喊了一声："小石同学，我也是你的朋友！"于是，教室里不同的角落都有同学喊起来："我是你的朋友。""石头，我也是你的朋友。"……

看着学生在课堂上最真实的情感流露，教师动情地说道："八班真是一个团结友爱的大家庭！小石同学，你看，你的朋友可真多呀！"这时一个同学高举起了手，似乎急着要说什么，她真诚地说道："小石头，你有好多优点呢！你唱歌很好听，我心里一直把你当偶像！"又有一个同学喊道："小石头，学习不是唯一，你不好，我来帮你，我们做朋友吧！"

此时，小石同学眼里已饱含泪水，激动得说不出话来。此时的小石同学因为有了那么多的朋友，脸上洋溢着自信，洋溢着快乐，洋溢着幸福。此时此刻，班级的友谊之花开得更加绚烂，更加夺目，也更加热烈……

铃声响了，40分钟的课结束了，小石同学的班主任老师也给了他一个大大的拥抱，然后两个学生牵着小石同学的手向操场走去……

（4）情感跟进，润物无声

在这堂课中，教师在小石同学的心中种下了友谊之花。但是课结束了，他的友谊之花会持续盛开吗？课后，授课教师和班主任教师做了细致的交流。在以后的教学和工作中，班主任教师对这个学生更是多了一份关注，还特意把今天课堂上的这一幕告诉了他的家长，让家长和老师配合，帮助小石找到自信，找到更多的朋友（图4-23）。2015年9月，当授课教师再次来到这个班级，没想到，第一个大声喊我陈老师的就是这个"小石头"。原来，就是这样一堂普普通通的"社会情感学习"课程学习让他真真切切地把老师当成了朋友。一年来，在这堂课奠定的良好基础上，家校密切配合，润物细无声，现在的小石同学已经成了学校合唱团的主力成员，还作为合唱队四名领唱之一代表学校参加"迎七一"的合唱比赛。在2018年的开学典礼上，他又自信地登上舞台为全校同学演唱动听的歌曲……小石同学不再自卑，他的身边总有要好的朋友一起游戏、谈笑。他变得阳光，变得自信，成了受人欢迎的人。

图4-23 "找朋友"活动现场

5. 教学反思

（1）教学前

1）课堂是育人的平台，而课下的"润物无声"这种"慢教育"才是教育成功的基石。预设是一堂课成功的积淀，但是生成才是情感碰撞的火花。在这样的火花碰撞中，教师才会渐渐走近学生，给予学生真正需要的"养分"。因此，教师要在平时的教学中多收集学生真正需要的情感素材，避免照本宣科。

2）社会情感学习，最重要的是情感的交流。本次课的教学目标是要打开学生的心扉，帮助学生学会交朋友。在这堂课进行之前，执教老师要和班主任老师进行沟通，了解学生的家庭情况、学生的性格，并对学生进行分类：哪些学生来自于离异家庭；哪些学生因为父母工作忙，缺少沟通，不够自信；哪些学生是性格孤僻，不擅交流。只有做到这一点，才能够因材施教，真正帮助需要帮助的学生。

（2）教学中

1）在本次课堂教学中，绘本学习占用的时间太长，教师应缩短绘本教学的时间。

2）教学中，教师要善于倾听学生的发言，用心与学生交流，这样才能真正做到情感沟通。放下教材，放下教案，只需要一个教学思路，切不可因为教案，打乱了情感的沟通。

3）教师应放下架子，平等地与学生对话，做学生的朋友。此刻，教师是倾听者，是引路人，更是知心人。

4）在整个教学过程中，教师应积极参与活动的学生大多比较开朗，善于交朋友。而真正需要帮助的是那些没有发言、没有参与活动的学生，教师应该把课堂交给那个最安静的角落。

（3）教学后

1）课程结束后，教师没有进行一个长期跟踪，对于社会情感学习的教学，没有做到循序渐进，使情感教学中断。其实，这样的情感教育应该是润物无声的，并对学生进行长期关注。

2）2013年，附小开设了社会情感学习课程。针对这样一门新课程，附小专门设置了"社会情感学习"课程小组，每个学期进行成果展示，不定期进行教学研究和课程创新，每周每班一次"社会情感学习"课程教学。育人是教育的重中之重，"社会情感学习"课程的育人目标恰好与我校的办学理念——"良习修美德 好好做个人"相符合。几年来，这门课程的教学在我校不断地完善。教师只有牢牢地握住"做人"教育这面大旗，学生才能真正成为受人尊敬和受欢迎的人。

（二）校园体育课程案例："花式篮球"（杨李斌）

1. 课程性质

"花式篮球"是附小从体育课拓展而来的一门校本课程，是为篮球运动爱好同学提供的选修课。深受大众喜爱的花式篮球运动，有着很高的锻炼价值和观赏价值，也是展示校园体育活动的一部分。组建花式篮球队后，学校利用每周三下午进行训练。学生通过花式篮球的学习能够增强体质，愉悦身心，提高运动能力，增进团队意识，培养顽强、机智等良好的意志品质，并能参加六年级最美毕业季的演出，展示附小篮球文化的风采。

2. 课程对象

课程对象为六年级篮球社团成员。

3. 学情分析

花式篮球队由各班篮球技术水平较高的学生组成。在训练过程中，学生的接受能力强，但仍有少部分女生接受能力较弱，有待提高；学生喜欢篮球训练，但对基础练习不重视，一心只想打比赛，训练的思想态度方面有待提高；在篮球队中，部分同学的自我意识与好胜心较强，喜欢在集体中标新立异，缺乏团队意识。

4. 课程目标

花式篮球拓展课以学生为主体，充分发挥学生的主体性，使学生在轻松愉快的氛围下进行学习，使学生初步认识花式篮球的概念及一些基础技术动作，体会不一样的篮球运动带来的快乐。同时课程的开展围绕学校"做人教育"六种品质而进行，具体课程目标设定如下。

1）有爱心。在学习过程中，培养学生的关心他人，互帮互助的品质。

2）负责任。学生认真完成技术动作的学习，保证教学计划的顺利进行。

3）善思考。在学习或练习过程中提出问题，学生能够自我思考如何才能使自己的以最快的速度完成技术动作的学习。

4）能合作。在练习过程中，学生能够相互配合，默契完成技术动作。

5）有毅力。遇到困难的技术动作时，教师帮助学生克服困难并加以鼓励，使其掌握各项技术动作。

6）心态阳光。通过本次活动课的开展，学生能够体验学习花式篮球带来的快乐，提高自己的运动兴趣，能调整好表演过程中的情绪，并为自己今后开启运动之门打好基础。

5. 课程内容

课程内容包括：①认识花式篮球，了解花式篮球的含义；②学习篮球球操；③练习篮球运球基本功；④学习花式篮球技术动作；⑤听不同音乐，感受音乐的节奏；⑥把球操、运球基本功、花式篮球动作与不同的歌曲结合起来；⑦展示花式篮球节目。

6. 课时安排

共计 16 课时。其中，认识花式篮球 1 课时，球操 3 课时，基本功训练 3 课时，花式技术动作 5 课时，综合部分 4 课时。

7. 课程资源

（1）校外资源

1）学校与学生体协、云南省篮协、市篮协等多方联系，给学生提供了展示的舞台。

2）学校邀请云南省优秀花式篮球团队定期来学校向学生现场表演和教学。

（2）校内资源

1）篮球校本课程。

2）学校提供了音乐播放器、多媒体设备、场地、器材等。

8. 课程实施

（1）教与学的方式

1）教师教法。①讲授：介绍花式篮球、所用音乐及技术动作。②示范：球操、运球技术、花式技术

2）学生学法。①合作学习：把单个技术动作组合起来形成两人、三人之间的组合动作或集体动作。②自主学习：自己加强练习最拿手的展示动作。

（2）教学流程

"花式篮球"课程是整一学年的课程，课程大致分为四个阶段：首先是球操部分，包括篮球操的学习、队形变化、与音乐相结合 3 个环节；其次是运球部分，包括篮球运球基本功的复习、串联、队形的编排，与音乐的相结合；再次是

个人、组合展示部分，包括单个动作的串联、两人、三人的组合动作编排、与音乐的结合；最后是综合部分，包括前三部分的内容衔接和强化训练。

（3）学习评价

评价标准包括对花式篮球的理解；学习技术动作的完成情况；练习过程中的态度（重在评价学生是否有毅力，是否对完成训练任务有责任心）；学生之间的合作情况；表演过程中的情绪等方面。具体评价方式为：

1）教师评价：对基本技术动作规范完成情况、花式篮球技能储备、花式篮球动作与音乐结合、与队友的团结合作、训练的态度等进行指导和评价，对其中表现出色的同学给予鼓励，并通过选派到校外参加表演等方式加以激励。

2）学生之间的相互评价：学生对合作情况、训练态度、技术掌握等方面进行互评。

9. 课堂实录

2016 年 6 月，在学校多媒体阶梯教室，六年级最美毕业季汇报展演，音乐响起，花式篮球队员一起上台，随着节拍顺利完成运球动作，包括高低变化运球、前后推拉运球和体前左右手互换运球等动作（图 4-24）。随着音乐节奏的变换，一位女生走到舞台中心，展示手指转球，首先是一个手指转球，然后

图 4-24 花式篮球表演展示

用另外一只手拨着转球，再从右手转球改为左手转球，其娴熟的技巧引来掌声阵阵。这时音乐节奏由急渐缓，全体女生进行抛球表演。她们先是背后双手抛球，体前双手接球；后为双手体前抛球，双手体后接球；再单手体后抛球，单手体前接球，用右手体后抛球经左肩到体前左手接，反之左手抛右手换。接着，男生交替上场，展示胯下运球，双手持球由体前胯下反弹至体后，同时两手迅速从背后将球接住，再将球由背后从胯下反弹至体前，最后用两手在体前将球接住……这一串串令人眼花缭乱的动作伴随着音乐的节拍，使台下观众热血沸腾，掌声雷动。最终，表演在全场观众的欢呼中结束。

10. 课程评价

本次花式篮球活动课不仅重视课内教学，还在教学中融入对学生进行做人六品质的培养，以全面提高学生的综合素质。

（1）成效与经验

"花式篮球"课程开展于 2015 年，通过缜密的计划和学生刻苦的练习，这门课程有条不紊地开展着，最终形成一支特色的花式篮球表演队。

1）学生对课程的评价。学生通过"花式篮球"课程的学习，进一步提高了对篮球运动的热爱，增强了对篮球训练的热情和积极性。很多队员表示自己将在将来的学习生活中继续学习更大难度的花式篮球技术。

2）家长对课程的评价。"花式篮球"课程开展的更重要的是从孩子的兴趣角度出发。对于家长而言，篮球运动就是孩子的一个特长或兴趣爱好，因此，课程的开展也得到了家长的大力支持。当孩子无论是校内还是校外进行表演时，家长都会陪同孩子到现场，和孩子一起感受运动所带来的快乐。

3）社会对课程的反馈

在课程开展后，学校花式篮球队于 2017 年、2018 年连续两年受云南省篮球协会、云南省学生体育协会邀请，参加美国大学生篮球联队访华活动，进行花式篮球表演，活动期间受到外界的一致好评。2018 年 5 月，云南省教育厅举办的"校园篮球教练员培训班"把附小的"花式篮球"课程作为其中一部分进行讲解，其目的是更好地推进少年篮球活动的发展。

综上所述，"花式篮球"课程的开展得到了老师、学生、家长和社会的认可，为一部分有特长的孩子提供了展示自我的舞台，同时可以影响更多的孩子参与篮球运动。

（2）问题及改进

本次的课程教学还是留下一些遗憾：低估了学生的能力，动作编排时不够大胆，有局限性。今后，学校首先可以在动作编排上再大胆一些，提高花式篮球的技术难度；其次把每次练习的时间安排得更紧凑；再次就是在教学设计中预设性要更强，能在教学过程中根据学生的学习情况适当做出改变，以提高教学质量，使学生能够学到更多的技能；最后是完善评价机制，激励队员更好地参加训练和表演活动。

四、社会与实践领域

（一）班级文化课程案例："放飞梦想，阳光成长"（李景红）

1. 课程性质

"班级文化建设"是学校一门主题鲜明的校本拓展课程。各个班级围绕学校"良习修美德 好好做个人"的育人理念，根据学生年段特点、班级个性特征以及班级管理目标等，联系学生学习生活中的元素，自主设定最适合本班实际的课程主题。各班主题一年变换一次，力求创新，全校班级文化课程主题新颖、内容丰富、形式多样，为学生创造了良好的成长环境。

本次"放飞梦想，阳光成长"班级文化课程就是结合五年级孩子的年龄和心理特点组织开展的，旨在通过班级文化校本拓展课程中的一系列活动，帮助学生形成阳光积极的心态，鼓励他们勇敢地追逐自己的梦想，自信地茁壮成长。

2. 课程对象

课程对象为五年级学生。

3. 学情分析

五年级的学生已经具备一定的独立意识，对自己的未来有了初步的梦想，但是由于年龄关系，对于如何做到目标专一、持之以恒地去实现梦想，还没有很清晰的认识。独生子女的成长环境致使有的学生自我意识过强，参与班级的活动不积极，集体观念和责任感不足，缺乏合作精神，不善于与人沟通协作。部分学生在成长过程中被过多呵护，受挫少，心理脆弱，遇到困难容易退缩，做事缺乏毅力和积极乐观的阳光心态。

4. 课程目标

在本次班级文化课程中，教师注意将学校做人品质中的爱集体、能合作、有毅力、心态阳光融入课程之中。具体课程目标如下：

1）鼓励每个同学都参与班级文化建设，为了共同的目标而努力，增强对班集体的热爱。

2）引导同学们在课程活动中积极沟通、分工协作，培养合作意识和能力。

3）帮助学生明确自己的梦想，确定短期和长期目标并努力实现梦想，培养持之以恒的毅力品质。

4）通过班级文化课程中的一系列活动及教师及时的观察引导，帮助学生成长，培养其自信积极、阳光乐观的品质。

5. 课程内容

1）班级文化课程概述，主要是介绍课程开设的目的、意义、要求等。

2）课程开展的过程和方法，主要是介绍包括选择主题、设计展板、写展演词、排练展演等活动过程和小组合作、集体讨论的基本方法，以及展演词写作的基本要求。

3）明确选择主题的范围和内容，主要是介绍班级文化建设的核心理念——学校做人教育理念和六种做人品质的内涵，以及中华传统美德、西南联大办学传统、民族文化、流行元素等班级文化主题内容。

4）课程的开展和体验是指学生围绕主题进行展板设计与布置、小组和个人活动评比等，体验班级文化建设过程中的乐趣和意义。

5）展示与交流课程学习成果，主要是撰写展演词、排练展演、班级文化展演活动、评比交流等。

6. 课时安排

共 15 课时。其中，课程介绍 1 课时，确定主题 1 课时，展板设计 1 课时，开展活动 12 课时。

7. 课程资源

（1）校内资源

1）学校老师们多年班级文化建设的经验和图文并茂的资料。

2）学校每周的德育主题队会和班会为班级文化课程提供了良好的德育文化氛围。

3）学校给每个班安装两块大小合适的白色展板，各班自主设计展板内容。

4）学校各科教师综合素质较高，在班级文化建设过程中都会及时地给予指导帮助。学校的美术教师可以为展板的设计和布置提供美术指导，音乐教师可以为班级文化展演的动作设计和配乐提供指导帮助。

（2）校外资源

1）中华传统美德、西南联大办学传统、民族精神、生活流行元素等可以融入班级文化建设中。

2）家长参与互动，可以提供孩子平时阅读学习、生活劳动、才艺展示的照片，帮助收集整理孩子的优秀书法和绘画作品。

8. 课程实施

（1）教与学的方式

1）教师主要采用讲授的方式介绍班级文化建设的相关内容，运用课堂讨论、启发、练习等方式指导学生开展活动。

2）学生在整个课程中主要以参与体验的方式进行学习。其中，选择和确定主题用自主探究的方式，设计、排练等用小组合作方式。

（2）基本流程

1）确定积极鲜明的主题。9月初开学，布置同学们思考班级文化活动主题并写出自己的想法。开班会交流评价，共同拟定鲜明且积极向上的主题："放飞梦想，阳光成长"。

2）设计富有创意的展板。9～10月，结合"放飞梦想，阳光成长"班级文化主题，利用班会时间组织同学们讨论、设计班级文化展板。我根据大家的思路整理出满意的班级文化样稿，在展板上墙后，发动同学们一起动手布置展板和教室。

3）开展丰富多彩的活动。10月，开展"我有梦想"主题班会，讨论实现梦想，个人需要具备的优秀品质。结合展板内容，定期开展小组及个人的评比和展示活动，鼓励学生团结协作、追求进步，增强学生的自信心。

4）展示独具特色的文化。11月，学生积极参与到班级文化建设中来，在班级中逐渐形成阳光积极的文化氛围。接下来是将自己班级的文化建设成果，向来参观的学校师生及校外来参观的客人展示，进行同年级班级之间的班级文化展演交流评比。

5）营造积极向上的氛围。11月至五年级下学期期末，以"放飞梦想，阳光成长"为主题的班级文化课程活动持续开展。阅读书目经常更新，小组评比、个人评比每天坚持，明星学生每月推荐，才艺作品定期更换。活跃的气氛、持续的效应为同学们营造了积极向上的班级文化氛围。

（3）学习评价

1）对学生参与班级文化课程学习效果的评价，老师们主要是通过班级文化展板，给学生奖励优秀标志的形式反馈。例如，在"梦想星发布栏"里粘贴明星学生的照片，在"合作成就梦想"一栏给评比优秀小组粘贴优秀小组标志，在"个人评比栏"给优秀学生发放粘贴星星大标志，展示才艺突出学生的作品等。评比主要由各科任教老师和全体同学共同参与完成。班级文化展板上的学生的大标志获得数量，将作为期末三好生评比的一项依据。

2）对每个班的班级文化课程学习效果的评价，学校主要采取班级文化展演评比和定期检查的方式。展演活动中，根据每个班班级文化的主题设定、展板设计、班规制定、班级精神面貌等评出一等奖和二等奖。学校对于班级文化展板的使用是否常换、常更新，进行定期检查，使班级文化发挥实效。

9. 课程实录

在活动课程中，我组织孩子们一起来写展演词，选取他们所写的精华内容，修改整理出了六分钟的展演词；组织大家一起为每句展演词设计动作，然后进行角色分工，每个板块都由该板块表现出色的同学来介绍（图4-25）。

图 4-25　班级文化展演现场图

班级文化展演过程节选如下。

（1）开场

　　主持人 A：敬爱的老师们，大家下午好。

　　主持人 B：欢迎大家来到五（4）四梦想中队。

　　主持人 A：梦想是流星一瞬那璀璨的光芒。

　　主持人 B：梦想是昙花一现那娜娜的身影。

　　主持人 A：梦想是雏鹰高飞那经受的挫折。

　　（齐）梦想是同学们同心协力，超越自己。

　　唱歌曲《放飞梦想》片段，配手语动作。

　　女生：风雨里心连心不再孤寂，扬起帆扶起桨梦在前方。

　　男生：美丽的校园缤纷的梦想，让我们在这里启航。

　　女生：点点滴滴记在心底，心中就不会再有恐惧。

　　男生：同心协力挥洒汗滴，生命只为了超越自己。

　　（齐）点点滴滴记在心底，心中就不会再有恐惧。

　　（齐）同心协力挥洒汗滴，生命只为了超越自己。

　　（齐）放飞梦想！

（2）阅读点亮梦想

主持人A：梦想是星，指引我们方向。

主持人B：阅读是灯，点亮我们的梦想。

同学甲：德国大诗人歌德说过："读一本好书，就等于和一位高尚的人对话。"

同学乙：苏联著名作家高尔基说：书是青年人不可分离的生命伴侣和导师。书籍是人类进步的阶梯。

主持人A：梦想中队的成员们，与书为友，丰富知识，不断成长。

学生六人：我们爱读文学名著。浸润书香，提高修养，积累词汇，文采飞扬。

学生六人：我们爱读历史书籍，读史可以使人明智，鉴以往可以知未来。

学生六人：我们爱读科普作品，普及科学知识，探索精神在点滴中培养。

主持人B：书是屹立在时间的汪洋大海中的灯塔。它为我们照亮前进的方向。

（全班齐）有目标的日子，我们总是那么斗志昂扬。

（3）合作成就梦想

主持人A：百川到海成就了海洋的浩瀚无垠。

主持人B：众木成林成就了森林的勃勃生机。

主持人A：百花齐放促成了春天的五彩缤纷。

（齐）同学们的团结合作璀璨了我们整个梦想星空。

一组：我们是红色梦想星之队。博览群书、知识丰富，勤学好问，我们最好学。

二组：我们是蓝色梦想星之队。操舞标准，锻炼刻苦，顽强拼搏，我们有毅力。

三组：我们是绿色梦想星之队。打扫卫生，摆放桌椅，高效有序，我们负责任。

四组：我们是黄色梦想星之队。积极乐观，勇往直前，从不言弃。

我们心态阳光。

（全班齐）合作成就梦想。

10. 课程评价

（1）成效与经验

1）学生评价。在班级文化设计和展演活动中，同学们集体讨论、沟通协作，合作意识和集体荣誉感得以加强。同时，同学们在活动中能看到自己的进步和成长，变得更加阳光自信。在"梦想大舞台"板块上，同学们的作品越来越丰富，善于绘画的同学努力画出了更加优秀的作品，擅长书法的同学笔力越发的遒劲，爱好摄影的同学的摄影水平也在不断进步，班上的作文高手也在不断涌现……李同学的绘画作品经常展示在"梦想大舞台"板块。有次，她带来了许多幅画给我和同学们看，大家都夸赞她画得太好了。"梦想大舞台"板块的位置有限，我们就一起动手，为她的画做了精美的画框，展示在教室的空白墙壁上，她对于绘画的热情更加高涨了。李同学感慨地说："在我们这个积极向上的集体中，她找到了自己的梦想，也更自信了。"

2）校外人士评价。来学校参观学习的老师看到我们精心布置的班级文化展板，都说我们的设计有创意，适合学生的发展。有位老师曾称赞我们的班级文化开展得很成功，学生精神面貌好，脸上随时洋溢着阳光与自信。

3）教师评价。开展"放飞梦想，阳光成长"班级文化课程以来，同学们更加积极乐观，阳光自信了。例如，在班级文化展演当天，同学们精神饱满，热情大方地将班级文化介绍给来参观的老师们，每位同学脸上都洋溢着自信与幸福。当时，我注意到介绍体育之星的任同学，他的眼神流露出的阳光自信如一束光照亮了我。以前，他学习成绩不理想，在班上总是寡言少语，个子本来很高的他，走路却总是没精打采的，整个人似乎矮了一截。我和数学课赵老师一直想着怎么帮助他，后来，我们发现他很喜欢篮球，就鼓励他参加班级篮球队。他一开始缺乏信心，但在一天天的训练中，他个子高、奔跑速度快、弹跳力好的优势逐步展现出来，他成了我们班篮球队的主力队员，并在比赛中屡创佳绩。他的照片也出现在我们的班级文化展板上。慢慢地，他的学习成绩也提高了很多，整个人都有精神了。看着他找到了自己的梦想，并阳光快乐地成长，我和赵老师都很欣慰。他展演时自信的动作和眼神，让我欣喜地感受到，我们的班级文化已经由外显的形式转化成了同学们内在的精神力量。

通过本次班级文化活动，我感受到积极向上的班级文化，能够在学校教育中发挥出引领人、塑造人的巨大作用，同时也感悟到育人的过程不是一蹴而就的，它是一个长期的润物无声的过程。所以，这样的主题活动应是可持续的。

（2）问题与改进

此次活动还有需要改进的地方：一方面，活动的内容和形式可以再丰富一些，只有教师多用心组织贴近学生生活、受学生喜爱的活动，才能更好地把正确的理念转化为学生内心的价值取向；另一方面，在活动中，教师对学生做人品质的引导和关注可以再细致一些，帮助指导再到位一些，学生的受益将会更多。

（二）"国旗下的演讲"教学案例：《一颗钉子》（李晓媛）

1. 教学内容

《一根钉子》是学校升旗仪式上的一次德育主题情景剧表演。情景剧主题鲜明，取材于学生生活，通过重现学生对待有钉子的凳子的不同做法，渗透和推进学校的德育培养目标，及时地、有针对性地纠正学生学习生活中存在的思想、行为偏差，以促进学生良好的思想意识和行为习惯的养成。

2. 教学目标

（1）知识目标

学生通过创作剧本、表演情景剧、观看生动的表演，对自我利益意识强、集体观念淡薄、心中缺乏对他人的关爱、遇到麻烦和困难、没有勇于担当并积极想办法正确解决问题的现象进行思考，从中明辨是非，受到教育。

（2）能力目标

学生紧扣活动主题，分组收集相关资料，自主创编、改编、评选和排练情景剧；培养学生勤于观察发现，善于思考，勇于沟通、协作的能力。

（3）情感目标

学生对做人"六品质"有了更深入的理解，能及时矫正生活中自己存在的错误意识和言行，从而养成相信和依靠同伴、有安全意识、遵守规则、关爱集体、关爱他人、勇于担当、诚实友善、文明言行、乐于奉献、知错就改、善想会思、团结合作的人格品质。

3. 教学对象

教学对象为全校学生。

4. 学情分析

部分处于青春期的五、六年级学生，自我利益意识强，缺乏责任感，"以恶小而为之"，更有甚者还损人利己，为此及时纠正学生的行为偏差，有利于他们的成长。三、四年级的学生容易受周围环境及同学的影响，盲目模仿性强，独立思考、辨别是非的能力有待提高，防微杜渐尤为重要。一、二年级的学生需要不断建立正确的是非观念。

生动有趣的情景剧表演比简单说教更容易提高学生的认知，引起学生共鸣，更利于不同年龄段的学生在自我认知水平的基础上得到教育。

5. 教学过程

（1）准备

1）首先在晨会时，教师向班级学生宣讲本次德育活动的目标、内容及活动方式，即本班同学先进行表演前的素材收集和情景剧排练，然后再在全校升旗仪式上进行表演。

2）把学生分成小组，使其有针对性地收集素材，进行主题剧本创编。

3）各小组汇报自己选择或创编的剧本，师生共同评选出富含"有爱心、负责任、善思考、会合作，知错就改"等育人因素的情景剧《一根钉子》作为表演内容。

4）从学生中选出小演员，进行多次情景剧排练。（学生自主排练，老师适时指导。）

5）小演员在升旗仪式上进行情景剧表演（图 4-26）。

（2）演出

1）《真善美的小世界》音乐响起，小主持导入情景剧。

（小主持人：校园是我们生活的美丽小世界，这里每天都有故事发生，我们就在这些故事里成长。今天的校园里又发生什么了？……）

2）小演员们入情入境地进行表演，通过语言、表情、动作，展示了校园里发生的小故事《一根钉子》，生动地刻画了不同的人物形象，展示着对与错、美与丑。

图 4-26　升旗仪式上的情景剧表演

3）剧末，小主持人升华情景剧的德育内涵。

　　　　面对一根钉子，有同学选择把麻烦丢给别人，损人利己；有同学
盲目模仿，没有明确的是非观点；有同学胸怀集体，胸怀他人，善思
会想，乐于奉献。同学们，你们从这个故事中明白了什么呢？

4）现场问答，把活动推向高潮，活动主题得到升华。

6. 教学反思

（1）教学前

1）本次活动分两个阶段：在准备阶段，同学们在素材搜集的过程中，对自
私自利、损人利己，遇到麻烦和困难，不勇于担当，不积极想办法解决问题等各
种行为又有了鉴别和认识；排练时，小演员深刻领悟剧本内涵，把握所演人物的
性格特点，深究语言、神情和肢体动作的表现力。大家团结协作，虚心接受别人
的意见。

2）表演前，布场的同学分工合作准备道具……不论是沟通、协作能力，还
是为集体服务的意识、责任感都得到了增强。

（2）教学中

1）小演员们的表演入情入境，观看表演的同学们兴趣盎然，心随剧情而动，对率先换凳子的损人利己的佳妮表示否定，为不知内情、眼看就要被钉子扎屁股的小诺担心，对"人行亦行"的潘同学不解，对有爱心，负责任、善思考、勇于担当的班长充满赞许和敬佩……现场问答时，一位三年级的同学说："遇到麻烦，不能把它丢给别人。"一位四年级的同学说："面多错误的行为我们应该制止，而不应盲从。"一位五年级的同学说："勿以善小而不为，勿以恶小而为之，我们应该知错就改。"……

2）剧末画龙点睛的启示让主题教育得到了升华。主题教育由表演者向观看者扩大，从而让德育目标向更大的范围、更多的学生辐射。

（3）教学后

1）由于剧本源于学生生活，活动形式充满趣味性，更有效地激起了学生的情感共鸣和自我反思，取得了很好的教育效果。活动结束后，班里曾转嫁麻烦、损人利己的小田能正确处理问题，变得有责任心，敢担当了；喜欢从众的小柴遇到问题也会进行是非判断了。班里关爱集体、关爱他人的同学越来越多，大事小事总有人抢着做了……显然，育人品质已播撒进学生心田。

2）在本次教学中，两个阶段的育人目标明确，不论是参与准备和表演的本班学生，还是对观看表演的全校同学，都充分地融入活动，表现了他们的积极性和主动性。本次活动渗透了做人品质的培养，实现了预期目标。

3）不足之处：教师活动后未及时对其他班级的学生进行活动效果的持续性追踪调查。今后应更注重活动效果的追踪、评价及活动育人目标的层层推进，使主题活动更具有系列性和多元性。

附：《一根钉子》剧本

（播放歌曲《真善美的小世界》）

　　罗同学（背着书包唱着歌，蹦蹦跳跳走向教室）：太阳当空照，花儿对我笑，小鸟说早早早……（停在教室门口往里一看，惊喜地喊）噢耶，今天我又是最早到的！（兴高采烈地来到自己的课桌旁，把书包一放，顺势往凳子上坐，随即惊跳起来）哎呀，我的屁股，真疼！（龇牙咧嘴地揉着被扎痛的屁股，不解地看向凳子，愤愤地说）钉子，又是你这根可恶的钉子，上次你才刮破了我一条裤子，今天又扎痛了我！哎哟，真疼，（边揉屁股，边担心地说），这可怎么办呀？今天一整天都要坐这凳子，还会被扎几次都说不定，老妈给我买的这条新裤子也会遭殃呀！（眼珠一转，突然面露喜色）有了，把这凳子换给别人，不就行了吗？（刚想动手换突然停了下来）我得先看看有没有人来，可不能被别人看见。（走到教室门口，四处张望一下）哈哈，没人，真是天助我也。（随即迅速换了凳子，坐下，拿出一本书，一边假装看书，一遍得意地哼着歌。）

林同学（愉快地走进教室，偷偷来到罗同学身边，顽皮地拍了一下罗同学的肩膀）：早上好，罗同学，你来得真早！

罗同学：哎呀！妈呀，吓死我了！

林同学（不解地）：至于吗？跟你问声好就吓成这样？（盯着罗同学的眼睛笑嘻嘻地说）你是不是做了什么亏心事呀？

罗同学（有些心虚却故作镇定）：怎么会？我这么老实的人，怎么会做坏事呢？

林同学（走回自己的座位，一边往书桌上放书包，一边说）：昨天晚上的最后那道数学题可真难，我脑袋都想懵了，也没思路。你做出来了吗？

罗同学：没呢，我还想问你呢。（一边说，一边偷偷地瞟小诺的凳子。）

林同学（若无其事地坐下，随即又跳了起来）：哎哟，真痛呀！什么呀？（生气地往凳子上看去）钉子，怎么又是钉子呀！（鼓着腮帮）气死我了。（满脸气愤和疑惑）不对呀，今天这有钉子的凳子轮不到我坐呀？是不是谁换到我座位上的呀？（怀疑地看向罗同学，若有所悟）管它呢，我也把它换了。

（罗同学用书遮脸偷笑，林同学左看看，右看看，偷偷地把有钉子的凳子搬到潘同学的位置上。）

潘同学（刚好走到教室门口，一眼就看见林同学正在换凳子，气愤地大声喊道）：林同学，你干什么？

林同学（吓了一跳，拍了拍胸脯）：哎呀，你吓死我了，（尴尬又心虚地说）我没……没干什么！

潘同学（气冲冲走过到林同学身边指着小诺，生气地）：还没干什么？我都看到了。你这家伙，是不是把有钉子的凳子换给我了？（转身摸了摸凳子，）哼，我就知道你没安好心，把有钉子的凳子换给我，想陷害我，是不是呀？亏我平时还跟你这么要好！

林同学（尴尬地笑）：呵呵！对不起，潘同学，我没想故意换给你。我只是随手换一下，怎知道会这么巧，被你看见。（委屈地）本来今天也没轮着我坐，也不知道是哪个坏蛋换给我了！

潘同学（生气地）：我不管，把凳子换回去！罗同学，你说说，有她这种人吗？

罗同学（咳嗽了两声）：哎，我说呀，谁都不愿意坐这把凳子。反正天天都换来换去，谁坐谁倒霉吧。要不，你也换了吧，不然倒霉的就是你了。

潘同学（迟疑地）：这不好吧！……（下了决心）那换给谁呢？

罗同学、林同学（对望了一下，一起说）：换给班长！哈哈哈！

潘同学（偷笑）：好主意！班长为人正直，关心同学，宽容大度，这根小钉子他不会计较的。再说他人胖，屁股上肉多，应该扎不疼他。嘿嘿！（理直气壮地换了凳子，）嘘，大家不许说哦！

（然后拿出书来看……）

班长（面带微笑，大步走进教室）：大家早上好！

罗同学、林同学、潘同学：班长早上好。

（班长走到座位上，正准备坐下。）

林同学：班长，昨晚最后的那道数学题你做出来了吗？你能教教我吗？

班长（笑嘻嘻地）：当然可以呀，待会儿教你。（放下书包，往凳子上一坐）哎哟，（惊跳）什么东西？（罗同学、林同学、潘同学看向班长）（班长摸了摸）哎，是一根钉子。这根害人不浅的钉子，一定会伤害到其他同学的，今天，我就把凳子修好，我去向保安叔叔借把锤子去！（说完就走出教室。）

（班长说话时，其他三人都拿书挡着脸，不敢看班长。）

罗同学（起立）：对啊！修，当时我为啥就没想到呢？我只想到了保护自己，把麻烦换给别人。哎，损人利己，真是惭愧啊！

林同学：我真羞愧！我只想到了自己，却没有考虑到别人，真是不应该。

潘同学：明知道这样做不对，但我还是进行了错误的选择。同样是男子汉，我怎么就不能和班长一样胸怀集体和他人，乐于奉献呢？

（三人你看看我，我看看你，满脸的后悔和羞愧。）

（班长拿着锤子走到门口。）

罗同学（诚心诚意）：对不起，班长。那把凳子是我先换的。

林同学、潘同学（满脸愧疚）：班长，我们也有份。

班长：没关系！凳子坏了，修一下就行，何必换来换去。今天我们就一起把它修好吧！

罗同学、林同学、潘同学（齐声）：好！

（四人一起修凳子。凳子修好后，班长给大家讲解数学题。）

（歌曲《真善美的小世界》响起，表演结束。）

第三节 "做人教育"个性课程案例
——以"少儿小博士"课程为例

本节为"做人教育"的个性课程案例，主要呈现附小将"做人教育"目标与促进学生个性发展目标相结合，为促进学生个性发展而做的尝试。根据个性课程服务于有天赋、有潜质的学生在某一方面深入发展的目标，本节精选了附小最具特色的"少儿小博士"课程案例。

一、课程性质

"少儿小博士"是一门学校自主开发、以促进学生科研素质方面的个性发展为目的的综合实践活动课程，课程具有综合性和实践性。课程强调教会学生在生活与实践中发现问题、提出问题，并综合运用相关学科知识，通过科学方法来分析问题、解决问题，从而在实践活动中体验和积累认识世界的经验，提升和发展创新思维、科学精神和实践能力。

"研究性学习"是本课程的主要特点,"在兴趣中发现、在发现中探索"的学习方式符合学生的学习兴趣和学习特点。"博士"是具有科学精神和研究能力的人才,对选修并通过课程学习的小学生授予"少儿小博士"称号,能够激励崇尚科学的小学生的志向,并激发学生从小"爱科学、学科学、用科学"的兴趣和科学研究的潜能。

始建于1940年的云南师范大学附属小学,前身为"国立西南联合大学附设学校"。作为西南联大的血脉,传承西南联大的"爱国、民主、科学"精神,培养附小学生的科学精神是学校义不容辞的责任。"科学精神"也是当今中国学生发展核心素养之一,其中就包含了附小倡导培养的"善思考"品质。"少儿小博士"课程即为实现此目的而开发。为体现对那些对科研感兴趣且有研究潜质的学生的针对性服务,本课程开设为选修课。

二、课程概况

(一)课程对象

课程对象为五、六年级学生。

(二)学情分析

不同年级开设针对性的综合实践活动课,要求该年级学生都上的建设性要求,经过小学4~5年的学习积淀,附小学生初步具备了相关学科的基本思想、基本知识和基本技能,但是对这些知识在社会实际问题解决中的应用并不熟悉,因而对此抱有极大的好奇心和求知欲。在平时的课堂中,学生的思维比较活跃,体现了一定的创新思维能力,但是亲身参与社会实际问题的解决机会比较少。基于这些情况,"少儿小博士"课程力图给学生搭建一个走出教室、走进社会,综合运用学科知识来分析和解决社会实际问题的平台。

(三)课程目标

本课程为附小的校本课程,因此,课程目标的设计是将研究性学习课程功能的一般特点与附小做人教育的"善思考""能合作""负责任""有毅力"等核心素养发展目标相结合,具体设定如下。

1)通过体验发现、分析和解决问题的完整科学研究过程,激发学生开展科学研究的学术兴趣和自觉意识。

2)通过进行研究的设计和实施过程,增强学生对自然、社会问题的好奇心,提高学生大胆提问和质疑、规范地收集和整理信息、独立作出科学判断和形成创新观点等综合的思维能力。

3)通过依靠研究同伴、寻求教师指导和家长支持等方式,增强学生在科学研究中的合作精神和合作能力。

4)通过开展社会调查、参加论文答辩等方式,提高学生与他人进行交流和沟通以及运用科学语言陈述研究结果的能力。

5)通过克服研究中的困难,培养学生目标专一、坚持不懈的毅力;

6)通过参与分析和解决社会问题,提高学生关心社会、服务社会的责任感。

（四）课程内容

1)"少儿小博士"课程概述。主要是介绍课程开设的目的、意义、要求、以往研究情况和经验等。

2)科学研究的过程和方法。主要是介绍包括选题、收集和分析资料、撰写研究报告等在内的一般研究过程和文献法、调查法、实验法等基本研究方法,以及论文写作的基本规范等。

3)研究选题的范围和内容。主要是分社会科学、自然科学和科技发明三大类,简要介绍这些领域的发展现状、存在的问题和可能的选题方向。

4)科学研究过程的开展和体验。指学生本人围绕研究问题进行资料收集、分析和问题解决方案设计等方面的探究活动,体验研究的乐趣、意义和艰难历程。

5)合作研究的方法和技能。学生学习如何与合作伙伴、调研对象、家长和指导教师等不同交往对象进行交流和沟通,学习通过与他人合作来分析和解决问题。

6)展示与分享研究成果。主要是撰写研究论文、进行设计制作以及向评委进行汇报和小论文答辩等。

（五）课时安排

共计 16 个课时。其中，培训 1 课时，答辩 3 课时，研究过程 12 课时。

（六）课程资源

1. 多元化的校外课程资源

1）学校与西南联大博物馆、科研机构、高校、企业、部队、社区、乡村等多方联动，建立了学生科技实践基地。

2）学校聘请各领域的专家担任校外辅导员，定期来学校向学生开展科普讲座等现场科技教学。

3）发挥部分家长作为教师和研究人员的智力资源优势，邀请家长进校开展科普讲座或担任指导老师。

2. 富有特色的校内资源

1）学生成立了创客空间、STEM 社团、比特实验室、3D 打印社等科技社团，为"少儿小博士"的开展营造了浓厚的科技文化氛围。

2）学校还拥有一支高学历的专业教师队伍，可以在学科知识选择与运用、科研过程与方法等方面为学生提供指导和帮助。

（七）课程实施

1. 教与学的方式

教师以讲座的方式集中介绍各门学科的相关知识，以启发、讨论等方式对研究过程进行指导；学生以自主、合作、探究的方式进行学习，具体采取参观访问、社会调查、科学实验、设计和制作等方法。

2. 基本流程

"少儿小博士"课程是跨学年的课程，评审活动每学年举行一次。研究可以大致划分为三个主要阶段：首先是研究准备，包括动员和报名、集中指导、邀请评委等 3 个环节；接下来是课题研究，包括确定选题、收集和整理资料、撰写论文、辅导修改贺定稿等 4 个环节；最后是论文评审，包括论文初审、论文答辩、授予"小博士"称号等 3 个环节。以上合称"三阶段十环节"。

（1）评价标准

学校对学生参与"少儿小博士"课程学习效果的评价，以"三自"和"三性"为基本原则，以确保公平、公正地评选出小博士论文。具体包括自己选题、自己设计和研究、自己参与制作和撰写，体现了科学性、创新性和实用性。

（2）评价方式

"少儿小博士"论文的研究成果有社会调查报告、科学研究论文和科学小发明三种主要形式，对这些成果所具有的学术水平、社会价值、经济价值等，由专门邀请的评委进行评审，评审通过后由作者本人对评委会进行答辩。同时，组织"最佳人气"奖评选，即在网络终端进行投票，选出大家最喜欢的研究成果，以扩大社会影响力。

（3）评价人员

评价人员由专家、教师、家长、社会热心人士组成。

（4）评价等级

研究成果分两类：一类是通过论文答辩者，获得"少儿小博士"称号，以及"少儿小博士"学位证书；另一类是未能通过答辩者，获得"优秀论文奖"。"人气王"为三人，颁发"少儿小博士最佳人气"证书。

（八）答辩纪实

王一力同学[①]撰写的《有趣的青铜器——古滇国的蛇崇拜研究》，获得云南省青少年科技创新大赛最高奖——主席奖，以下是答辩时的实录（图 4-27）。

评委：王一力同学，你是如何选题的？

学生：我之所以选择这一题目，是因为研究蛇文化就是研究中国文化。出生在蛇年的我特别喜欢蛇，于是就想要了解它在中国历史文化中的影响，了解古时候的人对蛇的态度和情感。再者，我参观了云南省博物馆举办的古滇国青铜文化展，其中有蛇图形的青铜器，这进一步激发了我的研究兴趣。

---

① 王一力同学为云南师范大学附属小学金牛校区六（1）班的同学，2018 年就读于云南师范大学附属中学。

图 4-27　现场答辩

评委：你是怎样获取论文所需资料的？

学生：我通过四种途径查找资料：第一种是实地走访，我在爸爸妈妈的支持下，亲自到了晋宁石寨山、江川李家山、澄江金莲山三个古滇国遗址进行了走访；第二种是参观博物馆，我通过参观云南省博物馆的古滇国青铜文化展和中国国家历史博物馆的青铜器展，收集到了大量的实物资料；第三种是在老师和父母的帮助下，阅读了一些专业的书籍和文献；第四种是看中央电视台科教频道的节目《探索与发现》，这是我最喜欢看的一个栏目，它为我提供了丰富、生动的视频资料。

评委：在这次论文写作的过程中，你觉得最快乐的是什么？能和我们分享一下吗？

学生：在中国国家历史博物馆的青铜器展中看到滇王金印时，我高兴得手舞足蹈，不停地给旁边的参观者介绍，"这是我们云南古滇国的滇王金印"。站在展柜前，我甚至觉得自己能和它对话，因为我来自它的故乡，懂得它的历史！

评委：你在写作中遇到最大的困难是什么？是如何解决的？

学生：写作中遇到的最大的困难是为了收集资料，在阅读专业的书籍和文献时，对书中表达的内容不太理解，例如"以其众王滇，变服，从其俗"这句话，要搞清楚两个'其'字表达的含义，对我来说就很不容易。后来，我在网络上找到了《探索与发现》这个栏目的一期节目——《古滇王国》，反复看这个节目后，再去看专业的书籍和文献，一下子就豁然开朗，能理解了。

评委：在这次写作过程中，你印象最深的是什么？

学生：在江川李家山进行实地走访的时候，古墓群值班的保安伯伯热情地接待了我们。最令我感动的是，他用不太标准的普通话向我自豪地介绍了他所知道的历史和古墓群。我记得他重复了好几遍的一句话是："几千年前的人就能铸造出这样的青铜器，他们太聪明了，多了不起！"忘记历史的民族是可悲的，我想，我们每一个人都应该像保安伯伯这样，关注我们的历史，关注我们的文化，然后去了解，去研究，去保护，去为之而骄傲。

评委（点头、颔首、鼓掌）：你回答得非常棒！希望你以后上大学选择历史学专业，继续学习深造，成为一名历史学家。

学生：谢谢评委老师！我会努力的。

三、课程评价

（一）成效与经验

"少儿小博士"课程开展至今已有 18 年，经历了探索（2001—2007 年）、提升（2007—2013 年）、推广（2013 年至今）三个阶段，一步一个脚印，边实践边总结，并正不断走向成熟。健全的机构、缜密的方案、家校的携手、师生的努力，使这门校本课程得以有条不紊、精彩纷呈地推进。家长和社会力量的介入，也使学校逐步建立起校内外联动的科学探究学习活动体系。"在兴趣中发现、在发现中探索"的学习方式受到了选课学生的青睐。总体而言，附小的课程特色鲜明，对做人教育育人目标的导向作用突出，参与论文研究的同学进步显著，家长和社会的反馈积极肯定，值得今后坚持和完善。

2017 年 10 月，我们对 150 名学生、100 位家长和 100 名教师进行了问卷调查。调查显示，超过 90% 的学生、家长、教师认为"少儿小博士"课程能够培养学生查阅和整理资料的能力，能提高学生写作能力、语言组织和表达的能力；超过 93% 的学生、家长、教师认为"少儿小博士"课程能提高学生科学思维、拓宽学生知识面等。下面，我们分别从学生、家长和社会的角度，了解他们对本课程的具体反馈意见。

1. 学生对课程的评价

学生通过"少儿小博士"课程的学习,增强了对自然、社会的好奇心和探究热情。他们在课程学习中勤于观察,主动发现身边问题、学会收集和整理信息,大胆提问和质疑,独立做出科学的判断,促进了创新思维能力的提高;在研究过程中,形成了尊重事实、乐于探究、善于沟通和他人合作的科学态度和社会责任感。许多同学在获奖后纷纷表达了自己在研究过程中取得的变化和进步。

例如,以"不同基质与铁皮石斛炼苗成活率等的关系"为题获得"少儿小博士"称号的郭江语[①](图4-28)同学说道:

在这次研究活动中,我得到了爸爸妈妈和老师的支持,因此在整个过程中是快乐的、自信的。当然在这其中我也遇到了许多的困难。还记得每天中午去实验大棚观察石斛的生长变化,让我感受到了研究的种种不易,但老师一直都鼓励我、支持我,让我学会了面对困难、克服困难,学会了坚持、学会探索。因此,在获奖的那一刻,真正体会到,什么叫不经历风雨,怎能见彩虹。

图4-28 郭江语同学相片资料

---

① 郭江语同学为云南师范大学附属小学2007届六(1)班的同学,后就读于云南师范大学附属中学。

正因当年参加了附小"少儿小博士"课程，郭江语同学的科学实验研究兴趣得到极大的激发和强化，在毕业后先后进入云南师范大学实验中学、附属中学的六年中学期间，一直致力于铁皮石斛增产的各个环节的实验研究，也因此获得了多项荣誉，发表了论文、申请了专利，成为云南师范大学附属中学 2019 届唯一一位入选学校专栏"厉害了附中人"的宣传栏的同学，激励着更多的同学像他一样，坚持不懈地钻研科技创新。

又如，2014 年，茶健一同学（图 4-29）调研了他爸爸所在的村寨——大理州南涧县密马朗新村的村民使用彝语的情况。

图 4-29　茶健一（左一）

他发现，按照逐代递减的趋势，在任其自由发展的情况下，可以大致得到一个结论：村里的彝语估计最长还能说 100 年左右。他在研究论文的写作心得中写道：

这次小博士论文研究开始时，我多少带有一些应付的心态。但在爸爸的指导和鼓励下，我终于坚持做完了研究。这次研究对我锻炼很大，让本不喜欢写这类文章的我有了一次体验的机会，让我知道了研究其实也不是很难，关键在于找准问题，认真准备，大胆去问，用心去看，认真学写。同时，我还知道了彝语的很多知识。访谈让我面对陌生人时，也变得更勇敢了。

类似郭江语、茶健一同学这样的事例，在附小不胜枚举。同学们收获了莫大的信心和鼓励，更加勤思好学、研究不止，为将来成为"有联大情怀的科技人才"奠定了坚实的基础。

2. 家长对课程的评价

因为是云南师大附小，附小的家长很多是教师、科研人员，其他不少家长也对孩子科研很热心并有指导能力。因此，不少同学的研究都是在家长协助、科学老师指导下带领着孩子完成的，他们能亲历和感受孩子在研究中取得的变化和进步，从而能更中肯地对带给孩子变化和进步的"少儿小博士"课程做出评价。比如，做铁皮石斛研究的郭江语的妈妈说：

> 师大附小的"小博士论文"，是一门非常有意义的课程，对小学生有极高启蒙意义的科技活动。当年小郭参加了"小博士论文"，在不断的实验观测和解决问题的过程中，孩子在科技创新上的潜能被深刻地发掘出来，直到中学还坚持研究。如果没有这样一个探究课程，孩子的科研潜能我是发现不了的，更不会知道如何有针对性地培养。因此，我们全家都非常感谢附小给了小郭这样好的学习机会！

又如，以"昆明地区家庭因素对未成年人犯罪影响调查与分析"为题开展研究的胡同学的妈妈说道：

> 孩子在小博士研究和比赛的整个过程中得到了锻炼和成长，学习有了更高的目标，对生活和社会有了更深的体会和感悟。孩子多次和我说，通过这次小博士论文的写作，她不仅巩固了图表制作和统计的方法，了解了更多的法律知识，而且锻炼了科学研究的基本方法。当然，孩子在研究中也遇到过困难，但她经过努力克服后，感受到什么叫办法总比困难多，感受到什么叫人间自有真情在。孩子还深有感触地说，自己要用爱和努力来回报父母和老师，今后多关心、帮助不幸的人。总之，在附小一年的小博士研究中，她会受益终生。

茶健一同学的父亲三、四年后与本文作者谈起小茶在小博士论文研究中的成长，还是很有感慨。他回忆道：

小茶是三年级时从其他地方转入附小的，也许是环境陌生，也许是性格原因，他不太愿意主动参与竞选班委、参加比赛之类的集体的事，我也从不强求，任其自由发展。不过，小博士论文我是坚持带他做，当时讨论选题时，我们先讨论出三四个选题，最后他自己选择的彝族语言研究，说是这有点意思。定题后，我带他去我们村里的几家去调研。高兴的是，他的论文通过了答辩，被授予了小博士学位。那天，儿子回来话很多，还特意问我：爸爸，你还想知道什么细节？我能感觉得到，那是他从没有过的巅峰式的成就体验。

3. 社会对课程的反响

从 2007 年起，学校将"少儿小博士"课程与全省、全国青少年科技创新大赛接轨，获奖学生人数在省内始终遥遥领先。截至 2018 年已经有 65 个项目获得全省一等奖，经统计自然科学类占 38%，社会科学类占 52%，科学技术类占 10%，每年都有 2～3 个项目被选送参加全国青少年科技创新大赛。有多名学生在全省和全国青少年科技创新大赛中获得重要奖项。例如，2010 年，杜雨珊和叶雨晴同学以"便携式太阳能音响及照明系统的设计与制作"为题，参加上海市第二十五届英特尔科技创新大赛，荣获大赛创新奖；2012 年，赵禹棋同学的《建筑噪音对小白鼠短期记忆影响的实验研究》在云南省青少年科技创新大赛中获得创新奖及大赛最高荣誉"主席奖"，在全国青少年科技创新大赛中获得二等奖并荣获全国"科技创新奖"；2013 年，郭江语同学的《不同基质与铁皮石斛炼苗成活率等的关系》在云南省青少年科技创新大赛中获得一等奖，并获得大赛最高荣誉"主席奖"，在全国青少年科技创新大赛中获得二等奖并荣获全国"科技创新奖"。

学校公开出版的 4 本《小博士论文集》（还有 2 本在出版中）（图 4-30）和 1 本校本教材，共收录学生论文 300 多篇，收到读者的积极反馈。

案例库中的课题和论文涉及理想、学习、校园、健康、科学、社会、文化、生活、历史等领域。有的结合自身实际，如《城乡孩子的暑假生活比较研究》；有的对自然科学深入探索，如《不同基质与铁皮石斛炼苗成活率等的关系》；有的对社会问题进行了思考，如《"全面二胎"政策后城市家庭长子女态度的调查分析》；有的探讨他们成长过程中所遇到的问题，如《关于小学生电子产品"软瘾"问题调查研究》；还有的研究云南历史文化，如《有趣的青铜器——古滇国的蛇崇拜研究》等；也有为了解决生活中的难题而做的科技发明，如《硬币自动分配器》、《宠物一次自动投食器的设计与制作》等。对于"小博士"们积极探索思考的结果，有的虽显青涩和稚嫩，但从中呈现的学术研究精神和社会责任感，给其他学校的同龄孩子们带来了一定的启示，也引发了其他学校的老师和家长的思考，还给社会相关领域问题的解决提供了一些数据支持和对策建议。

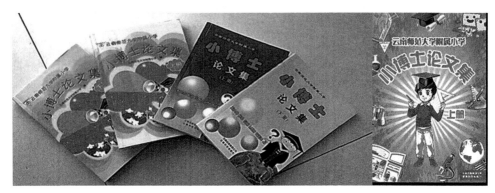

图 4-30 《小博士论文集》

综上所述，从来自学生、家长和社会各方面的反馈和肯定中，我们可以初步得出这样的结论："少儿小博士"课程是附小特色鲜明的校本做人教育课程之一。课程自开展以来，得到了老师、家长和社会的高度重视和积极支持，取得了优异的成绩，发挥了其在做人教育中的优势，创设了符合校情和学情和的科技实践活动，为学生创建了良好的科技教育活动条件和平台，调动了家长和社会力量对附小学生科研素质和全面发展的共同关注和积极参与，值得坚持、完善和深入发展。

（二）问题及改进

"少儿小博士"课程虽然前期工作特色鲜明、成效显著，但是由于以前一直只是作为学校的特色活动在开展，严格按课程要求进行规范化建设是最近一两年的事，因此也存在一些问题和不足，主要有三个方面：①课程纲要不够规范、完善和科学；②学生主体性发挥不够，有些导师和家长存在"过度辅导"的现象；③参与同学的比例不够，以 2017 年为例，报名参加研究的同学占全体 5 年级学生的 10% 左右，还是偏低。针对以上问题，我们将考虑作如下改进。

首先，进一步规范和完善课程纲要。重点是紧紧围绕培养"三维六品"的附小做人教育目标，突出"善思考、能合作、负责任、有毅力"等品质在课程目标中的体现和渗透，并注重课程内容、课程实施、课程评价等与这一目标的内在逻辑一致。要做好这项工作，需要相关指导教师、评审专家、家长等参与讨论和反馈，征求他们的意见和建议。

其次，制定、完善教师和家长指导手册。以文本的形式，进一步明确教师和家长指导责任的具体要求和边界，提醒教师和家长合理把握好外部指导与学生发挥主体性关系之间的平衡。对那些以小学生的智力和能力无法做的，教师和家长给予指导和支持；而对那些必须由学生动脑、动手的，学生要亲自做，老师和家长不得"代劳"。当然，对这种指导的"度"的把握，除了文本规定，更需要的是发挥教师和家长的主动意识，自觉地对其进行把握。比如，研究彝族语言持续问题的茶健一同学的爸爸，就在这方面做了尝试，即坚持三条原则：一是核心的观点必须由孩子提出来，他只是做引导和启发；二是孩子能写的文字一定要孩子先写出来，他才帮助修改；三是有的地方孩子不知道怎么写或写不好，他也先与孩子讨论。他帮助写好或改好后让孩子看，让孩子想想为什么那样写、那样改，并征求孩子的意见后再确定。有的内容，孩子不太能理解，就删掉或改写。这三条原则，对于完善教师和家长指导手册，也有一定的启发和参考意义。

最后是扩大学生参与的覆盖面。可以通过加大班级发动力度、加强班主任对研究指导的参与、增加特色社会资源对学生参与研究的吸引力、加强对研究过程的指导、与初中学校建立对获得小博士学位者的录取激励制度等，动员、吸引更多的同学参与活动。初步计划，在未来 3 年内将报名参加研究的同学占全体五年级学生的比例，由目前的 10% 提升到 15% ~ 20%，并确保稳步提升其中的实际授予学位数。

第五章

"做人教育"课程建设初显成效

从 2013 年正式将"良习修美德 好好做个人"上升为学校办学理念以来，附小不断夯实课程对"做人教育"理念实施的主渠道作用，在促进学生健康成长、提升教师专业能力和扩大学校社会影响等方面，已初见成效。这进一步坚定了全体附小人深入落实"做人教育"理念的自信心，增强了提升"做人教育"课程体系科学性、针对性的责任感。

第一节　促进学生健康成长

围绕"良习修美德 好好做个人"的办学理念，附小教师在日常的课程建设和教育教学中切实落实对学生做人品质的培养，为学生今后的发展奠定基础。附小学生在各级各类活动中锻炼能力、展示风采，优秀的做人品质、良好的核心素养和健康向上的精神风貌得到了社会各界的肯定和好评。

一、学生做人品质综合提升

近年来，附小"良习修美德 好好做个人"办学理念在课程实施中取得的效果，最终要体现在学生的成长上。比如，学生在学习知识技能的同时，是否学会宝贵的做人品质：在习得知识的过程中，是否学会为自己、为他人负责任；在合作学习同一知识点时，是否学会了分工合作；在遇到疑难时，是否能明白思考的重要性；在解决问题中，能否体验到知识运用和成长的快乐，等等。下面，我们通过教师课堂观察、社会人士评价、参与校外比赛等视角，透视附小学生以做人品质为中心的核心素养提升情况和精神风貌。

（一）教师课堂观察视角下的附小学生风采

在基础课程的课堂教学中，教师可以观察到学生真实的参与状态、心理体验和能力表现。比如，在以美术、音乐与语文三个学科整合的基础课"春联"课堂上，教师就能观察到许多方面的学生素质养成过程：学生通过欣赏音乐，体验春节音乐带来的快乐、积极的情感，提高欣赏美、感受美的能力，促进心态阳光的形成；通过分组对春联、读春联，体验团队协作的力量，发展合作精神；通过发现春联中的对仗，根据对仗句中词类相当的特点灵活记春联，而不完全是死记硬背，提高有效记忆能力；通过写春联的过程，锻炼了写书法的耐心，增强持之以恒的毅力；通过跨学科的学习，训练整合运用的思维模式，自主去质疑和探究。在整合课的学习后，学生甚至可以自己发掘一些课程外的知识点进行拓展。例如，三年级学生学习了"跟踪台风的卫星"一课后，对卫星的知识很感兴趣，自己制作了卫星小报，并请科学老师就他们感兴趣的问题开展了一次卫星知识讲座，学生在学习中真正做到了"举一反三"。

附小的所有学科教学都非常关注并始终伴随着对学生情感、态度、价值观的引领和培养，将教学内容与生活紧密结合，让学生在课程的学习中学会爱自然、爱生命、爱集体，使课堂成为学生展示自我的舞台，培养了学生的毅力及阳光的心态。

在拓展课程的各种活动中，教师可以进一步观察到学生多方面的能力表现。例如，学校每年的六年级毕业展是一个全校性的盛大活动。活动中，即将毕业的学生将小学六年以来的成长通过辩论会、数学知识竞答、演讲、才艺展示等方式呈现出来。整个活动从策划到落实，全程由学生参与并以学生为主体，节目来源于学生丰富的社团实践活动。毕业季不仅是紧张的备考季节，更有丰富的活动为学生搭建一个展示自我的舞台，学生在活动中锻炼了能合作和有毅力的品质，也体现了有爱心和心态阳光的品质。在 2017 届附小《最美毕业季》毕业展演中，在金安校区服装秀节目——《大自然在说话》中，毕业生们利用各种材料制作出精美服饰来体现大自然的美。在制作初期，学生充分发挥想象进行设计，体现了乐思考、善思考的品质，在确定制作方向后大家发挥特长相互配合共同完成一件件作品，节目录制时的认真细致与积极配合体现着附小学生负责任、有毅力的品质。

在个性课程的教学中，少数优秀同学的卓越表现更是显示了附小学生潇洒自如的个性和极高的核心素养。比如，通过实施"少儿小博士"评审活动，从 2001 年开始评审第一届"小博士"至 2018 年，已有 4000 余学生参与其中，有 534 名同学在由专家、校领导、教师组成的评委会面前，经过现场论文答辩，获得了"小博士"称号。研究前期，学生大胆质疑，主动发问，聚焦问题；研究中，学生勤于思考，主动探究，深入调研，反复实验，精心制作；活动后期，学生认真写作，清晰陈述，从容答辩。三个阶段完整地实现了做中学、学中思、思而用的能力训练过程，体现了学生良好的发现问题、分析问题和解决问题的能力。

（二）社会人士眼中的附小学生风采

一些热心的社会人士始终关注着附小学生的成长。云南电视台纪录片导演冯晓华，驻扎云南师大附小近五年，以一个班为点，真实地记录附小日常课堂生活及课外活动，最终完成了纪录片《我们的小学》，并于 2014 年 9 月 22—26 日在中央电视台纪录频道播出。这部纪录片用不一样的视角为我们收藏那些习以为常的瞬间；为我们打开那个普通校门内的小小世界；为我们讲述这所小学里发生的一个个动人的故事。片中真实地记录了附小学子的课堂生活和课余活动，也记录了一位孤独症孩子在入学一年中的蜕变和成长。该片播出后反响热烈，从片中不难看出"良习修美德 好好做个人"在孩子心中生根发芽的过程。

在 2017 届附小《最美毕业季》毕业展演中，金安校区服装秀节目——《大自然在说话》被选送到央视少儿节目《看我 72 变》进行录制，毕业生们利用各种材料制作出精美服饰来体现大自然的美，充满创意的制作和展示令人赞叹。节目播出后获得了社会各界的关注和好评，学生也在这个过程中收获了快乐，体验了成功。

2017 年 4 月，附小教师与云南师大实验中学的老师进行了一次小学升初中的衔接座谈会，会上实验中学的老师普遍认为附小毕业生有礼貌，见到老师和同学总是能面带微笑，言语间也总是文明有礼；学习习惯良好，能自觉完成老师安排的各项任务；学习能力强，能就自己所学知识进行一定的迁移和拓展；学习动力足，遇到困难时不轻言放弃，能迎难而上；面对老师的批评总能正面理解，用积极的心态去面对。来自初中老师的肯定和毕业生所展示的健康向上的精神风貌，无疑是附小"做人教育"成果的彰显。

（三）校外比赛中的附小学生风采

基于学校拓展课程和个性课程的教学，学校多次选派学生代表参加云南省和全国的竞赛，部分优秀学生获奖集中体现了"做人教育"的良好成果。比较有代表性的赛事是青少年科技创新大赛、青少年科技创新大赛机器人竞赛和英语演讲比赛。

1. 青少年科技创新大赛中展现学生科技素养

近年来，附小将"少儿小博士"评选活动与青少年科技创新大赛接轨，把每年的小博士论文直接推荐到云南省青少年科技创新大赛。参加活动至今，附小是云南省小学获奖最多的学校，曾多次获优秀组织奖，每年都有 2 ～ 3 个项目被选送参加全国青少年科技创新大赛。以 2017 年为例，在 7 月结束的第 32 届云南省青少年科技创新大赛中，附小 15 个代表队再创佳绩，获得 8 个一等奖、5 个二等奖和 2 个三等奖。学校获得"优秀组织单位"和"创新大赛支持单位"的荣誉称号。在参赛过程中，附小涌现了许多做人品质和核心素养发展良好的学生。

例如，在 2013 年的创新大赛中，郭江语和张新健两位同学在云南省青少年科技创新大赛中表现突出，荣获省一等奖，郭江语还获得大赛主席奖。2013 年 8 月，他们俩代表云南省参加了全国青少年科技创新大赛，均获创新成果奖全国二等奖。其中，张新健同学获博通国际交流奖，并于 2014 年免费赴美国参观学习。郭江语同学获第八届中国青少年科技创新奖[①]，云南省共 3 人获此殊荣，郭江语是唯一的小学生。2014 年，附小又传来喜讯，有 65 个项目获奖，王一力同学获得大会主席奖。还有，2014 届毕业生罗浩楠在附小时是一位英语小达人，他对科学也十分感兴趣，曾获科技创新大赛一等奖。在 2017 年中考时，他以总分 587 分获得昆明市中考成绩第三名，在附小打下的学习和品质基础帮助他顺利完成了初中的学业。这些学生身上所体现出的科技素养、创新思维和社会责任感等，是附小学生做人品质养成效果的一个缩影。

2. "机器人竞赛"中展现学生创新能力

学校的"机器人社团"通过充满科学性、创新性、趣味性、竞技性、变化性、探索性的活动和竞赛，激发孩子们对机器人技术的兴趣，在培养孩子爱科学、爱创新、爱实践的精神的同时提高其理论联系实际、动脑动手的能力。

机器人竞赛要求小选手熟练掌握信息化技术，具备高水平的操作能力，同时因以团队参加，还要求选手具有团队合作与竞争的能力。2017 年，附小第一次组队参加云南省机器人竞赛，荣获 3 个一等奖、3 个二等奖和 3 个三等奖的好成绩。获云南省机器人竞赛第一名的同学还代表云南省参加了全国机器人竞赛，并荣获二等奖。比赛中取得的好成绩既是附小在机器人教育领域的探索和实践成果，也是附小学子创新能力、动手能力和合作意识的展现。

---

① 这一奖项是邓小平同志百年诞辰之际，经党中央批准，根据小平同志的遗愿，捐出其生前的全部稿费，由共青团中央、全国青联、学联、全国少工委共同设立的科技创新奖励基金。主要奖励在科技创新方面取得突出成绩或显示较大潜力的在校大中小学生，每年奖励 100 人。

3. "英语演讲比赛"中展现学生表达能力

在 2014 年 3 月举行的 "21 世纪杯" 全国英语演讲比赛中，附小选手思维活跃、知识丰富、演讲生动、答辩敏捷，充分展示了附小学生的做人风采。经过三轮比赛月钦、谭雅匀两位同学最终代表云南省参加全国英语演讲大赛，获得小学组亚军的好成绩。2015 年 7 月，两位出色的小选手从附小毕业后升入云南大学附属中学。在与她们的老师座谈的过程中，我们了解到两名同学活泼开朗，成绩优异，学习和生活能力强，深受同学尊敬和欢迎，他们自己也过得很幸福和快乐。窥斑见豹，在附小 "做人教育" 的引领下，"有爱心、负责任、能合作、善思考、有毅力以及心态阳光" 的做人品质伴随着每一个毕业生的漫漫人生路，浸润着每一颗健康向上的心灵，引领着他们茁壮成长。

二、学生比赛屡获佳绩

近年来，附小学生参加了各级各类比赛，并获得了优异的成绩（表 5-1 ～表 5-5）。其中，许多是基于社团拓展课程和个性课程来选派学生参加的，比如，表 5-1 的科技创新大赛以个性课程 "少儿小博士" 为基础；表 5-2 "星星火炬" 比赛以兴趣类拓展课程管弦乐、辩论、合唱等为基础；表 5-3 "21 世纪" 英语比赛以兴趣类拓展课程英语剧等课程为基础，等等。因此，这些比赛成绩一方面反映了附小学生丰富多彩的学习活动和课余生活，呈现了附小学生快乐学习、开心生活的美好状态；另一方面，学生在比赛中积极投入、充分准备，在赛场和舞台上尽情展现自己的风采，通过比赛锻炼了能力，培养了有爱心、负责任、善思考、能合作、有毅力且心态阳光等品质。这些正是 "做人教育" 课程实施效果的真实体现。

表 5-1　2012—2018 年 "小博士" 评审活动孵化出的青少年科技创新大赛获奖情况（省级）

年份	项数	一等奖	二等奖	三等奖
2012	58	2	22	34
2013	62	9	23	30
2014	65	10	17	38
2015	59	5	18	36
2016	87	5	12	70
2017	71	5	34	32
2018	66	2	14	50
总计	468	38	140	290

资料来源：云南师范大学附属小学科研中心于 2018 年 8 月统计，下同

表 5-2　2013—2017 年"星星火炬"比赛获奖情况（乐器、演讲、演唱、舞蹈）

年份	一等奖	二等奖	三等奖
2013	78	113	156
2014	95	210	278
2015	103	134	231
2016	116	208	266
2017	131	210	287
总计	523	686	1218

表 5-3　2013—2016 年"21 世纪"英语比赛获奖情况（英语口语、才艺展示）

年份	一等奖	二等奖	三等奖
2013	540	453	422
2014	589	565	520
2015	608	643	625
2016	650	696	628
总计	2387	2357	2195

表 5-4　2013—2018 年艺术获奖情况

类别	年份	一等奖	二等奖	三等奖
国家级	2013	87	156	212
	2014	78	127	159
省级	2015	131	178	166
	2017	97	155	273
	2018	55	113	145
总计		448	729	955

表 5-5　2013—2018 年体育竞赛获奖情况

年份	奖项
2013	昆明市中小学生田径运动会团体总分第一名
	云南省青少年后备力量足球比赛 U8 组第五名
2014	昆明市中小学生田径运动会团体总分第一名
	云南省青少年后备力量足球比赛 U9 组第二名
2015	昆明市中小学生田径运动会团体总分第一名
	云南省青少年后备力量足球比赛 U10 组第一名
2016	昆明市中小学生田径运动会团体总分第一名
	昆明市"萌芽杯"篮球赛女子组第一名
	梦想成真·一带一路（梧州）国际青少年足球邀请赛 U11 第三名
2017	全国校园足球四级联赛云南省总决赛第六名
2018	云南省校园足球四级联赛第 2 名，云南省第十五届运动会健美操啦啦操全国一等奖，
	云南省青少年校园啦啦操四级联赛总决赛全国二等奖，云南省首届武术操比赛一等奖

三、学生做人品质提升个案

在小学的 6 年里，做人品质的教育活动伴随着附小学子的校园生活，同学们在"做人教育"课程的实施过程中收获成长和进步，许多成长中的故事让人既感动又欣慰。为了解附小课程对学生做人品质养成的熏陶和影响，我们特意邀请部分毕业生同学和附小老师分别撰写了附小回忆文字和育人故事。毕业生的回忆文字饱含着他们对母校的浓浓情谊，也体现了他们对自己在附小就读期间学习做人中获得成长的感激之情。老师们则把做人品质培养融于课程的故事娓娓道来，其中满满的爱心让人感怀，坦诚的教育反思和灵动的教育智慧让人沉思。

（一）2015 届毕业生杨景荃深情回忆：6 年时光，终生难忘

想起我的母校、我的老师，有多少眷恋萦绕心头。那时的我像蹒跚学步的孩子，从汉语拼音开始循着文字找到内心需索的光亮。在教室的"读书角"，在班会的阅读分享中，在整齐的经典诵读声里，书本让我感到世界的宏美与壮丽，那些穿越时空带着沉重历史烙印的故事引领了我小学大部分的时光。小学四年级时我读完了《中国通史故事》《明朝那些事》《穆斯林的葬礼》；五年级读完了《红楼梦》《金庸全集》；六年级开始探索科幻、侦探、人文故事，它们为我的思辨能力及知识做了一定的储备，"善思考"的品质在成长道路上生根发芽。人类无穷的想象力、创造力是我崇拜、探索、追求的目标。

我到现在仍忘不了附小篮球赛场上的呐喊声、加油声。体育是品格、毅力的锻炼，到初中后更需要内心的笃定和坚持。体育竞技就是一段自我挑战的过程。从一年级开始我就积极参加学校的各种比赛，六年级时拿了年级的三项全能第五名，跳高第六名。从那时起我已经体会到有毅力的含义，也收获了合作的快乐！

感谢我的母校，感谢辛勤培育我的老师们，是你们为我树立了正确的学习观、价值观、培养了我良好的学习习惯，为我的中学打下了良好的基础。衷心祝福您，更加辉煌！更加美好！

（二）2016届毕业生马衔怀念母校时光：我思念着您，我的附小！

"在这里，四季如春，有爱没有恨"！毕业一年多了，可附小的校歌依然回荡在我的耳畔，它陪伴了我六年，从年幼走向青春，从无知走向懂事！当我再次走进母校，已是一年后的秋季，一切那么熟悉却那么陌生！我止步于逸夫楼前，仿佛看到一年级的我们嬉戏打闹，脑海里满是自己一年级时的画面，而六年后的我们在这里拥抱泪别！

我爱附小的小花园！每每忆及此处，"花园课堂"的一幕幕就浮现在我的眼前：那是一节语文课，课文题目我仍记得是《宋庆龄故居的樟树》。我们围坐在李老师周围，托着腮帮听着她讲课，"你们看！那就是一棵香樟树，它的枝干很粗壮，两个同学才能将它围抱住；它的枝丫很多，像一只大手遮住了太阳，只留下斑驳的光晕。你们可以去捡掉在泥土里的枝丫，闻一闻有什么味道？"大家一拥而上，你争我抢，"好香啊！""像我家木桌的味道！"李老师欣慰地笑了笑："是啊，樟树本来就有一种香气，而且能永久保持。"我突然想到她说的一句话：在大自然中，人才是最放松的，人与自然交融，才能碰撞出思维的火花。

我爱附小宽阔的操场！这里不仅是我娱乐的天地，更是体现同学凝聚力的地方。一年一度的篮球赛，是我最期盼的时刻。只有你我相知的密语，队友间的完美配合；只为"赢"而拼搏，彼此信任，互相激励。赢了，我们共同欢呼，败了，我们抱头痛哭。我挥洒下一滴滴汗水，撷取过胜利的果实，思念着队友的背影。

六年的时光是那么短暂，在我的六年里，人来人往，只留下记忆的碎片，而她却留下了永恒的足迹。我的班主任习老师虽然很严厉，但教会我们如何"爱"这个世界。班级送水活动让我感受到贫困山区的儿童生活是那样的艰辛，也让我更加珍惜所拥有的一切，更加关注身边的贫困儿童，尽自己所能帮助他们！

从班长到校报小编辑再到大队委，每一次锻炼都让我学会坚持；每一次攀登，都让我看到不一样的风景！感谢所有老师，因为有了你们，我才能更加自信；因为有了你们，我才能更加优秀！"良习修美

德 好好做个人",一张张照片记录我六年的美好；一场毕业季许下我们不散的心愿！

　　附小，我最最亲爱的母校，感谢您为我播下梦想的种子，让我得以茁壮成长！我的翅膀因您而丰翼，我的梦想因您而放飞！

　　"追梦的生命最美丽"，我将铭记于心，攀登更高的山峰！

（三）2017届毕业生韩卓宸对母校生活记忆犹新：良习助我成人成才

　　人生之路上少不了求学，而求学就像是爬楼梯，循序渐进。我是2017年6月刚从云南师范大学附属小学毕业的韩卓宸，刚从小学毕业，步入初中的我，对此深有感触。小学六年，我收获了许多，在附小这个温暖的摇篮里逐渐成长，不仅学会了知识，也养成了许多好习惯，种下了许多好品质，这些好习惯好品质，让我终身受益。

　　小学语文老师非常强调书写的重要，常常教导我们"字如其人"。正是这样，小学的我每天都用自己最好的书写完成作业，每周坚持练字。这种行为仿佛已经成为我的一种生活常态，天天如此，培养了我负责任和有毅力的良好品质。老师的话一直激励着我，我一刻都不会忘记。正是因为语文老师对我们书写的严格要求，才会让我的硬笔书法在六年级毕业季时大展风采，既让我获得了提升自我的机会，更让我收获了喜悦与自信，使我能够感受幸福与快乐。

　　当然，除了书写上的要求，在小学，班主任对我们效率的要求也是很高的。她一直教导我们做事，只有效率高，才能做得好。几次，她都在班会课上为我们讲述她自己身边发生的关于"效率"的事。每到这时，我们都无比享受，沉浸在听故事的氛围当中。邹老师用讲故事的方法让我们懂得做人、做事的道理，更加深入我们的内心。这些从故事演变而来的道理就像一棵小芽，在我们的心中根深蒂固，影响着我的行为，潜移默化。就是因为我懂得了效率的重要性，每天晚上我都快速认真地完成作业，善于思考，不拖泥带水，尽量早睡。这样，既保证了睡眠质量和时间，又提高了第二天的上课质量，这难道不是一举两得吗?

步入初中,那变化可真是大啊!小学时老师总是督促到位,从不马虎。初中就大不相同了,老师着重培养我们的自觉能力,不再像小学那样"圈养",突然改变的学习方式让许多人感到不适应。在附小六年的生活中,好习惯的养成让我能从容应对这些改变。开学第二周,在老师的带领下,我们完成了"书法秀"的练习,我表现突出,不仅受到了老师的赞扬,还获得了同学们的鼓励。如果不是小学打下了好的基础,我也不会取得如此成就。同时,效率我也依然在保持,每天的作业我都抓紧时间完成,让初中的学业没有那么繁忙。除了这些,其他的每一个好习惯都在深深浅浅地影响着我,无不让我更好的学习和成长。

附小是一个培养人才的地方,在那里我遇到了一位位优秀的老师,是他们一步步带领我走出校园,飞往更高、更广的天空。感谢您,母校!感谢您,老师!只有您,才能给我那个最温暖的怀抱!

第二节 提升教师专业能力

教师是附小"做人教育"课程开发和实施的主要力量,发挥着参与者、推动者的重要作用。同时,教师也是"做人教育"课程建设的受益者,教师课程教学专业能力和综合素质得到了发展,特别是开展"做人教育"的能力得到了提升。

一、教师做人教育能力稳步提升

从教育过程来看,教师在提高教育教学质量上具有十分重要的作用。学校要达到"做人教育"的目的,培养出符合学校育人目标的学生,就必然依靠教师的辛勤劳动。但教师依托课程开展"做人教育"的能力的逐渐提高也需要一个过程。近几年,学校加大"做人教育"课程的建设力度,一批青年教师率先参与"做人教育"课程的开发和实施,他们边做边学,边学边改,边改边提升。同时,学校注重和支持教师参与"做人教育"理念及课程建设方案的讨论,从而帮助教师在专业能力上做到"一个增强""两个提升",即增强了育人共识,提升课程领导力和提升教书育人能力。下面对相关做法和效果做简要介绍。

（一）增强了教师的育人共识

教师是学校办学理念提炼的参与者，更是办学理念的实践者，提炼与落实学校办学理念，离不开教师。附小虽然于 2006 年就提出"良习修美德 好好做个人"，但正式提出、系统论述和通过课程落实"做人教育"，却是近几年的事。因此，教师对"做人教育"的内涵、价值、载体、实施思路等方面的认识、认同和内化是一个循序渐进的过程。为此，附小采取三种方式寻求教师的理解、认同和支持。

第一，让教师参与学校办学理念提炼和课程建设方案的讨论过程。参与方式多样，如采取骨干教师参与课题组、组织部分教师代表参与座谈、组织教研室集体讨论育人目标和课程建设方案、全校教师接受问卷调查和听校长大会上的宣讲、组织有奖征文比赛等多种方式，让教师不同程度地参与进来。比如，学校于 2013 年 1 月 9 日组织了全校教师问卷调查和教师代表座谈，老师们表达了自己的心中所想，提出"好好做个人"当中的"人"应当是有爱心、有责任、乐观向上、会独立思考的人。2016 年年底和 2017 年年初，附小通过集中培训、分校区或分教研组认真学习《"做人教育"课程建设指导方案》，使全体教师全面、深入了解做人教育办学理念的内涵，掌握课程开发与实施方面的知识和方法。在学习中，教师主动交流，提出自己关于发挥课程和教学作为"做人教育"主渠道的作用的想法，将"良习修美德 好好做个人"的办学理念内化为教师自身的精神追求，并在教学中发挥教师的榜样和引领作用，切实深化课程改革，推进和实施"做人教育"课程建设，提升教学水平，培养人才。

第二，把"做人教育"系统纳入德育工作。每学期伊始，全校教师都要学习校长工作计划，树立育人目标。大队部和政教处依据校长计划为各个年级制定德育目标，除年级统一的德育主题外，每个班级还根据学生发展情况，制定学期德育计划表，并按期举行少年先锋队队会活动，引领孩子们学习更多品质。例如，举行班主任交流会，学习党的教育方针政策，交流班级的学生学习情况、习惯培养案例等，老师们互相帮助、互相学习、互相指正，一起努力用最好的方法引导孩子们做一个拥有爱心、责任心、思考能力、合作能力、有毅力及心态阳光等高尚品质的好孩子。各党支部每月两次开展支部学习活动，学习党政党风，要求每一位党员学做一名优秀的党员教师，以身作则、率先垂范、为人师表、务实取信，使教师不仅用广博的学识授业解惑，还用高尚的人格魅力立身传道。

第三，支持、鼓励教师积极参与"做人教育"课程建设探索。在思想初步达成共识后，学校支持教师先行先试，重点开展学科基础课程跨学科整合，例如联合国教科文组织"社会情感学习课程"校本开发及其他拓展课程和个性课程特色打造。在这一过程中，一批年轻骨干教师发挥了顶梁柱、主力军的作用，在课程建设实践的过程加深了对学校"做人教育"的理解和认同。本书下文将选择几位教师分享他们的课程建设体会，就反映了教师边学边做边提高认识的心路历程。

总之，通过自下而上、集思广益的沟通交流，发挥教师的德育及课改主体作用，附小老师能感觉到自己是主人翁，学校能倾听一线教师们的心声和想法，博采众长，从而增加了全校教师对做人教育理念尤其是"三维六品"育人目标和课程建设思路的自觉认同。这从 2013 年 1 月全校教师调研结果就可看出来。这次调研结果表明，关于认同程度，教师中高达 93.6% 教师认为"良习修美德 好好做个人"这一理念"很恰当，非常认同"。关于认识水平，92.7% 的教师认为非常正确，其中 23.5% 的教师表示认识很深刻，69.2% 的教师认为比较深刻。大家普遍认识到，"做人教育"是学校教育的根本，也是学校教育的落脚点。

（二）提升了教师的课程领导力

附小有一支高素质的专业化队伍，拥有一定的课程设计和整合经验以及良好的教育教学能力。但是，对一些过去习惯于常规教学的老师来说，"做人教育"课程建设还是充满了挑战和困难。回顾附小从 2011 年下半年启动学校办学理念梳理、提炼工作，到 2014 年 6 月开始全国教育科学"十二五"规划课题"'立德树人'在小学教育中的课程化研究"，再到目前逐渐深入的课程改革实践摸索，附小"做人教育"课程的研究和建设是一个不断尝试、探索甚至不乏往复的过程，其中充满了思考—实践—反思—改进的反复循环。当下总结经验的时候，我们才欣喜发现，这有些类似"无心插柳柳成荫"，附小课程建设的过程无意中符合了国际国内一些学者所倡导的"课程领导"的核心理念，这才是附小课程建设在教师层面取得的最重要的成效。

国内有的研究者和实践者对"课程领导"概念的使用，是在对"课程管理"概念的反思基础上提出来的。二者概念的区别以及"课程领导"概念的核心理念，在《为了学校的可持续发展》一书中有专门论述①。该书作者在综合分析国内外

① 上海市教育委员会教学研究室主编.为了学校的可持续发展：普通高中提升课程领导力的探索.上海：华东师范大学出版社，2013

学者观点基础上认为，传统意义下的课程管理侧重于用行政手段进行自上而下的"监管"和"监控"，较多地考虑管理中的技术因素，是一种分层组织式的管理模式。而"课程领导"则侧重于对课程及课程有关的人、财、物方面的决策、指挥、创新，较多地考虑管理中的人文、机制和发展动力因素。参考该书作者的文献分析和研究结论，联系附小的实际，我们认为，附小教师在以下五个方面，锻炼和提升了自身的课程领导力。

一是价值认同，即在共同的育人目标和课程信念的引领下工作。关于"做人教育"理念和课程建设思路的共识，前文已经分析过。这里要补充的一点，就是课程对"做人教育"目标实现重要性和特殊价值等方面的共同认识，这里我们称其为"课程意识"。教师的课程意识是形成课程领导力的先决条件，但在2014年启动课程建设时，不少老师还主要从教学、教材的层面去理解"做人教育"的落实问题，课程意识还不够强。当时的"课程整合"不叫"课程整合"，而叫作"教材整合"，因此胡新懿教授前来指导时就指出课题组成员的课程意识不够的问题。经过几年的努力，全校教师致力于"做人教育"课程建设，强化并提升课程意识，推进学校课程的深化建设，提升了教师课程专业、批判、资源等意识，对课程作为主渠道的地位和作用达成了共识。

二是民主参与，即建立起互相尊重、互相信任的合作伙伴关系，以相互影响的方式来是实现做人教育的共同目标。附小七年的研究，是一个专家指导下的师生自下而上、校长及领导班子与师生上下互动的过程。周群校长的统筹规划、思想引领、过程督导等课程领导力至为关键，直接影响、推动和决定研究进展；学校分管课程教学和科研的领导及科研中心、教导处等职能部门负责人在课题研究与实践推动之间来回穿梭，努力为研究成果的实践指向性和指导操作性进行把关；一批一线骨干教师或进入课题团队，加班加点、任劳任怨开展研究，或坚守一线，率先垂范，大胆探索课程改革；广大教师通过各种方式，积极参与讨论，建言献策。这些都使附小形成了课改的和谐氛围与合作环境，促使本研究得以持续、深入地进行。同时，不可或缺的是，持续的外部专家智力支持，为这一研究提供了思想引领和研究指导，成为研究顺利进行的一个外部重要动因。

三是组织变革，强调克服以往"垂直管理"的不足，提倡扁平化的管理。近几年，周群校长一直在提倡扁平化管理的理念，办学理念提升和课程建设的过程充分反映了这一点。组织课题研究、发动教研室力量等，都是具体体现。其中，将优秀的一线骨干教师吸纳到课题研究中，一线教师、中层干部、学校领导、专家学者组成的课题研究团队，就是一种重要的组织创新和变革。这一组织并非以行政手段自上而下的管理，而是以共同的研究成果来影响、推动课题成员自身和学校层面的课程改革行为。从而，以研究推进课程管理组织工作的创新，成为附小教师课程领导力的一个重要体现。

四是重视计划，即重视"做人教育"课程的规划。很多附小教师改变了"一本教案教多年""备一次课教一次课"等固有现状，围绕做人教育目标，对一学期甚至一学年的课程的目标实现、内容编排、资源利用、方法组合等进行系统思考和统筹规划，制定每学期或学年的做人教育课程纲要，依此落实"做人教育"。尤其是撰写学校自主开设的拓展课程和个性课程案例时，作者参考课程纲要的写作格式，进行经验提升和总结，有的案例写作提纲则成为课程纲要的基础。这些科研训练本身提高了一批骨干教师的课程规划能力。

五是评价创新，即优化评价方式以符合"做人教育"要求。学校鼓励教师在对课程的理解、开发及实施的过程中，不断深入探索和创新课程评价，比如制定相应的个性化课程评价方案、鼓励教师收集学生做人品质提升的案例、组织"'中国梦——附小少年炫'之最美毕业季"展示活动、选派教师到其他学校上"做人教育"示范课等，通过过程性评价、定性评价的方式，了解学生和教师在"做人教育"课程中的成长情况。前文提供了学生成长记忆故事，下文选择部分教师分享的育人故事，就是一种新的评价方式。

（三）提升了教师的教书育人能力

1. 教师在不同类型课程中的教书育人

"师者，所以传道授业解惑也"，传道、授业、解惑是教师的责任与使命，三者并列而行，缺一不可。附小的每一位教师都时刻以为人师表、爱岗敬业严格要求自己，不断修炼教学硬功，努力上好每一节课，以教学的魅力展示自己的价值。这些年来，周群校长带领全校教师提出、丰富、发展和落实"良习修美德好好做个人"的"做人教育"理念，全校教师致力于在每一类课程、每一节课中渗透这一理念，实现培养学生"有爱心、负责任、善思考、能合作、有毅力且心态阳光"的六品质，使他们将来成为受人尊敬和欢迎、对社会有贡献且自己能感受幸福和快乐的人。

先以国家要求开始的基础课程教学为例，在课程实施过程中，教师不仅能够根据国家级课程标准、教育宗旨和教育规律提出基础课程的教学目标，而且能根据"做人教育"理念的要求，在教学中渗透六人品质，努力帮助学生掌握学科基本思想、基本知识和基本技能的同时，实现未来成为"三种人"的目标。比如，在语文课"台湾的蝴蝶谷"教学中，教师引导学生，不仅让学生感受蝴蝶谷的迷人景象，还激发了学生对祖国宝岛台湾的热爱之情，培养其"有爱心"品质中的"亲近、保护大自然、热爱祖国"；在六年级《品德与社会》教学中，教师利用"创新性合作学习"模式引导教学，学生通过小组合作，形成优势互补，充分发挥小组成员的积极性和创造性，将课本内容生动化、形象化，充分渗透"能合作"品质中的"相信和依靠同伴"、"负责任"品质中的"分享与担当、信守承诺"；主题队会活动课"学会感恩——抱一抱温暖就在身边"教学过程中，辅导员引导学生体会在自己的成长过程中有多少人付出了努力和关爱，学会感激父母、感激老师、感激朋友、感激周围的一切，培养"有爱心"品质中的"爱家庭、与人为善"；在每周三的综合实践活动课上，让学生充分发挥自己的特长，亲身经历实践过程，体验实践活动，获得整体的生活经验，以培养"善思考"品质中的"善于观察、保持好奇心、主动发现问题"，培养"心态阳光"品质中的"有自信心、态度积极"，等等。

再以学校自主开发的拓展课程和个性课程为例，在课程教学实施过程中，教师利用更大的自主空间，主动思考课程开发目标和思路，自觉把"做人教育"目标纳入课堂教学活动，帮助学生根据自己不同的兴趣和需求选择感兴趣的课程，或按学校推荐学习相关需求类拓展课程，以促进学生兴趣发展和某一方面素质能力及个性的深度发展。例如，每年的六年级"毕业季"中，六年级师生开展基于社团的课程教学展示活动，培养、塑造学生对民族、对学校、对艺术、对技能、对他人、对自己的真情，熏染师生对生活、对社会、对国家，乃至整个世界的赤诚大爱，全方位渗透六品质中的各个指标；"少儿小博士"评审活动课程内容丰富，分社会科学类、小发明类、自然科学类进行评审，激发学生对自然、对社会现象的强烈好奇心，培养学生"有爱心"品质中的"亲近大自然、保护大自然"，培养学生"善思考"品质中的"勤于观察、保持好奇心、主动发现问题、收集和整理信息、大胆想象、提问和质疑及独立判断"等；在"经典诵读"之《论语》教学中，引导学生读经典，和圣贤"对话"，与圣贤为伍，感悟中华优秀传统文化，积累对祖国传统文化的自信，渗透"有爱心"品质中的"爱祖国"及"负责任"品质中的"文明言行"等；附小樱花语校区的"小蜜蜂农场"和"快乐小厨房",以学校自然环境为依托,引导学生通过动手实践、亲身体验等方式,爱护校园的一草一木、一砖一墙,培养"有爱心"品质中的"爱学校、平等对待一切生命、保护大自然",等等。

2. 教师的育人故事

为了了解老师们如何教书育人,培养学生的做人品质,我们特意要求几位老师撰写了育人故事。老师们将做人品质培养融于课程的故事娓娓道来,其中满满的爱心让人感怀,坦诚的教育反思和灵动的教育智慧让人沉思。

(1)马丽婕老师的故事——温暖的怀抱

光阴荏苒,来到附小,如今已是第七个年头了。在这里,我们守护着孩子们成长,而与此同时,附小的精神,同样在滋养着我们。附小的育人理念,让我受益匪浅,指引着我们携梦前行,教会我们温暖他人,温暖时光。

现在的孩子,都是爸爸妈妈的心肝宝贝,备受呵护。但也有这样一些孩子,因为各种难以言说的原因,缺失了完整的家庭,也缺失了一部分亲情,他们,就是单亲家庭的孩子。

在我上一届所带的学生里,就有一个这样的孩子。妈妈离开了他和爸爸,去了省外,爸爸也忙于工作,留下他和爷爷奶奶一起生活。世界上最亲的人是母亲,最伟大的爱是母爱,可小小的他,却过早地缺失了母爱……自从家庭发生变故,他原本开朗活泼的性格渐渐变得暴躁,听课常常走神,缭乱的书写中也在呼喊着心中的不安。对此,我很担心,更加心疼,向家长了解一些情况后,我试着走近他、温暖他。

语文课本中有一篇课文叫作"母亲的恩情",对于其他孩子来说,这篇文章充满爱意温情,学习的过程,就是再次深切体会母爱和幸福的过程。但对于这个孩子来说,却无疑那么残忍,可想而知,这些文字,会给他带来怎样的伤痛和悲愤。因为,最最亲爱的妈妈离开了自己和爸爸,去了远方,只剩下他小小的一个,遗留满心的伤痛和不理解,此时此刻,母亲在哪里?母亲的恩情到底在哪里?

我可以想象孩子的心情,更不愿意在学习这一课时,再对他造成刺激和伤害。于是，上课之前，我把他拉到身边，问问他的近况，问问他最近有哪些开心的事情。孩子很善良，知道妈妈去了远方，但仍然很想念妈妈，记得的都是妈妈对自己的好。我连忙引导他，虽然妈妈现在不在他身边，但是心里一定是牵挂着他的。再和他一起回忆妈妈种种的好，让他知道妈妈养育他的不容易，理解妈妈对他也是有着浓浓的亲情。说着说着，他的眼睛湿润了，水灵灵的大眼睛眨巴眨巴地看着我，说不出一句话。就在那一瞬间，我鼻子一酸，也流下了眼泪，我轻轻拉着他说："孩子，来老师怀里，我，也是你的妈妈！"话音刚落，他就扑了过来。

虽然，我也许还无法完全走近他的内心，但我知道，那一个温暖的怀抱，一句轻声的安慰，一个柔软的眼神，真的能给这个受伤的小心灵带来一丝暖融融的慰藉。虽然这力量有些微弱，但我相信，我的爱，终究能在他小小的心间，荡起一丝波澜。

上这一课时，孩子们都十分投入，他也听得很动情。其中有一个环节是，说一说妈妈对你的爱，表达你对妈妈的感恩。轮到他时，我把话锋一转，说："天底下最爱我们的人，不仅仅有妈妈，还有爸爸，还有更多的亲人，他们的爱一样都是伟大的。有哪位小朋友愿意和我们分享呢？"话音刚落，他的小手就高高举起，眼神里充满急切和兴奋，似乎有千言万语想要表达。我请他起立，他回答得通顺流畅，富有感情，精彩动人。他话音刚落，就赢得了全班热烈的掌声。就在这一刻，他的笑容如夏花般灿烂，眼里充满了自豪，因为他有了一个机会，和大家分享他得到的爱，分享他的幸福。

上完那一节课后，他一直都很兴奋，我鼓励他晚上回去为爸爸做一件小事，他开心地答应了。第二天，他交上来的作业格外认真，后面附了一句话："老师，我昨晚为爸爸捶背了，爸爸亲了我一下，还给我讲故事呢，我真开心。"那一刹那，感动、欣慰、酸楚……在我的心底，五味杂陈。但是，他迈出了第一步，我应该为他感到高兴。

从此后，我一有时间就会拉着他的手和他聊天，告诉他我很喜欢他，如果他有什么心里话，我很愿意倾听。慢慢地，他看我的眼神更加温暖了，我知道，这是他心底的颜色。但是，对孩子而言，特别是男孩子，温情的怀抱不能成为永久的避风港。面对成长路上的不如意，一味地伤感终究不是办法,老师和家长也不可一味疼惜和骄纵。于是,我也常常和他聊天,告诉他生活中的种种不如意,其实也是一种财富,是帮助他更好地成长的养分。"塞翁失马,焉知非福",聪明的孩子善于从一件事中找到积极的一面,鼓励自己、磨炼自己,让自己变得更加强大勇敢。听了这些鼓励的话,他抬起了头,信心满满地点了点头,小嘴抿得紧紧的,我知道,他也很希望自己勇敢坚强。

也许,我的怀抱很小,缺失家庭关爱的他仍然会感到孤独;也许,我的能量有限,他依然会失落悲伤。但是,没有关系,我会尽我所能,多给他们一点关爱,多给他们一些理解和鼓励,让他们知道,老师希望他们快乐成长,老师永远会在身后目送他们前行,老师这里,永远为他们,准备着一个温暖的怀抱!

现在,这个孩子已经毕业,进入了一所很好的中学。当年的小小孩童,已然长成阳光少年。他常常回来看望我,如今他的眼里,透出来的,更多的是信赖、自信、温暖和坚毅!

我庆幸,当年及时关注到了他;我感动,我的爱在他心间开出了花朵;我感恩,附小"有爱心"的育人理念,让我成为一名有爱心的老师,让我把爱传递给更多的孩子,传递给需要它的角落,传递给更美好的明天!

成长的故事每天都在上演,我们始终坚持用爱与责任工作,培养孩子有爱心、负责任、善思考、能合作、有毅力且心态阳光的品质是我们不变的目标。

(2)杨爱华老师的故事——美丽的遇见

曾经,我以为遇到一个好老师是学生的幸运,走过17年,我才发现,遇见一个个可爱的孩子才是老师最大的幸福!

有人说:世间一切都是遇见。从我走上讲台的那一刻,我的生命就有了一次次美好的遇见!

遇见小伟,我的第一届学生,是他让我明白什么是教育的源泉。小伟上二年级时,一天下午,又被留下改错。他抱怨道:"老是留下改错，太烦了！""这是什么态度？"初为人师的我一怒之下就给家长打了电话。小伟妈妈很快就赶来了，我迎了上去，打算诉说小伟的种种不是。"啪"一声清脆的响声，小伟妈妈的五指清晰地印在了小伟的脸上。我惊呆了，手足无措地站在原地。看着满脸委屈的孩子，我为自己的冲动后悔了，这不是我的本意，但这样的结果恰恰是我造成的。那一巴掌打在小伟的脸上，同时也狠狠地抽在了我的心里。那以后，小伟乖了许多，可是每次看到我，他就远远地绕着走了，其他孩子似乎也更怕我了。看着其他班的老师被孩子们簇拥着，笑得那么开心和幸福，我的内心是深深的失落。我还能重新赢得孩子们的心吗？

又一个周三下午，听说小伟和隔壁班的同学打架了。我匆匆赶到事发现场，小伟的脸被抓破了，衣服也被扯得乱七八糟。所有同学都静静地看着我，似乎在等待一场暴风雨。我伸手整理好小伟的衣服，摸摸他的小脸，轻声问："疼吗？"刚才还一脸怒气的孩子，突然间大哭起来。等哭够之后，他才说起了事情的起因：隔壁班的孩子笑话我们班篮球赛成绩太差了。我把他搂在怀里，对他说："谢谢你对集体的热爱和维护。"我帮他分析，他错在方法不当，其实可以有更好的处理办法。当小伟真诚地向对方道歉时，周围响起了热烈的掌声。原来，教育不是简单粗暴的管理，而是用心去浇灌，用爱去滋润。原来，我想要的，不是绝对服从，不是敬而远之，仅仅是孩子们单纯的爱。

遇见是一种神奇的安排，它是一切的开始。

遇见小金，一个学习平平但有着运动天赋的孩子，如今成为飞行员的他让我明白了，教育是多把尺子的衡量。

遇见琨琨，那个追逐梦想的少年，钢琴演奏会上，光芒四射的他，让我更确信了，教育是关注，是赏识，是鼓励！

遇见小天，嗓子嘶哑时的润喉片，是他的一片真心；遇见小寸，久别重逢时的拥抱，是彼此的牵挂；遇见小汪，毕业后，登门道谢的那束鲜花，是温暖的祝福！

感谢17年来的每一次遇见，感谢与我有过师生缘分的268个孩子！一次次遇见，一点点成长，一份份收获。我们用智慧孕育智慧，以人格感染人格，更以激情点燃激情。谢谢，我亲爱的孩子们，我期待着下一次美好的遇见！

二、教师竞赛获奖展现风采

在"做人教育"课程建设中，教师的专业能力不断提升，为继续提高教师的课堂教学及改革的能力，教师积极参加各项比赛，取得了优异的成绩。据初步统计，2013—2018 年，附小教师荣获国家奖 60 项、省级奖 74 项。这些奖励的获得，一定程度上反映了老师们在学校推进"做人教育"课程建设所做的重点工作，也反映了他们在课程开发和实施过程中自身做人教育、课程领导等方面专业能力提升的效果。下面根据工作业绩及态度、教学和技能竞赛、教育教学论文奖等，把获奖情况做分类分析。

第一类奖励是获得多种荣誉称号（表 5-6）。2013—2017 年，附小教师获得了多项国家级、省级荣誉称号。这些荣誉称号不仅仅是各级部门所授予的光荣名誉，更意味着对附小教师专业能力发展和工作表现的肯定、认可和鼓励。例如，2014 年多位教师获得云南省学校体育舞蹈大课间展演比赛小学组优秀指导教师奖，这是他们多年来坚持基于体育课和民族团结基础课程，探索开发和实施学校特色拓展课程"少儿民族韵律操舞"的辛勤结果；又如周群校长荣获"中国'课改杰出校长'"称号，说明全体教师在周群校长的带领下不断进行课程改革与建设的道路是正确的，反映了全体教师不断提升课程领导能力的可喜结果。

表 5-6　部分教师 2013—2018 年获荣誉称号情况统计表

年份	教师	获奖名称	级别/等级	颁奖部门
2013	周群	全国五一劳动奖章	国家级	中华全国总工会
	周群	全国优秀小学校长	国家级	教育部小学校长培训中心
	周群	优质小学创建研究工作站首席专家	省级	云南省教育厅
2014	周群	中国"课改杰出校长"	国家级	中国新课程研究院、教育部北京师范大学基础教育课程研究中心
	杨莉、赵夏、刘杰、蒋厚春、邱茜、高红、张仁妍、段欣邑、周栋梁	2014 年云南省学校体育舞蹈大课间展演比赛小学组优秀指导教师奖	省级优秀奖	云南省教育厅
	周群	第七届云南教育科学研究优秀成果评选	省级一等奖	云南省教育科学研究院
2015	苏鸿伟、邓清、曾洁、王景渊、杨丽华、谭娟、吴琼、梁海榕、邵清明、冯熙越、金晓华、者汉先、段潇园、曾恒祥、叶显芬、寸晓丹、胡沧波	第二十届全国中小学生绘画书法作品比赛指导教师奖	国家级	中国艺术教育促进会

续表

年份	教师	获奖名称	级别/等级	颁奖部门
2015	王景渊、胡沧波、曾恒祥、梁海榕、谭娟、李银彦	2015云南少年儿童优秀美术作品展优秀组织工作奖	省级优秀奖	云南省美术家协会
2016	周群	中国好校长	国家级	光明日报社
	曾睿、夏铭、王珺、杨维娜	获"一师一优课、一课一名师"活动"部级优课""优课名师"	国家级	中央电化教育馆
	曾睿、邓清、丁雪艳、李俊、刘亚春、罗瑛、罗艳萍、唐泽奕、王珺、夏铭、杨维娜	获"一师一优课、一课一名师"活动"省级优课""优课名师"	省级	云南省教育厅
	王茂	第三届云南省未成年人思想道德建设工作先进工作者	省级	云南省文明办
2017	周群	昆明市首届"春城名校长"荣誉称号	市级	昆明市教育局
	李蓉晖、普丽媚、李素萍、胡秋艳、高红、李娜、管庆芳、孙良玮、陆光婵	获"一师一优课、一课一名师"活动"部级优课""优课名师"	国家级	中央电化教育馆
	李敬坤、赵光萍、管庆芳、董媛、李娜、陆光婵、孙良玮、杨薇筠、李素萍、胡秋艳、师世伟、戴建英、普丽媚、李蓉晖、姚丽娜、高红、刘丽玲	获"一师一优课、一课一名师"活动"省级优课""优课名师"	省级	云南省教育厅
	曾睿	首届"云南省名师"荣誉称号	省级	云南省教育厅
	杨扬、徐文锦	昆明市中小学教师教坛新秀评选,获"昆明市中小学教师教坛新秀"荣誉称号	市级	昆明市教育局
	陈虹	昆明市首届"春城教学名师"	市级	昆明市教育局
	方群	获"一师一优课、一课一名师"活动"部级优课""优课名师"	国家级	中央电化教育局
2018	周群	校教育教学管理工作中认定为"西山名长"	省级	昆明市西山区委、昆明市西山区人民政府
	杨薇筠	班级管理被评为2017年度昆明市"名班主任"	省级	昆明市教育局
	师世伟	班级管理被评为2017年度昆明市"名班主任"	省级	昆明市教育局
	王珺	昆明市第三届"春城教学名师"	市级	昆明市教育局
	沈艳芳	昆明市骨干教师	市级	昆明市教育局
	沙嗣晖	昆明市西山区名师	区级	五华区教育局
	马黎娜、刘玲、杨晶、金颖、刘雄娟、冯镜宇	五华区中小学教师教坛新秀评选,获"五华区教坛新秀"荣誉称号	区级	五华区教育局

第二类奖励是教学技能竞赛获奖（表 5-7）。2013—2017 年，附小教师获得多项国家级、省级、市级教学、技能竞赛奖励。这些奖励背后无不凝集着附小老师的辛勤心血和汗水。日常时间，学校每一位参赛的教师都要不断"磨课"，要上以学生发展为中心的课，上具有附小特色的课，认真探索如何教书育人。因此，参赛时，每节课的精彩呈现都能体现授课教师及教师所在团队日常的精心积累。

表 5-7　部分教师 2013—2018 年教学技能竞赛获奖情况统计表

年份	教师	获奖名称	级别/等级	颁奖部门
2013	刘亚春	全国小学品德与生活优质课评选	国家一等奖	中国教育学会中小学德育研究分会
	黄铭卿	全国中小学交互式电子白板学科教学大赛现场说课	国家一等奖	全国中小学计算机教育研究中心
	黄铭卿	全国中小学交互式电子白板学科教学大赛录像课	国家一等奖	全国中小学计算机教育研究中心
	钱开红	全国深化小学数学教学改革观摩交流会	国家一等奖	中国教育学会小学数学教学专业委员会
	刘娴	全国中小学体育教师教学技能比赛小学组	国家二等奖	中国教育科学研究院
	曾睿	云南省小学语文课堂教学示范课展示	省级一等奖	云南省教育科学研究院
	庄莹、范敏	小学习作教学录像课	省级一等奖	云南省教育学科研究院
	赖应琴	小学语文课堂教学录像课	省级一等奖	云南省教育学科研究院
	刘燕、李莉	云南省小学青年教师教学基本功大赛	省级一等奖	云南省教育学科研究院
2014	刘燕	第八届全国小学数学优化课堂教学录像课评比	国家一等奖	中国教育学会小学数学专业委员会
	杨艳丽	微型录像课在第二届中国小学国际教育研讨会评选	国家一等奖	中国教育学会小学教育专业委员会
	蔡铮	第八届全国小学英语教师教学基本功大赛	国家一等奖	国家基础教育实验中心外语教育研究中心
	杨蓉	第八届全国小学英语课堂教学优秀课展评	国家一等奖	国家基础教育实验中心外语教育研究中心
	方群	2014 年度全国优质创新微型录像课云南赛区选拔赛	国家二等奖	中国教育学会小学教育专业委员会
	余畅	微型录像课在第二届中国小学国际教育研讨会评选	国家二等奖	中国教育学会小学教育专业委员会
	刘艳苦	少先队活动课案例参加 2014 年全国少先队辅导员说课展示活动	国家优秀奖	辅导员杂志社
	杨蓉	第八届全国小学英语课堂教学优秀课展评	国家最佳奖	国家基础教育实验中心外语教育研究中心
	蔡铮	第八届全国小学英语教师教学基本功大赛	国家最佳奖	国家基础教育实验中心外语教育研究中心

续表

年份	教师	获奖名称	级别／等级	颁奖部门
2014	马丽婕、刘艳茗	云南省少先队活动课说课大赛决赛	省级一等奖	云南省教育厅
	沈艳芳	2014年云南省基础教育教师三项教学技能"教师优质课评比"	省级一等奖	云南省教育厅
	邱茜	首届全国舞蹈大赛艺术表演队列舞	省级一等奖	云南省国际标准舞协会
	刘畅	小学、幼儿园英语教师说课、口语、板书三项技能竞赛活动教师优秀奖	市级一等奖	昆明市教育科学研究院
	蔡铮		市级优秀奖	昆明市教育科学研究院
2015	周群	中国教育学会2015年度课堂教学展示与观摩系列活动·中小学科学课堂优质课评比	国家一等奖	中国教育学会科学教育分会
	郭敏霞	2015年度课堂教学展示与观摩系列活动中小学科课堂教学优质课评比	国家一等奖	中国教育学会科学教育分会
	李俊	"中国梦全国优秀多媒体教学课件评选大赛"	国家一等奖	《中国国教育学刊》杂志社
	丁雪艳	全国小学数学示范课观摩交流会	国家一等奖	小学数学课程教材研究开发中心
	徐玉、赵丽娅、易春宜、游潇	2015年云南省小学语文课堂教学示范课展示评比（录像课）	省级一等奖	云南省教育学会小学语文教育专业委员会
	周潜超豫、马蓉	2015年云南省小学语文教师汉字听写大赛	省级一等奖	云南省教育学会小学语文教育专业委员会
	郭敏霞	2015年云南省小学科学教师优质科学课评比活动	省级一等奖	云南省教育学会科学教育专业委员会
	苏鸿伟、冯熙越	云南省第二届"好声音""好身体""好手艺"音体美教师业务竞赛美术学科版画紫陶项目	省级一等奖	云南省教育学会
	张跃明	2015年昆明市小学语文识字课竞赛活动	市级一等奖	昆明市教育科学研究院
2016	王景渊、吴琼	云南省第三届"好声音""好身体""好手艺"音体美教师业务竞赛美术学科摄影摄像比赛	省级一等奖	云南省教育学会
2017	高颖、吴红梅、沈艳芳	第三届全国小学数学课堂教学录像课评比活动	国家一等奖	人民教育出版社课程教材研究中心
	李爝沙、刘丽榕	第一届全国小学数学微课评比活动	国家一等奖	课程教材研究所
	马丽婕	全国少先队辅导员风采大赛	国家一等奖	全国少工委办公室
	易琴	云南省中小学实验教学说课评选活动	省级一等奖	云南省教育厅
	白灵	昆明市小学音乐教师课堂教学竞赛	市级一等奖	昆明市教育科学研究院
	杨爱华	2017年昆明市中小学班主任基本功竞赛	市级小学组一等奖	昆明市教育局

续表

年份	教师	获奖名称	级别/等级	颁奖部门
2018	徐昊声	"给动物分类"一课在第六届小学科学（教科版）优秀课评比活动中获一等奖	国家级	中国教育科学研究院小学科学教育研究中心
	白灵	昆明市小学音乐教师课堂教学竞赛"只怕不抵抗"音乐课获一等奖	省级	昆明市教育科学研究院
	杨维娜	小学音乐教师课堂教学竞赛指导"只怕不抵抗"获优秀指导教师奖	省级	昆明市教育科学研究院
	高红	指导的节目《苏格克里狂想曲》获云南省第六届中小学生艺术展演活动小学组一等奖	省级	云南省教育厅
	温明通	指导的节目《苏格克里狂想曲》获云南省第六届中小学生艺术展演活动小学组一等奖	省级	云南省教育厅
	张凯	指导的节目《苏格克里狂想曲》获云南省第六届中小学生艺术展演活动小学组一等奖	省级	云南省教育厅
	而萍	昆明市第二届中小学班主任基本功竞赛中获一等奖	市级	昆明市教育局

第三类奖励是教育教学论文获奖（表5-8）。2014—2017年，附小老师在教育教学论文方面，获得了三项主要奖励。教师的科学研究涉及方方面面，例如课题研究、科研论文、教改研究、教改论文、编写教材、编写练习册、设计课件等。教学之余，老师们通过课题研究和论文撰写不断提升自己的研究水平，也带动了身边的教师不断学习、不断反思，共同提升理论水平，所谓站得更高，看得更远，不断提高教书育人的能力。这些奖励就是具体体现。

表5-8　部分教师2014—2017年教育教学论文（方案设计）获奖情况统计表

年份	教师	获奖名称	级别/等级	颁奖部门
2014	周静	中国教育学会科学教育分会2014年优秀教学设计	国家一等奖	中国教育学会科学教育分会
2017	杨爱华	2017年昆明市中小学班主任基本功竞赛	市级最佳小论文奖	昆明市教育局
2017	杨爱华	2017年昆明市中小学班主任基本功竞赛	市级最佳方案设计奖	昆明市教育局

三、教师做人教育能力提升个案

在课程建设中，附小教师能够不断思考，更新知识，扩宽视野，在研究、学习、实践及反思中记录自己的成长与感受，形成个人教学故事。每一个故事都真实而典型，教师自己以及其他教师都能受益匪浅。下面以附小在课程开发中引进的社会情感学习课程为例，用个人自述和专题访谈的方式，提供教师专业能力提升的个案。

（一）个人自述

主题：社会情感学习课程帮助我提升课程开发与实施能力

教师：赵丽娅，全程参与附小 SEL 课程开发建设

　　SEL 课程从 2014 下半年走进我们的校园、我们的课堂。至今，SEL 在情感教育、班级管理、师生关系的良性建构、教师专业技能的提升和增长等方面，发挥出越来越强的积极作用，为课程建设开辟了新路，增添了活力。

　　SEL 中的大部分内容我们平时都在做，单独把它列为一个课程的意义又在哪儿呢？这个问题曾经使许多老师排斥和抗拒学校推进 SEL 项目，认为它令本来就不小的工作量"雪上加霜"——我也曾是持这种认识的人之一。然而通过半年的实践后，我的认识发生了转变：SEL 课程的学习，能够让所有孩子更全面、更清晰地了解情感、认识自我，能够把一些诸如"移情""同理心""权利与义务"这些孩子们相对不常见的概念，系统地教授给他们，在活动中反复温习，并最终能够运用这些概念解决实际问题、处理人际关系。SEL 能为我们提供更明确的情感教育目标，为孩子提供更适用的行动指南。因为它是面向全体孩子的系统课程，与以往班级管理中针对个别偶发行为不定时开展的教育相比，SEL 有更强的连续性，更广的覆盖面，在绝大多数情感、道德、交往的问题上，都能很好地起到或迎刃而解或未雨绸缪的作用。

　　2016 年秋季学期还上了一节研讨课"平静下来"。主要内容是了解那些对我们生活有负面影响的激动情绪，引出愤怒，并以此为例，教会孩子们用行之有效的恰当方法冷静下来，调适自我，化解冲突。我在课的最后说：这世界很大、很好，许多事情其实没那么大不了，别再轻易变成一只"愤怒的小鸟"。上课前，我们班至少有两个一点就着的"炸药包"和三四座不时喷发一下的"活火山"，课上同学们有许多关于他们"发飙现象"的举例，实际上有"史"可依。令人欣慰又忍

俊不禁的是，当他们又快失控时，旁边会飘来一串："平静下来，平静下来……"好几回还真的就"谈笑间樯橹灰飞烟灭"。我们班的"小狮子"臣同学个性勇敢冲动，用他妈的话说就是，"赵老师啊，在这个学校里，他估计也就是稍微害怕着你点啦！"酷爱打篮球的他总是午托一结束就飞奔下楼占场，有天被反映说与五年级的同学发生冲突。"为什么？""他来抢我们的场。""然后呢？""我说不可以。""然后呢？""然后他就推了我。""然后呢？""没有了。""啊？！""我本来想推回去的，他根本打不过我。但是我想想这个又不是多大的事，而且也快要上课了。我就算了。"女生的改变则是明白了不平静是失态的前奏，倾诉是调整情绪的良方，娇滴滴、娃娃气的女生少了，温暖柔和的阳光女孩多了。

在后来的 SEL 课程中，学生还了解了权利与义务，认真思考后提出了自己认为有必要增补的班规；在小组交流中，逐渐养成了"积极地聆听"的好习惯；能够尊重和包容他人，包括自己不喜欢的那些人；对班级越来越有归属感和责任感……这些点点滴滴的改变，不正是在引导孩子们"学做人"吗？在项目推进的过程中，通过学校同事们的不断研讨、尝试、改进、创新，SEL 课程成为现有校本课程的重要组成部分，并在"做人教育"里发挥着不可小觑的推动作用，让孩子们朝着学校"有爱心、负责任、善思考、能合作、有毅力且心态阳光"的培养目标稳步迈进。

通过 SEL 课程的开发与实施，我观察并真切感受到学生的成长和变化，确信 SEL 能够在学生的品质养成、学校的做人教育方面给予强大助力，我授课的责任感和信心也得到了极大的增强。SEL 课程的最终愿景是"在家庭、学校、社会共同为孩子提供的有效支持下，使所有孩子成为终身学习者、负责任的决策者，有自我意识和同理心，与他人保持紧密联系，建立良好的人际关系，让每个孩子形成良好的情感与道德品质，发挥自己最大的潜能，积极参与到社会建设中"，而这些都与附小做人教育中的六种目标品质不谋而合。SEL 课程的不断推进，让我和执教的同事们更全面、更深入地了解并愈发认可了学校"做人教育"办学理念的内涵，更愿意主动交流、反复实践、大胆尝试和创新，努力将课程和教学作为做人教育主渠道的作用最大化，"良习修美德 好好做个人"成了我们自身的精神追求。

（二）专题访谈

课程建设促进了教师哪些方面的专业能力提升？其间，他们经历了怎样的情绪体验和成长感悟？我们以社会情感学习课的开发为主题，在前期参与课程开发的教师中选取了三位老师，通过邮件访谈的形式了解教师的成长历程。访谈记录如下，A、B、C代表不同的老师。

1.对 A 教师的访谈

A 教师，青年教师，从教 10 年以内。

问：接到情感教学课学习及教学任务时的想法是什么？

答：面对一门全新的课程，作为语文兼思想品德老师，我对这门课程十分好奇，这是一门怎样的学科？"情感"二字让我简单地理解为这是教会学生如何认识情感，以培养学生情商为目的的一门课程。我所面对的学生几乎都是"00 后"，存在着自私、以自我为中心、愤怒、偏执和不接受批评等一些令家长和老师头疼的问题。基于此，我认为开展这样的新课程对现在的学生而言很有必要，同时我们教师也可以从新的角度去发现孩子们隐藏起来的心理问题和成长困惑。但是在接到教学任务的时候，还是有一种不知所措的迷茫，不知道要以怎样的课堂形式和活动设计来教学。教材单一，目标不明确，学段特征不突出，都是我们面临的挑战。所以几乎只能摸着石头过河，在云南师大老师的带领下不断地进行学科研讨和教案设计。

问：在学习的过程中最有感触的地方和最大的收获是什么？

答：在年级的情感小组备课研讨中，我们对 SEL 课程的界定有了新的认识。SEL 课程不是思想品德课，它教会学生如何处理与自我、他人和集体之间的关系。"社会情感学习"课程也不是语文课，它不需要套路，而更看重学生的体验和反馈。它不需要结果，而更看重学生发现问题和解决问题的过程。

问：在前期课程开发中觉得困难的地方有哪些？

答：课堂的模式无路可循，常常用语文课的思路进行备课，目标意识过强，为了达到目标而上课，循序渐进的课堂效果难以体现出来。

教师对课程的理解和设计不够细致，每个班级的学生学情各不相同，尤其考验教师驾驭课堂的智慧。SEL 课程的课时长度过于死板，使得教师上起课来也不够灵活。情感小组的建立使得 SEL 课程开展的范围较小，平时教学任务繁重的语文老师参与度不高。绘本是 SEL 课程常使用的教学手段，但是完全符合目标需要的绘本比较难找。课程教材的参考性不高，课程设计也不太符合学段特点，所以备课时主观性比较强。

问：您通过什么方式解决遇到的问题？

答：通过和其他年级情感小组的老师积极研讨和请教，多个班级试讲试教，了解更全面的学情，设计更有趣的活动加大学生的参与度。既深入研究教材中提出的目标，又结合学生实际设计出更有意义的目标。现在 SEL 课程的基本模式已经有了，我们又进行了新的思考，即如何突破现有的瓶颈，发现更加自由、灵活的课堂模式。

问：您对目前的情感教育课有什么想法？

答：在老师教学管理任务能适当减少的情况下，可以在全校铺开，并加强研讨和教学实践。这样才能搜集更多的教学案例，无论是成功的或失败的，这样才是真正地将新课程落实在学生的学习生活中，而不仅仅是一件用来"欣赏"的工具。

问：参与情感教育课的开发对自己的专业发展是否有提升？

答：教师的综合素养更多地应该体现在课堂驾驭能力上，情感教育课的开发让我备课时更全面的考虑到学情，课堂上也逐渐明白了如何顺势而导，使课堂来源于学生又还给学生。SEL 课程让我不再一味地说理，而是利用情感导向去抓住学生的心，站在他们的角度多理解、多宽容，让教师和学生之间的关系变得更加和谐。SEL 课程应该让学生畅所欲言，甚至可以倾诉对同学、对家长、对老师的不满意。我们可以借此机会反省自己在教学管理中的不足和遗憾，把学生当成一面镜子，反观自己，完善自己，做一个真正用"爱和责任"工作的老师。

问：自己还希望得到哪些方面的专业提升？

答：毕竟我们所设计出的 SEL 课程不是原汁原味的 SEL 课程，所以关于 SEL 课程的开发和实践，我们还需要更加专业的国际化的指导和培训，尤其需要转变课程评价的标准，观念的转变需要学校作为主导，只有先从观念上转变了，才能与时俱进跟上新课改的步伐。

2. 对 B 教师的访谈

B 教师，青年教师，从教 15 年以内。

问：接到情感教学课学习及教学任务时的想法是什么？

答：自然是抵触，觉得在思想品德课之外又增设一种课程，是在原本就很繁重的语文、品德、班主任工作的基础上"雪上加霜"。了解了 SEL 的基本含义、实施目的、授课内容后，开始有一些好奇。

问：在学习的过程中最有感触的地方和最大的收获是什么？

答：社会情感学习项目是围绕着自我认知、他人认知、集体认知、自我管理、他人管理、集体管理这六个维度的重点开展的。其中自我认知包括了自知、自信、自尊。他人认知包括了移情、尊重、亲和；集体认知则包括了集体意识与亲社会意识；自我管理的内容有调适、反省、坚韧、进取；他人管理的内容主要有理解与包容、化解冲突、处理人际关系；集体管理则包含了融入集体、维护荣誉、遵守规范、合作、领导力和亲社会能力。社会情感学习的这些组成部分并不是研究者的发明创造，而是所有"好"学校、"好"老师们发现并做了几十年的事。不仅如此，社会情感学习项目的开展仍然依赖于我们一线教师。

问：在前期课程开发中觉得困难的地方有哪些？

答：如何将国际引进的教材读懂摸透，然后将其核心内容转化为更符合中国孩子实际情况的"知识"予以教授，本身就是一件特别不容易的事情。因为中西方文化存在着较大差异，所以 SEL 课程的目标、方法、具体实施过程等自然不能照搬，原版教材中提供的绝大多数素材其实是孩子们看不太明白的。老师必须自己先揉透情感教学目标，把其中的隔阂、障碍一一"铲除"。每一次备课几乎都是"白手起家"，需要投入极大的时间、精力及热情。另外，寻找适合相应学段中国孩子的教学手段，也不简单。

问：您是通过什么方式解决遇到的问题？

答：深入领会，通过多种渠道了解 SEL；不断学习，观摩示范课，积极参加各种体验和研讨；走进孩子，加倍关注其情感现象的同时用心搜集各种素材；最最重要的是改变观念、端正态度，由衷认可 SEL 的价值和意义，全情投入。

问：您对目前的情感教育课有什么想法？

答：SEL 让我意识到，教师所扮演众多角色里最重要的一个就是通过有效的班级管理营造出积极的、相互支持的班级情感环境，让学生的学习达到最佳状态。所以事实上，从学生和老师走到一起的第一天开始，积极的班级情感环境建设就应该启动了，而社会情感学习也应该于这一天开始融入班级生活。因为，有效的社会情感学习将会是班级管理的最佳拍档。因此希望能够加强对该课程的投入和建设，让更多的孩子能够尽早接受专业、专职的社会情感教育。

问：参与情感教育课的开发对自己的专业发展是否有提升？

答：有。SEL 能为老师们提供更明确的情感教育目标，为孩子提供更适用的行动指南。因为它是面向全体孩子的系统课程，与以往班级管理中针对个别偶发行为不定时开展的教育相比，SEL 有更强的连续性，更广的覆盖面，在绝大多数情感、道德、交往的问题上，都能很好地起到或迎刃而解或未雨绸缪的作用。实践证明，SEL 课程的学习，能够让所有孩子更全面、更清晰地了解情感、认识自我，能够把一些诸如"移情""同理心""权利与义务"这些孩子们相对不常见的概念，系统地教授给他们，在活动中反复温习，并最终能够运用这些概念解决实际问题、处理人际关系。因此，SEL 让老师成为更好的老师，更有能力培养出健康、积极的学生。

问：自己还希望得到哪些方面的专业提升？

答：学校组织的学习和培训已经涵盖了很广的范畴，但求学有所得、学以致用，暂无其他需求。

3. 对 C 教师的访谈

C 教师，中年教师，从教 20 年左右。

问：接到 SEL 课程学习及教学任务时的想法是什么？

答：因为这是一门新课程，既没有前期的专业知识支撑，又无参照、模仿和借鉴的实例，所以接到情感教学课的教学任务时更多的是忐忑和迷茫。迷惘于不能对此课程有一个清晰的定义，无法构建和形成对这门学科的系统规划和实施策略。忐忑于担心自己不能胜任这门课程的教学，怕在实施课程时对一些专业知识无法清晰界定。

问：在学习过程中最有感触的地方和最大的收获是什么？

答：最大的收获就是在班队活动、集体活动以外更系统更科学地掌握了一些提升孩子情商和社会适应能力的方法。SEL 课程关注的是儿童自信心、独立性的树立，责任感的培养，自己情绪的管理以及解决问题能力的发展。让孩子在活动中了解自己，能管理好自己的情绪并坚持自我，从而培养孩子的责任意识，建立良好的人际关系，形成良好的情感和道德品质。通过实施这门课程，我学会了如何关注孩子参与活动的积极性、分享性，学会了如何让孩子们了解自己的感受和了解他人的情绪，从而提高解决情绪冲突的能力。

问：在前期课程开发中觉得困难的地方有哪些？

答：困难一，受学科教学的影响，有时对课程性质的界定会自然地划分为思品课的延伸，而非独立的学科；困难二，教学时，会不由自主地只关注课程中的知识点的学习，而忽略了学生社会情绪能力的进步；困难三，大班教学的现状很难保证活动能顾及和关注到每一个孩子情绪能力的培养；困难四，教学及班级管理工作的繁重，无法在时间上保证对新课程的进一步学习与提升；困难五，没有深厚的专业知识支撑。

问：你通过什么方式解决遇到的问题？

答：转变教学观念，调整教学方式，有意识的解放教学思维，将课程真正理解为独立的学科；教学中多关注孩子社会情绪能力的进步，少关注生硬而难懂的科学概念；多关注孩子的情感体验，少关注知识的系统学习；将大班孩子分为几个学习小组，采取小组合作的方式，尽量让每个孩子参与到教学活动中，在教学中尽量留足活动时间，让孩子有参与的意愿和参与的可能；提高单位时间内的工作效率，使之能有研究 SEL 课程的时间与精力；课余时间多充电，多与师大专家团队沟通交流，多与 SEL 课程骨干教师交流学习，补充专业知识，提高专业技能。

问：你对目前的情感教育课有什么想法？

答：在教材的把握上有一定的难度。SEL课程的教材是从国外引进的，这样难免与我们的文化背景不相符。另外，有些中间年级开设课程的，教材出现断层，缺乏系统性。教材通常是在不同年级呈现同一个主题，需要把握不同年级的难度。如果能直接提供一些具有代表性针对性的教材，实施课程的老师能匀出更多的时间设计教学活动。能提供或移植一些经典案例或活动设计参考，老师们会相对轻松。

问：SEL课程的开发对自己的专业发展是否有提升？

答：对自己的专业发展有一定的提升，特别是在学生情绪管理、教学模式的转变、评价方式的多元化、过程化方面，更是有一定的促进。第一，关注点应在学生情绪的管理上：学科教学中，对学生传授知识，把握知识的系统性是重点，而SEL课程更多关注的是孩子社会情绪能力的培养，关注孩子参与活动的积极性、分享性和参与程度，关注孩子在各种活动中的情绪变化，这就要求我们真正尊重学生的人格，引导鼓励学生大胆地阐明自己的看法观点，并愿意与他人分享自己的情绪行为。第二，实施方式（即教学模式）的转变：传统国家课程模式的结果，往往忽略了SEL课程在实践层面的保证和实施效果，缺乏有效的指导训练。因此，在实施教学时学会了借助形式丰富的活动作为载体，让课堂活动的组织形式多样化。第三，评价方式的变化：课程的特殊性教会了我们对学生评价不能只用常规的结果评价，而应关注过程评价，即在不同情境中采取不同的评价方式，肯定、接纳孩子的想法，让孩子在教学活动中更为自然而轻松。

问：自己还希望得到哪些方面的专业提升？

答：目前，有云南师大专家团队的帮助，有学校SEL课程骨干教师的交流活动，还有学校各级各类培训，对实施SEL课程有一定的借鉴、指导和促进作用，希望能留一定的积累和内化时间和空间，暂无其他需求。

第三节　扩大学校社会影响

近年来，附小在"做人教育"课程的探究和建设过程中，注重将初步的研究成果和实践经验与同行分享，一定意义上扩大了学校的社会影响，对中小学依托课程落实立德树人根本任务产生了积极的影响和推动作用。

一、学校获奖情况

在"做人教育"理念的统领下，附小结合素质教育和新课改的要求，根据学校的实际情况积极参与省级、国家级的多项竞赛活动，取得了良好的成绩。这些奖项获得的重要原因之一，是近几年扎实推进"做人教育"课程的建设工作。这些奖项的取得，扩大了附小课程建设研究成果和实践经验在云南省乃至全国的社会影响。

2013年1月至2018年7月，附小获得的荣誉称号有"全国教育系统先进集体"等17项。其中，国家级奖项4项，省级奖项13项。学校先后被授予"全国特色学校""全国教育系统先进集体""全国红旗大队""全国优秀少先队集体""教育部人事司—中国移动校长培训基地""全国青少年·'五好小公民'示范学校""云南省文明单位""云南省德育先进集体""云南省红领巾示范学校""云南省巾帼文明岗""云南省中小学德育工作先进集体""昆明市名校长培训基地"等荣誉称号（表5-9）。2018年8月，附小个性课程"少儿小博士"课程以"少儿小博士：西南边疆小学综合育人体系的创新与实践"为题，入围2018年基础教育国家级教学成果奖拟授二等奖名单。这是附小在"做人教育"课程建设中取得的最高奖项。

表5-9　学校部分获奖纪录

年份	奖项	颁奖部门
2013	中国梦·校园文化示范学校	云南省教育厅
	云南省教育研究学术重点工作站	云南省教育厅
	云南省优秀少先队集体	云南省教育厅
	第29届云南省青少年科技创新大赛优秀组织单位	云南省教育厅
	"我的中国梦"从我做起主题教育活动优秀组织奖	云南省教育厅德育处

续表

年份	奖项	颁奖部门
2014	全国教育系统先进集体	中华人民共和国教育部
	第二十九届全国青少年科技创新大赛基层赛事优秀组织单位	中国科学技术协会青少年科技中心
	全国青少年五好小公民"美丽中国我的中国梦"主题教育活动示范学校	教育部关心下一代工作委员会
	2014年云南省学校体育舞蹈大课间展演比赛一等奖	云南省教育厅
2015	2015年云南省小学语文教师汉字听写大赛优秀团体组织奖	云南省教育学会小学语文专业委员会
	云南省校风学风建设示范学校	云南省教育厅
	云南省德育示范学校	云南省教育厅
	2015云南少年儿童优秀美术作品展优秀组织工作奖	云南省美术家协会
2016	全国维护妇女儿童权益先进集体	中华全国妇女联合会
	云南省教育科研机构先进单位	云南省教育厅
2017	云南省平安校园	云南省教育厅
2018	第三十三届全国青少年科技创新大赛优秀科技教育创新学校	中国科学技术协会

二、对省内外学校的辐射作用

在国家和云南省深入推进义务教育均衡发展的新形势下，附小把"做人教育"优质课程资源向全省和全国辐射，通过各种形式的培训，在带动全省的义务教育课程改革方面，做出了一定的贡献。除随时向省内外同行开放外，2007年被授予"昆明市首届名校长培养基地"，为昆明市培养了来自四区八县的13位校长；2005—2014年圆满地完成了6批"香港伍集成文化教育基金会"对"云南省乡村骨干教师"在附小的培训任务，迄今已培训120多人；2009—2017年成功完成了七批"教育部——中国移动中小学校长影子培训"工作，参训校长46位；2009年以来，完成师大组织的边疆地区少数民族校长培训工作，参训校长20余人，坚持常年"送教下乡"；2013年完成了教育部"农村校长助力工程"的培训工作，参训校长16位，分别来自祖国的四面八方。）培训工作受到委托单位和学员的高度赞扬。通过培训，使参训教师不仅感受到学校的育人氛围，更了解到学校"良习修美德 好好做个人"的办学理念和课程建设情况，总结学习经验的同时更产生思想的交流，进而促进双方长远的发展与进步。

（一）培训基本流程简介

为了保证培训的效果，承担各项培训任务时学校都要按照一定的规范流程进行：先邀请前来参观的老师们在附小学生小导游的带领和讲解下参观校园文化，了解附小的历史和理念。附小的前身为抗战时期的西南联大附校，校门口修建了分别代表清华大学、北京大学、南开大学三所高校的"三色柱"和印刻着附小位置的铜质地标，校园绿地内的石阶上摆放着刻有"刚毅坚卓"校训的巨石，墙壁上有"仁、义、礼、智、信、孝、廉、忠、和、毅"的箴言，有孔子倡导的"水"的做人理念……学校的环境建设是学校育人的重要组成部分，参观校园的布置和规划给老师们也带来了一定的启发。开班仪式上，周群校长会给参训教师讲座，宣传附小"良习修美德 好好做个人"的办学理念。老师们先从思想层面对附小有一定的了解，使接下来具体的参观更明确、更有实效性。参训教师还会参观各年级各班的班级文化展示、观看独具特色的民族韵律操舞、聆听骨干教师带来的示范课，这些具体的活动展示着"良习修美德 好好做个人"的内涵。从环境到理念再到具体的学生生活，参训教师对学校的了解不仅是看到和听到的，更是思想上的。这样的培训我们一直在做并将长期坚持下去，把优质的教育资源辐射得更广。

（二）培训项目及辐射作用

1. 承担"国家教育行政学院云南培训基地"组织的培训活动

2013—2015年，国家教育行政学院云南培训基地在附小先后组织了"中小学校长领导力提升专题研修班""学科带头人高级研修班""骨干教师培训班"等若干核心培训班，逾千名参训中小学校长、学科带头人和骨干教师等赴附小观摩学习（表5-10）。

表5-10　2013—2015年云南培训基地学员赴云师大附小考察情况汇总表

序号	班名	日期	人数（人）	对象
1	中小学"教学创新与管理科学化"专题研修班	2013.4.21—29	134	西宁市中小学教务主任、鸡西市中小学教学副校长
2	哈尔滨市第1期学科带头人高级研修班	2013.5.5—15	139	哈尔滨市学科带头人
3	哈尔滨市第2期学科带头人高级研修班	2013.9.11—21	142	哈尔滨市学科带头人
4	东营市教育管理干部专业发展与能力提升项目高级研修班	2013.10.18—25	55	东营市各县（区）中小学骨干校长、分管教育副局长
5	哈尔滨市第2期基础教育研培人员高级研修班	2013.10.24—31	41	哈尔滨市研培人员

序号	班名	日期	人数（人）	对象
6	哈尔滨市第3期学科带头人高级研修班	2013.10.24—11.3	103	哈尔滨市学科带头人
7	第3期"学校校长领导力提升"专题研修班	2013.12.7—17	74	内蒙古、山东等各地中小学校长
8	哈尔滨市第四期中小学学科带头人"做访学"高级研修班	2014.5.4—14	200	哈尔滨市学科带头人
9	玉溪市中小学校级后备干部研修班	2014.9.23—27	99	玉溪市中小学校级后备干部
10	海南省三亚市中小学（幼儿园）校（园）长领导力提升专题研修班	2015.5.4—14	100	三亚市中小学（幼儿园）校（园）长
11	"校长国培计划"——2015年边远贫困地区农村校长助力工程小学校长培训班	2015.10.13—11.6	50	全国各地农村小学校长
12	中小学校长领导力专题研修班	2015.12.12—21	140	全国各地中小学校长
合计			1277	

2. 承担"香港伍集成文化教育基金"组织的培训活动

2013—2015年，学校承担了三期由"香港伍集成文化教育基金"组织的"省级学科进修"项目的培训工作，参训学员分别来自江川、河口、石屏，共计60位。学校对学员全方位开放，为学员提供学习、借鉴、交流的平台，使学员通过观察、参与、研讨和交流等多种途径与方法，学有所感、学有所悟、学有所得。许多教师回到学校后积极实践和推广附小的经验和做法，取得了较好的成效，这些教师逐步成长为当地教育局、学校的中坚力量。此外，2014年，附小接待了基金会组织的来自上海市的小学名校长、骨干校长赴云南教育考察团的专家，共计20余人。专家们参观了学校极具特色的校园文化、独具匠心的班级文化及民族大课间操舞、经典诵读等校本活动。考察结束后，各位专家、校长针对"校长的文化自觉与学校文化建设"这一主题，进行深入的研讨和交流。周群校长结合附小校园文化的建设理念、目标、内容、措施与成果进行交流和分享，获得与会专家们的好评和赞赏。

3. 承担"教育部校长培训基地"和"云南省校长培训基地"组织的培训活动

自 2013 年以来，附小承担全国和云南省校长培训 7 批次左右，共计 726 人，培训影子校长 46 人。培训内容丰富，方式活泼，赢得两个培训基地学员的一致好评。学员们纷纷表示，附小的培训过程真诚、高效又充满创新，他们一定把好经验、好做法带回自己的学校，让自己的学校也像附小一样扎实地开展各种真正利于学生自主发展的特色活动，把学校建设得更有生命力。2013 年，附小完成了教育部"农村校长助力工程"的培训工作，参训校长 16 位，分别来自祖国的四面八方。2013—2015 年，附小参与了教育部"农村校长助力工程"的培训项目，接待来自云南、贵州、甘肃、陕西等地共 16 位农村校长，圆满完成了培训任务。2014—2015 年完成了教育部"中国移动中小学校长培训项目"在附小的培训任务，培训了来自保山、寻甸、迪庆等地区的 20 位校长。

4. 参与云南省教育厅和昆明市委托培训项目

2014—2017 年，受云南省委组织部、省教育厅委托，附小为"云南省基层人才对口培养"项目培训教师 48 人，得到上级部门的高度赞扬。2007 年，附小被授予"昆明市首届名校长培养基地"，为昆明市培养了来自四区八县的 13 位校长。2009 年以来，完成师大组织的边疆地区少数民族校长培训工作，参训校长 20 余人，并坚持常年"送教下乡"。

5. 为兄弟学校搭建学习平台

自 2013 年起，附小每年筹资邀请云南省最边远贫困地区的 100 位从未走出过大山的乡村教师，飞到昆明开展"同在一片蓝天下——走进新课程交流活动"以"同在一片蓝天下"为主题，以"新老教师教育教学经验交流会"为契机，让教师在互动、互助的实践中，增进合作，共同进步，几百位老师受益意味着成千上万的乡村孩子受惠。2015 年，云南师范大学确立对口帮扶德宏州梁河县，附小承担了帮扶梁河县最大的遮岛中心小学的任务。自此，学校通过多次请进来、走出去的方式，开展了卓有成效且辐射到整个梁河县的教育帮扶工作。

前来附小学习的校长和教师纷纷表示收获很大，有的校长和老师把附小经验带回自己学校，促进了其所在学校的发展。例如，2012 年 9 月，云南省临沧市临翔区南屏小学杨爱国校长在附小学习了一个月。学习结束后,他被附小卓越的校园文化氛围所折服。2013年3月,杨校长再次带领学校的20多名教师赴附小进行参观学习,内容涉及教育教学、特色大课间、少先队活动及校园文化建设等。他们走进附小课堂观摩"志趣教育"教学竞赛,走遍校园每个角落感受附小"以人为本"的校园文化。参观学习后,老师们都纷纷表示,附小"良习修美德好好做个人"的办学理念与落实载体深深感染了他们,使他们受益匪浅。回校后,他们把从附小学到的经验用在学校管理、课堂教学、少先队活动建设等方面并结合校情进行了创造性的改造和实践。比如说,他们将附小"当场评课"方式与本校的评课机制有效结合,极大地促进了学校常态课堂教学研究的质量;在校园文化建设及少先队活动的开展方面,结合实际开展了"一个中队,一种品德"教育活动;德育教育方面启动了"雷锋银行";在校内开设了孩子们喜欢的81门"幸福课程",等等。

(三)扩大国际交流辐射范围

附小还通过互访交流以及接待活动,积极向外国院校来访的师生展示学校优良的校风,宣传我国和平共处、互利互惠的外交政策,让喜爱中国文化的来访师生加深对中国传统文化的了解,对中国政治经济现状有了真实、直观的认识。与新加坡联华小学的交流合作就是比较有代表性的一个国际项目。

从2005年起,附小与新加坡联华小学结成姊妹学校,两校怀着增进两国人民友好往来、促进两校共同发展的良好愿望和目标,建设两校间的国际交流与合作。交流方式主要包括:两校每年定期选派优秀教师和学生进行教学交流互访活动,每年进行8～10天的互访活动,就课表、课程和教育文化进行交流研讨,这不仅提升了新加坡学生的汉语水平,也增长了附小师生的见识;建立两校日常互联网交往平台,及时了解彼此的发展动态;来访的新加坡学生学习编中国结、刺十字绣、包饺子、包粽子等饱含中国传统文化意蕴的活动,了解中国的传统文化,提升汉语的学习;来访师生观看附小六年级毕业展示的节目,欣赏具有云南民族特色的大课间操舞,了解附小的特色活动;新加坡同学跟班学习、上课,与本校学生互赠礼物,增进了两国学生的交流。此外,附小配合云南师范大学汉语国际教育学院,多次接待澳大利亚悉尼大学的师生到学校进行实习访问,与学校教师进行交流学习。

第六章
"做人教育"课程建设的经验与方向

    附小近年来以"做人教育"理念引领和课程建设为两个抓手，努力探索和不断推进学生做人品质的培养，积累了一些初步的经验，但同时也存在一些问题。对学校未来的持续、健康发展来说，"做人教育"课程建设力度需要加大，尤其是在育人目标落地、课程体系完善、中层执行力提升、教师主体性发挥、评价激励机制建设等方面还要进一步抓落实。

第一节 "做人教育"课程建设的初步经验

"做人教育"课程建设是一个不断尝试、不断突破的过程，也是一个曲折、艰辛的过程。一批骨干教师不畏艰难、齐心协力，积累了一些好的方法，这些都是教师集体课改智慧的结晶。现将其梳理归纳，形成以下几条初步经验供读者参考。

一、以办学理念为"立德树人"校本落实的思想纽带

附小办学理念梳理的历程帮助我们坚定了这样一个认识：学校办学理念是立德树人根本任务校本落实的思想纽带，这是立德树人根本任务校本落实的认知路径。如果说，党的教育方针所提及的立德树人根本任务是宏观指导思想、总体要求，学校办学行为是微观教育实践，那么，办学理念就是连接宏观指导思想总体要求与微观教育实践之间的思想纽带。而"育人目标"是落实和提升学校办学理念的关键要素，办学理念是否能准确回答育人的问题，是决定学校之所以为学校的关键问题，也是决定办学理念是否能成为办学行动指南的关键因素。要科学形成这一思想纽带，主要需要抓好以下两点。

（一）以育人目标为核心提炼办学理念

教育理想是校长、领导班子、全体教师对学校教育未来的一种期望和追求，其中的核心是关于育人目标的价值追求。提炼学校办学理念必须抓住这一根本，附小为此做了不懈的努力。

1. 提炼育人目标的主要方法

育人目标包括两个层面：培养什么样的人和培养人的哪些品质。附小的结论是，通过培养"有爱心、负责任、善思考、能合作、有毅力且心态阳光"六种品质，来帮助学生未来成长为"受人尊敬和欢迎、对社会有贡献且自己能感受幸福和快乐的人"，实现"三维六品"的育人目标。这一结论来之不易，为了寻找和凝练附小人关于育人目标的教育理想，如本书第二章第三节"'做人教育'理念提出过程"所述，学校采取了多种方法来梳理和提炼。概括起来，主要做法是，①研究文献查阅和教育经典阅读；②组织校长、教师、学生及家长、中学班主任、毕业生的座谈、访谈、结构化研讨或问卷调查；③向来校参观学习的同行征集意见；④课题组成员反复讨论；⑤校外专家指导；⑥学校职代会审议。为方便读者阅读，对其中一些具体做法再次介绍如下。

首次结构化研讨时，老师们讨论的主题为"希望附小培养出来的学生具备哪些优良品质"。家长们讨论的话题是"你希望孩子在附小六年毕业时获得哪些优良品质"。学生们思考的是"你认为作为附小学生应该有哪些优良品质"。研讨后，从最初满满一黑板的几十个核心词梳理成十多个核心词。同时，课题组又挖掘了西南联大及其附校办学传统中的一些优秀品质，综合分析后提出十几个学生做人品质的关键词，然后发回教研室组织教师进行讨论。结合教研室讨论结果，课题组成员再进行汇总和讨论。如此反反复复，整个取舍的过程是痛苦而艰难的，花了近一年多时间，才选出了六种做人品质，即"有爱心、负责任、善思考、能合作、有毅力和心态阳光"。为慎重起见，学校又通过全校教师问卷调查来了解教师对六个品质的看法和意见。在此期间，周群校长提出让附小学生未来成长为"受人尊敬和欢迎、对社会有贡献且自己能感受幸福和快乐的人"，进一步丰富和提升了育人目标的表达。2013 年 7 月，附小通过职代会审议，正式提出将"良习修美德 好好做个人"作为学校办学理念，"三种人""六品质"成为学校的育人目标。此后，又进行了育人指标细化，构建二级、三级指标的工作，以增强育人目标对办学行为的指导可操作性，建立了附小学生核心素养框架，育人目标构建工作才最终完成。在研究期间，茶世俊博士等专家团队全程参与，并多次在座谈会上与师生、家长讲解育人目标的重要意义，分享国内外许多学校的育人理念，使得大家对附小育人目标的提炼充满了使命感和责任感。

2. 育人目标的积极作用

以育人目标为核心提炼办学理念产生了积极作用。自育人目标提出以来，学校的做人教育理念得到了广大师生的理解、支持和认可，大家普遍认识到，"做人教育"是学校教育的根本，也是学校教育的落脚点。具体体现在以下四个方面。

首先，育人目标为学校的德育建设指明了方向。学校一贯重视德育工作，每个学年都会制定一个德育主题，关注学生的品德教育，但那时德育主题零散而不连续。育人目标确定之后，每学年的德育主题都紧扣"做人教育"的理念来落实，思想和内容上都变得更加丰富和具体。这使学校的德育建设走上了更系统、更规范的道路。

其次，育人目标为教师的教学行为指明了方向。传统的教学方法在"做人教育"品质的培养上显得笨拙、低效，为了更好地贯彻落实育人目标，教师在日常教学中转变了教学方式、创新了教学方法、引发了课程思考，这些都为做人教育课程的建设奠定了基础。

再次，育人目标成为每个班班级文化的总目标。各教学班在班级文化的建设上紧密围绕育人目标进行班级公约的制定、班级文化墙的设计、班级学习氛围的营造。"做人教育"成了师生间的高频词，这块"会说话的墙壁"在潜移默化中发挥了巨大的育人作用。

最后，育人目标促使学校改革毕业评价方式。传统的以考试分数为准的评价手段过于单一、呆板，不能很好地反映学生的成长与发展，不符合"以人为本"的育人理念。所以结合育人目标，学校从2013年开始，将六年级毕业生"'中国梦——附小少年炫'之最美毕业季"展示活动作为学生六年学习、成长的最终答卷，向家长、老师、学校以及社会展示最真实的自我。结合时代特点的创新，使得这一开放式评价得到了学生、家长以及社会的一致认可与好评。

（二）注重办学理念思想源流的深入挖掘

学校要培养什么样的人？这是一个具有开放性和未来价值取向的问题。要回答这一问题，不仅要考虑办学传统的历史因素和办学实践的现实因素，还要考虑以指向未来的期望和追求为主要内容的教育理想。要提出一个既符合教育规律，又立足学校实际，兼具先进性与可行性的办学理念尤其是育人目标，是需要多种因素支撑的。针对有的学校办学理念论证逻辑不清晰的问题，附小认真地梳理了多个思想来源，为育人目标的构建奠定了扎实的认识基础、提供了可信的依据。

1. 办学理念需要挖掘的主要思想源流

为使附小办学理念的提出有理有据，增强理念内容的逻辑性和系统性，附小从六个方面的思想源流来挖掘思想营养。①党的教育方针、教育部课改政策等为附小落实立德树人根本任务明确了方向和要求，是学校围绕"立德树人"推进办学理念提升与课程体系建设的根本指导思想；②学校办学传统增加了附小办学理念提升的历史厚重感，西南联大及其附校的办学思想、教育理念、管理智慧等宝贵精神财富通过附小办学理念得以传承和发扬光大；③中外经典教育思想是附小要求学生好好做人的重要思想来源；④周群校长关于回归教育原点、培养学生成为"三种人"等教育思想，成为做人教育目标的核心内容；⑤德育主题、校风教风学风、课程改革等学校办学实践特色，为附小办学理念提供了现实的经验基础；⑥师生对育人目标的高度共识，补充和丰富了学校的办学理念。

2. 从多思想源流提炼办学理念的积极影响

学校的办学理念不是凭空产生的，而是在追寻思想渊源后才得以逐步产生。思想渊源对附小办学理念的提升有着极其重要的作用，特别是体现在如下三个方面。

首先，将教育方针、政策与学校实际结合，形成学校对"培养什么人、怎样培养人"这一重大问题的具体回答。这样提炼出来的办学理念坚持了社会主义办学方向，可以对学校做高位引领，增强办学理念的权威性和公信力。

其次，校长教育思想、办学传统、办学实践特色、师生共识的融合，让学校的办学理念回归到教育原点，回到学校的实际，从而具有更强大而持久的生命力。特别是周群校长常强调，"'教'要从基础知识和基本技能入手，'育'则从良好的习惯出发"[①]，这样的办学理念虽然朴素，却最符合人的发展规律，对办学理念的作用影响深远。

最后，综合前两条作用，"顶天立地"的"做人教育"理念，因为具备充分的理论依据而具有更强的说服力，更能得到师生、家长以至于社会的认可。总之，寻求多方面思想渊源的办学理念是具有内在逻辑的，因而具有更为可信，更

---

① 周群.2016.传统名校办学理念的淬炼与升华——从西南联大附小到云南师大附小的传承与创新.中小学管理，（12）：32-34

有持久的生命力和强大的行动指导能力。

二、以课程建设为"立德树人"校本落实的主渠道

课程解决的是教什么和学什么的问题，围绕育人目标的课程体系构建和课程开发是关键环节。因此，附小落实"立德树人"根本任务，培养学生"三维六品"的做人品质，必须以课程为主渠道。这不仅要体现在课程体系设计上，也要依靠每堂课的教学渗透。

（一）以课程建设落实"立德树人"的主要层面

附小在课程建设方面做了一些有益的尝试，主要是两个层面。

一是围绕育人目标初步设计学校课程体系。学校在开齐、开足国家课程和地方课程的基础上，探索符合本校实际的校本实施，开设独具特色的校本课程。经过梳理和讨论，课题组提出建构由语言与交流、数学与科学、艺术与审美、生命与健康以及社会与实践五个学习领域，以及基础课程、拓展课程、个性课程三个课程层次组成的课程体系。五个学习领域、三个层次的课程彼此支撑、相得益彰，共同发挥整体育人功能。

二是具体课程的开发与实施。学校一方面逐渐完善已有校本基础、拓展和个性课程的标准，将课程目标、课程内容、课程实施、课程资源、课程评价等要素规范和固化下来，不断规范校本课程纲要；另一方面利用附小周边和自己已有的课程资源，根据"做人教育"需要有针对性地开发所欠缺的新的校本基础和拓展、个性课程。如，SEL 课程的开设就是课程建设中的一大亮点，通过 SEL 课程核心技能的学习，让孩子在活动中更全面、更清晰地了解情感、认识自我，管理好自己的情绪并坚持自我，从而培养孩子的责任意识，建立良好的人际关系，形成良好的情感和道德品质。在课程开发中，附小重点抓好目标设定环节，将课程目标与育人目标进行融合，以此引领内容选择、课程实施和课程评价。目标融合不是简单地进行目标合并，而是思考和探究后的有机融合。它既可以从课程内容引出做人品质的培养，又可以从做人品质出发理解、深化课程内容，再进行有机融合。

（二）课程建设对落实"立德树人"的积极作用

"立德树人"根本任务及学校办学理念的落实，不是简单地记住几个词、几句话，它是要真正地将字字句句都落在教育的实处，渗透到日常"教"与"学"的点点滴滴。课程建设在落实办学理念过程中发挥出了主渠道的作用，具体体现在以下几点。

第一，课程建设让办学理念的内涵更加明晰、更加规范，使师生对"做人教育"的理念、内涵、要素有了深入的认识，在思想上达成了一定的共识，为办学理念的落实奠定了一定的思想基础。

第二，课程建设使办学理念的目标性更强，让教师的工作方向更具体、更明确，使学生的品质培养具有了高效性、连续性和持久性，为办学理念的落实指明了目标方向。

第三，课程建设加大了办学理念的宣传力度，"做人教育"得到了学生、家长乃至社会的广泛认可与高度好评，使学校获得了许多校外教育资源的支持，为办学理念的落实营造了良好的舆论范围。

第四，课程建设由课题组骨干教师和领导班子带头进行试验教学，在反复试验并取得一定的成果后，才自上而下地引领全校推进课程建设，这就为办学理念的落实奠定了一定的行动基础。

三、制度化是办学理念提炼和课程建设的重要保障

制度化是指事物从特殊的、不固定的方式向被普遍认可的固定化模式转化的过程。从附小实践可以看出，制度化是学校理念提炼和课程建设从探索、发展走向成熟的过程体现，也是学校教育理念落实更规范、更系统、更科学的标志。

（一）办学理念提炼和课程建设的制度化要求

附小提炼和落实办学理念的工作是一个不断探索、提高和制度化的过程，其中制度化是实践经验和理论思考上升为学校权威要求的重要要求，主要体现在以下方面。

1.将"做人教育"相关文件交由职代会审议通过

例如，2013年7月，经附小第五届第二次职代会讨论通过，学校正式将"良

习修美德 好好做个人"由德育主题上升为学校办学理念，并下发关于实施"做人教育"的指导意见。2017 年 7 月，职代会通过了云南师范大学附属小学"做人教育"课程建设指导意见。经职代会通过后，上述两个文件成为学校的纲领性文件。该文件颁布后，学校要求全校各年级教研室集合教师开展学习和交流活动，了解文件的内容、领悟文件的精神、明确文件的要求、理解文件的实施。纲领性文件的颁布与实施标志着学校的"做人教育"工作进入统筹安排、重点突破、整体推进的新阶段。

2. 将做人教育纳入学校发展规划

制度的生成不可移植、不可照搬，它必须遵循学校的实际情况，必须按照教师工作的实际需求，以引导学校工作为主要目的，而不是限制、束缚教师的行为。为此，在落实"做人教育"的过程中，当遇到一些需要规范、推广或予以说明的情况时，就会根据需求制定相应的实施方案，为接下来的工作执行做规划。2016 年 3 月，颁发了《云南师范大学附属小学十三五建设发展规划（讨论稿）》，对做人教育和课程建设做了明确要求。

3. 编写制度汇编

每次新文件颁布后，学校都会把新文件纳入制度汇编，成为全校必须严格执行的制度。科研中心、教导处及各个教研室逐条督促落实。通过这样的方式，学校形成以制度管人，用制度管权，靠制度管校的民主管理体制，最大限度保证了全校教职工的决策权、知情权、参与权、监督权。《最新制度汇编》（编写于2015 年 12 月），其中包括《云南师范大学党员相关规定》《云南师范大学附属小学干部联系群众相关规定》《人事制度改革试行方案》等多项制度。

4. 推进组织变革

课程建设水平的高低和实施的情况，离不开科学、合理、高效的各项保障工作。不断完善的组织管理、逐步健全的评价机制以及日益深化的资源共享机制，都是附小"做人教育"课程建设得以顺利开展的保障。2015 年正式提出的"扁平化管理"理念，打破了原有的直线式组织结构，增加了管理的宽度，也提高了管理的幅度，适度分权和权力下放，逐步形成以行政系统与学术组织结合的课改合力体系、个体参与和团队合作结合的教师主体作用发挥机制、物质支持与精神鼓励结合的全方位的保障机制。组织结构中的每一个层次及个人都能够责任明确、管理自主，管理工作也更加灵活和高效。

（二）制度化对办学理念提炼和课程建设的保障作用

"制度化"是提升和落实办学理念的重要保障。

第一，办学理念提炼和课程建设的前述两个重点文件都是在课题组充分研究和不断论证后提交职代会审议的，具有一定的科学性。

第二，制度化把课题组和教师们的集体智慧转化为制度文件，具有较强的权威性。学校的各项工作在各项制度化文件的指引、规范和调控下得以稳定、有序地进行，使整个学校形成了向上的合力，增强了学校的集体凝聚力，发挥了学校的整体优势。

第三，各项制度化的文件有助于教师明确学校教学工作的重点、难点，具有明确的方向性。它进一步完善了学校的制度体系，使学校的管理和教学制度更加完备和统一，明晰了教学工作需要达到的标准和教师教学工作行为的目标，对教师的工作起到了很好的调控作用，使教学工作得以顺利开展。

第四，制度化后的文件具有稳定性，有助于促进学校工作的可持续发展。它不会因为领导的调整和换届而轻易地发生变化，对学校的发展具有持久性的作用。

四、课题研究是办学理念提炼和课程建设的有效途径

办学理念提炼和课程建设既可以是一项行政推进的工作，也可以是一个课题带动的工作。附小实践证明，课题研究具有集思广益的意见征集、有力的专家指导、进退自如的弹性等优势，是学校提炼办学理念和开展课程建设行之有效的一条途径。

（一）以课题研究推动办学理念提炼和课程建设的主要做法

自 2010 年 7 月以来，学校进行了两个国家级课题研究、一个省级学术工作站研究和一个校本研究。一个课题是全国教育科学"十一五"规划课题"促进小学生自主发展的校园文化资源开发与利用研究"（课题编号：FFB108119）。该课题理清了校园文化与小学生自主发展的内涵、特征和联系，提出了基于"促进学生自主发展目标下校园文化资源开发利用"的基本原则、方法途径、对策建议等。

并以云南师范大学附属小学为例，分析了在小学阶段促进学生自主发展过程中，校园文化建构及校园文化资源开发利用的基本做法、经验成效等，提出了参考借鉴的范式。这为办学理念提炼和课程建设打下了良好的基础。另一个课题是全国教育科学"十二五"规划课题"'立德树人'在小学教育中的课程化研究"（课题编号：FHB130505）。该课题通过认识和了解"立德树人"教育方针及其发展过程与现状，以学校"良习修美德 好好做个人"的办学理念为基础，进一步实现了附小"做人教育"理念的提升；进行了以"做人教育"办学理念为引领的附小课程研究，初步设计了具有附小特色的"做人教育"课程体系，对"做人教育"课程建设产生了积极的影响。2013年，学校还参与了云南省教育研究学术工作站的建站工作，在附小成立了优质小学创建研究工作站。工作站以附小为例，从优质小学既有的内涵发掘、优质小学发展状态评定、优质小学发展指标体系构建与实证、学校文化与品牌形象规划4个方面展开了研究，并取得了一系列研究成果。此外，2011年9月到2013年3月，依托周群校长在北京师范大学参加全国优秀小学校长高级研究班学习的契机，学校开展了"良习修美德 好好做个人"理念提炼的校本研究。

学校认真对待并积极参与每一次课题研究。为避免在课题研究中出现"闭门造车"的现象，学校聘请了多名专家参与、指导，以专题讲座、小组讨论等形式为课题研究整体的规划和部署作指导。专家的指导和帮助使课题组明确了研究的方向和研究的思路，有效地促进了课题研究的顺利开展。课程建设是一项复杂而艰巨的工作，它不是靠一人之功，也不是靠几人之力实现的，而是举全校之力才得以前行的。全校教师及各职能部门结合各自的工作特点，相互支持和配合，多方合力、循序渐进，有效地推进了课题研究的实施。另外，当研究进程中遇到诸如行动研究如何开展、日常经验如何提升成理论等问题时，学校积极寻求大学的帮助和引领，促成大学与小学合作开展研究。最重要的是，周群校长亲自挂帅，参与办学理念的顶层设计，在课题研究中多次做出重要决策，并支持和鼓励一线骨干教师参与研究，在"做人教育"理念提升和课程建设实践探索上发挥了举足轻重的作用。

（二）课题研究对办学理念提炼和课程建设的优势

课题研究的作用是不容小觑的，它是落实和提升办学理念的主要抓手，具体说来有以下几个方面的优势。

1. 课题研究让学校重大决策获得新思想的支持

随着物质生活水平的不断提高，人们对教育的期望值也在不断提高。一成不变的管理模式、教育模式在新时代的浪潮中，注定会被淘汰、会被打破。教育必须跟随时代步伐，走现代化的新路子。通过课题研究，学校领导班子和骨干教师率先从专家指导和成员研究过程中了解、接触到国内外先进的教育思想、办学模式、管理方法，从而打开并拓宽办学思路，创新办学思维，提高办学质量，使学校的办学理念制定、课程建设方案出台等重大决策符合时代特征，保持教育的先进性。

2. 课题研究让学校改革行为具有一定的弹性

相较于直接的行政推动的刚性，课题研究的推动则显现了一定的弹性，因为课题研究是一个尝试、摸索的过程，有一定的回旋空间。在课题研究中，对于成功的课程建设思路，学校可以进一步完善后再做推广实施；对于有误的课程建设思路，学校也可以及时地予以纠正和进行改进。

3. 课题研究增加了一线教师的管理参与面

在学校发展规划的制定上，一线教师的参与面较窄、参与机会较少，致使许多一线教师成熟的教育教学思考没有向上传达的渠道。但在课题研究中，很多一线教师通过座谈会、教研室讨论、问卷调查等，获得了参与权，可以参与学校的改革与发展。大家集思广益，有效地推进了学校"做人教育"理念提炼和课程建设的实施。

4. 课题研究促进了教师的专业成长

课题研究的科学性和严谨性，有助于教师形成严谨的工作作风，促进其教育研究、课程建设和教学能力的发展。例如，资料收集和文献查阅使教师拓宽了学习的渠道；理论学习使教师更新了教育观念，形成了科学的教育思想，并在后期指导自己的教学；研讨活动是集体经验、理念的大碰撞，有效地激活了教师的思维，在相互启发中实现了教师教育理念和教学行为的提高；课题研究成果的撰写和文章发表，对教师写作能力也是一种锻炼。同时，课题研究还为校内教师和校外的学者搭建了一个共同的研究平台，提供了许多合作机会，有效地促进了校内外的资源整合，把校内外资源的优势最大化地发挥出来，为学校的发展增添了无限的动力。

五、校长领导力是落实"立德树人"的关键力量

校长领导力是一种能够统率老师全力以赴完成目标的能力，也是一种能够激发老师热情与想象力的能力。客观地说，在附小落实"立德树人"、开展"做人教育"的工作中尽管有外部专家的悉心指导，有领导班子、中层干部和骨干教师的积极支持，但周群校长的领导力仍然是起到了举足轻重的作用。结合对周群校长领导附小提炼办学理念和开展课程建设实践的观察和体会，我们认识到，一所学校要形成有科学性、实践指导能力强的办学理念，并以其有效指导课程建设，校长需要发挥以下三个方面的关键性的领导力。

（一）校长是顶层设计者

"在学校管理工作中，校长的教育思想一定要凝聚学校的历史厚度和文化积淀，并具有高瞻远瞩、切中实际的能力。如果你能先于别人对形势、对学校的现状、未来的发展有充分的认识和准确的定位，就能对你做出正确的决策起到关键作用。"这是周群校长在为参训校长授课时讲的一段话。确实，附小的发展印证着校长顶层设计对立德树人根本任务落实的极端重要性。

1. 规划设计

周群校长对围绕立德树人根本任务落实的附小办学理念提升与落实的路径做了规划设计，即凝练理念—全方位实施—发挥课程主渠道作用。附小开展办学理念提升工作，并非外部任务驱动，而是周群校长有一种内在的文化自觉，让她充满对总结附小成功经验、为学校可持续发展留下精神财富的责任感和使命感。从2011年9月开始，她利用参加教育部全国优秀小学校长高级研究班学习的契机，提议在丰富德育主题内涵的基础上梳理学校办学理念。2013年7月，提议将"良习修美德 好好做个人"的德育主题上升为学校的"做人教育"理念，并经职代会表决通过这一提议。同年，组织团队成功申报2013年度全国教育科学"十二五"规划课题"'立德树人'在小学教育中的实施机制研究"，借课题研究全面实施"做人教育"理念。2015年5月，有感于教育部课程改革专家胡新懿

教授"附小课程意识薄弱"的中肯意见，周群校长立即向全国教育科学"十二五"规划办申请更改研究方向，改课题为"'立德树人'在小学教育中的课程化研究"，从而把研究和工作的重心转移到课程建设上。

2. 精确提炼

周群校长对学校办学理念的核心内容做了精确提炼。附小长期以来对德育工作都非常重视，提倡"良习修美德"，以习惯养成教育为抓手，每年以一个主题来落实对学生"以小事养大德"的培养，但是每年要换下一句也不太容易。2006年，周群校长提出将"好好做个人"作为稳定的德育主题，合称"良好习修美德 好好做个人"，得到了领导班子成员的一致认可。在2011年9月开始的梳理和总结中，周群校长进一步对"好好做个什么人"进行了认真的思考，把目标具体化为，做一个受人尊敬和欢迎、对社会有贡献且能感受幸福和快乐的人。在得到专家、广大教职工的赞同后，通过职代会正式将"良好习修美德 好好做个人"从德育主题上升为学校办学理念，成为统领学校办学行为的行动指南。

3. 统筹思考

周群校长对学校的德育体系和课程建设做了统筹思考，提出从处理好学生能力提高与品格养成有机结合入手，整体构建学校德育体系，把培养学生高尚的道德品质、良好的行为习惯和健全的人格作为教育的首要任务；从课程与活动的德育功能入手，落实"培育道德人格、塑造道德文化、造就道德生活"的德育目标。在课程建设上，周群校长从强化"生活即教材"的大课程观入手整合资源，提出以国家课程为内容，立足教材，超越教材，打破学科疆域和书本知识的桎梏，选择和重构教育内容，创造性地开发系列学校与社会、课程与生活紧密结合的整合课程。这不仅为学生搭建起不分学科、真实可感的立体"认知空间"，使学生对知识的理解和建构不再是停留在被割裂的学科知识上；更让学生在学习和实践中得到学以致用的真实生活体验，真正使学习成为他们成长中最有意义和价值的部分。同时，周群校长还提出和推动了配套的考试制度改革，并实施更加科学、人性的评价制度等，提倡学校竭尽所能地为每一个孩子提供适合的教育。经认真考虑，2018年5月，学校接受了胡新懿教授和陈静副研究员关于以基础课程、拓展课程和个性课程三个层次和若干学习领域来构建课程体系，并强调面向全体学生、学生群和学生个体的课程理念的建议。

（二）校长是资源整合者

办学理念的提炼与课程建设需要整合各种校内外资源。这些资源的整合离不开校长的努力。在附小课题研究中，一方面，周群校长整合内部资源。这既包括调动学校领导班子成员、中层干部、骨干教师加入课题组，在工作繁重的情况下鼓励、带动这些成员花了大量的时间和精力进行研究，也包括以诚恳、谦逊的态度寻求外部专家的支持。在研究期间，周群校长邀请到了教育部课改专家胡新懿教授、北京师范大学苏君阳教授以及云南省教育科学规划办、云南师范大学等多名省内外专家，并虚心听取专家意见，结合学校实际，以一定的方式纳入办学理念提炼和课程建设研究。另一方面，周群校长注意获取同行的支持。为了学习借鉴同行先进经验，周群校长组织课题组骨干成员到重庆谢家湾小学实地考察学习，组织年轻教师到北京师范大学培训，从中汲取了来自全国的前沿课程改革经验。同时，周群校长积极争取举办各种省内外的重大教学研究活动，为学校课程建设引入了高层次、有价值的教育资源。例如，2018年3月举办的"千课万人"核心素养理念下的小学数学"拓展性课堂"教学研讨观摩会，就极大地推动并检验了几年来学校课程建设成效。此外，学校还利用接待各类培训学员的机会，虚心听取意见。例如，做人品质六个品质构成的立体图，就是参考了河南中原区60位中小学校长来校参观时与课题组成员共同研讨所提出的好建议而设计的。

（三）校长既是宣传员，更是坚守者

"论先后，知为先；论轻重，行为重"，而"知行合一"是周群校长身上的一个重要标识。当学校的顶层设计得到认可后，执行便成了保障。为了促进认同和推动落实，她先从干部入手，不仅让绝大部分干部参与理念梳理、课题研究，而且每推进一步都在校级办公会、行政会等各级会议上统一思想后再部署任务。对全校教师，她把研究中的调研、问卷放到最基层，不仅让大家的话语权得到充分的尊重，更重要的是大家在一次次参与的过程中，逐步从不熟悉转变为积极参与、主动落实。通过周群校长多方面的宣传和沟通，全校逐渐形成了"做人教育"理念认同和积极践行动的良好氛围。

从附小2006年提出"好好做个人"德育主题，到"做人教育"理念提炼、生成与落实，已经12年。其间，周群校长遇到了太多的难题和困扰，她管理的是一个 8000 余人的学校，日常工作就相当繁重，还要举全校之力来完成办学理念的提炼和落实以及随后的课程大变革，其难度之大可想而知。这是一般校长不愿想、也不愿去做的事。"大人不华，君子务实。"周群校长怀揣对教育事业深厚的情感，凭借内心的文化自觉和批判性思维，合理地分清发展道路上的利与弊，以肩负西南联大这一优秀血脉的延续与发展为己任，坚守信念，克服困难，勇往直前。几年下来，这种坚守所产生的感召力已经转化成为附小的生产力，其作用已经远远超过了行政权力的影响力。

事实上，附小在周群校长的带领下，将"做人教育"作为灵魂，将课程改革作为创新与发展的主线，有机地将学校、教师与学生三大要素联系在一起，以学校特色文化建设为抓手、以课程整合为创新点、以教师专业发展为保障、以学生综合素质评价为重要手段，逐渐形成学校、教师和学生共同发展的多赢局面后，老师们才在亲身经历中真正领悟到，"做人教育"理念为什么能让附小的教育行为目标性更强，为什么能引领和促进附小的可持续发展。可见，从教师认同和践行的角度，可以反观一个校长对引领、推动办学理念提升和课程建设的关键作用。

第二节 "做人教育"课程建设的努力方向

通过课程主渠道来落实学校办学理念，是一项长期、复杂而艰巨的工作。关于附小"做人教育"课程建设的努力方向，本书前面相关章节也有谈及。本节结合研究成果和实践基础，建议学校将"做人教育"课程体系初步提交职代会审议，结合"做人教育"课程建设指导意见，认真抓落实，重点是以组织变革和队伍建设为保障，抓好目标细化、课程规划、教学渗透和评价激励四项工作。

一、存在问题的分析

近年来，附小"做人教育"课程建设取得了初步成效，不过这些成效主要是一批骨干教师及课题组教师积极探究的结果。客观分析，在学校和教师群体两个层面还存在制约课程未来持续、深入落实的一些问题。学校层面的主要问题包括：①缺乏一个对课程建设的综合统筹部门，影响课程政策的推动落实；②整合课程和校本课程缺乏规范的课程纲要，影响对教师课程实施的指导；③做人教育成效尚未系统纳入师生评价机制，影响师生落实做人教育的积极性。教师层面主要是：①有的教师育人意识不强，重智轻德、重结果轻过程，传统教育思想亟待转变；②教师普遍未编制所教授课程一学期如何系统落实做人教育的课程纲要，缺乏做人教育的计划性；③不少教师没有按照与做人品质融合的教学目标进行教学，做人教育的自觉性不足。这些问题，将在今后深化"做人教育"课程建设的过程中逐渐加以解决。

二、深化"做人教育"课程建设的总体思路

对任何一所中小学来说，通过系统性、计划性强的课程主渠道来落实学校办学理念，本身就是一项长期、复杂而艰巨的工作。附小前期主要是通过课题研究的主动姿态来开展理论探讨和实践探索，处于一个探索、实验、积累的阶段。未来3～5年，是"做人教育"课程建设切实落地的关键时期。抓好这一关键时期"做人教育"课程的厚积薄发、全面推进，就可以为未来很长时期内的学校特色建设和人才培养质量提升奠定坚实基础。认识到这一点，能帮助课题组成员和学校领导班子增加对理清未来建设思路的责任感和紧迫感。

关于未来3～5年的"做人教育"课程建设的思路，在本书前面相关章节还谈及，在2017年1月职代会审议通过的"做人教育"课程建设指导意见中也有系统论述。结合研究成果和实践基础，课题组的建议是，将课题组初步设计的"做人教育"课程体系提交教学指导委员会、德育教育委员会讨论和职代会审议，通过后与"做人教育"课程建设指导意见结合，一并认真抓落实。总体思路是，以课程管理机构的组织变革和中层干部、一线教师、学生家长"三支队伍"建设为保障，抓好育人目标衔接、课程规划制定、教学过程渗透和评价方式改进四项重点工作。为方便理解，下面以图6-1示来表达这一总体思路。

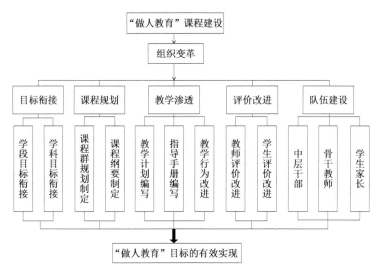

图 6-1 "做人教育"课程建设总体思路

三、深化"做人教育"课程建设的重点工作

（一）促进育人目标的学科和学段衔接

当前，"做人教育"目标已经形成六个品质维度以及若干一、二级指标组成的学生核心素养框架。下一步，要做两个方面的目标衔接工作。

1. 做人品质与学生学段特点衔接

小学生在六年学习的低、中、高三个学段，思维方式、心理特点、学习习惯等都不同，教育目标也存在差异。这就需要认真研究小学生在不同学段上的思维特点、心理特点、学习习惯等，按照梯级递进的原则，把有爱心、负责任、善思考、能合作、有毅力且心态阳光六个做人品质分别按低段、中段、高段来分解为不同的目标要求。比如，善思考品质在低段学习重点是促进"乐思"品质的培养，中、高段逐渐加强"会思"品质的培养。具体的三级指标也随学段的提升，难度逐渐增加，为此可以形成一个类似《做人品质的学段衔接》这样的文本。

2. 做人品质与学科核心素养结合

附小按国家、地方要求开设的学科课程，作为"做人教育"的基础课程，是"做人教育"整个课程体系的主体构成。这些课程在附小育人目标真正落实，其源头是学科核心素养与"三维六品"做人品质的结合。小学教育阶段各学科的核心素养是面向所有小学和初中学校的,但不同的学校可以根据校情、学情和育人目标,对学科核心素养进行整合和强化。对附小来说,各个做人品质与某一学科课程核心素养的关联程度是存在差异的,比如毅力品质与体育课的关联度相较语文课高、思维品质与数学课的关联度相较音乐课高等。因此,需要将六种做人品质与语文、英语、数学、科学、信息技术、音乐、美术、体育、道德与法治、品德与社会等学科课程的关联度进行认真的梳理,形成一个类似《小学学科基础课程与做人品质关联度分析》这样的文本。这是国家和地方学科基础课程校本实施以及自主开发基础课程、拓展课程和个性课程的重要基础。

(二)制定"做人教育"子课程群的建设规划

按照目前的课题研究成果,附小的"做人教育"课程体系是以"做人教育"理念为统领,由五个学习领域和三个层面课程组成的。在这一总的课程体系之下,要尽快制定课程群建设规划,并加强校本课程纲要制定和教学计划编写。

1. 针对特定育人目标的课程群建设规划

这又包括两个方面:一方面,在做人品质与学科基础课程关联度分析的基础上,梳理出分别与有爱心、负责任、善思考、能合作、有毅力且心态阳光品质关联度较高的基础课程;另一方面,发挥拓展课程、个性课程校本开发的自主空间,以资源优势为基础,针对不同育人品质开发系列拓展课程和个性课程。例如,以"善思考"品质为例,未来考虑再增加若干门思维能力训练的课程,形成由[基础课程(数学、语文)]+[拓展课程(科技周、科普小课堂)]+[个性课程(创造性思维、3D/4D 小技术员、科技育苗小能手等)] 构成,内容逐渐深入、难度依次提升的思维品质教育课程群。按此思路,应建设以做人品质培养为鲜明特色的"六品"特色课程,形成《"六维"做人品质子课程群建设规划》。学校也可将做人品质与学习领域结合。比如,考虑构建以音乐课、美术课等为基础,以合唱社团、七彩童心绘画社等为拓展,以民歌采风、小百灵等为个性课程,搭建服务于学生阳光心态、爱心等品质培养的"艺术与审美"课程群。

2. 制定基础、拓展、个性三层次课程建设规划

这方面具体要做的规划包括:①加强基础课程中的综合实践活动课程建设。

根据教育部《中小学综合实践活动课程指导纲要》要求，结合做人教育要求与现有整合课和综合实践活动课程基础，对附小的综合实践活动课程进行整体规划。②加强对拓展课程的统筹规划。进一步梳理兴趣类课程，根据做人教育需求进行优化重组。需求类课程中，重点关注针对学习薄弱、民族学生等特定群体的课程拓展，开发"数学思维训练""'刚毅坚卓'精神传承""西南联大故事会"等课程，以实现均衡发展、传承文化等责任。③着力解决个性课程开发的"短板"，做好个性课程发展规划。可以借鉴"少儿小博士"课程的成功经验，加强民歌采风等新的个性课程建设，并在以目前奖项为基础完善"英语环球星""小百灵""神笔小马良""体育小健将"等个性课程。最后将三个层次课程规划合成为《基础、拓展、个性课程群建设规划》。

3. 制定和完善课程纲要

要做好国家和地方课程、校本整合和校本课程的开发，关键是要制定课程纲要。应参考义务教育阶段国家课程标准的规范性写法，按前言、课程目标、实施建议等构成要素，为学校自主开发的基础课程、拓展课程和个性课程撰写课程纲要，以便为不同老师在教授同一门课程，尤其是在撰写学期或学年教学计划时做参考。体现的文本为《校本"做人教育"课程纲要》。在此基础上，学校确定部分整合课程和校本基础课程、拓展课程和个性课程作为示范性精品课程建设的重点。

（三）抓好"做人教育"的教学过程渗透

做人教育的落实，根本上要靠教师的课堂教学。课程体系建设、课程群规划、课程纲要制定，都是为此做前提性工作和打基础。而教师的课堂教学渗透，主要取决于以下工作。

1. 组织教师编写、完善"做人教育"教学计划

要克服过去有的老师学年或学期教学计划制定得不够系统、精细的问题，根据国家课程标准和校本课程纲要，以学生做人品质目标与课程目标融合为核心，一学期或一学年里的课程教学如何贯穿做人教育进行统筹考虑和认真计划。在制定教学计划时，要注重对以前常规教学计划的调适、发展、完善，增强"做人教育"课程的整体意识和"教书"与"育人"结合的意识。可以在常规教学计

划基础上增加"课程说明",以反映教师对这门课程的理解与实施思路。然后对某一门课程本学期或学年怎样落实做人教育、落实的进度、程度以及评价等都做好明确计划。制定教学计划时,教师要有良好的课程意识,进行创造性的思考,以促进课程教学质量的提升和育人目标的实现。

2. 编写教师"做人教育"课程实施指导手册

其核心是对教师实施做人教育课程的重点、难点和疑点进行指导。其中,一个需要关注的重要内容就是课堂指导用语的编写。比如,对于培养学生的善思考品质,教师的行为规则可能包括:鼓励学生踊跃发言、大胆质疑;用心倾听学生的发言;为学生设置激发思考的问题情境等。这些是细节上抓落实的具体体现,容易被忽略但对教师非常重要。

3. 推动教师行为改进

鼓励教师将"做人教育"目标融入每一次课堂教学,利用教学活动对学生进行做人方面的思想引领、品德教育和人格熏陶,把做人品质要求落到实处,做到润物细无声,有效实现育人目标。

(四)以做人教育为导向改进评价方式

育人目标确定后,影响实施的重要因素是如何衡量目标的实现程度,这就是评价。具体包括两个方面。

1. 改进教师评价方式

针对目前教师评价中关于教师对学生品质教育的结果评价偏少的问题,在班级管理评价、学科教学成绩评价、教师素养评价、德育培养评价等各类教师评价中,融入做人教育成效的评价,以此引导和激励教师积极推进做人教育课程的开发和实施。在评价方式上,可以探索制定个性化课程评价方案、教师育人案例评选等评价方式,继续完善选派教师到其他学校上"做人教育"示范课等评价方式,通过加强过程性评价、定性评价方式,了解教师在"做人教育"课程中的工作成效。

2. 改进学生评价方式

加强发展性评价和过程性评价，探索将学生做人品质发展情况纳入综合素质评价体系，继续完善"'中国梦——附小少年炫'之最美毕业季"展示活动等新的评价方式，开展我的成长故事演讲比赛等。通过合理的评价方法，准确判断出学生做人品质的养成。

（五）加强做人教育的实施队伍建设

要切实推进"做人教育"课程的落地，必须依靠中层干部、一线教师、学生家长三支队伍的力量。

1. 增强中层干部的执行力

各职能部门和教研室的负责人是落实"做人教育"课程的重要力量。各部门负责人应明确自己的做人教育工作职责，各司其职，分工合作，认真宣传、落实学校政策，营造良好的舆论氛围和工作环境，引领、组织和服务一线教师开展做人教育课程的开发与实施。

2. 发挥一线教师的主观能动性

教师是学校最重要的资源，也是最大的财富。教师的参与态度和能力水平决定着"做人教育"的成效。这里的主要任务，一是转变一线教师的教育教学思想。针对有的老师在教学中抓学科目标居多、关于做人品质的培养涉及较少、重智轻德的老做法，要引导他们转变为做人培养与学科目标兼顾，不走传统的老路子。二是告诉他们做人教育课程开发和实施的基本方式。三是打造一支专家型教师队伍。依托精品课程建设，打造一支人品高尚、教育理念新、课程领导力强、教学成效突出的专家型教师队伍，以便发挥他们在全校及省内外教师中的示范、引领和辐射作用。第一点解决动力问题，第二点解决能力问题，第三点解决示范问题。

3. 争取学生家长的积极配合

学生家长是在"做人教育"中一个极其重要、稳定但目前又相对薄弱的资源。要发挥家庭的重要作用，使学校和家庭在"做人教育"中形成合力。学校将以"做人教育"为主导,继续发挥三级家长委员会的作用,加强家长学校建设,加大"做人教育"对学生家长的宣传力度,把学校的"做人教育"与家庭的家风建设结合,将"六品质"要求转化为家庭的教育要求,促进学生在家庭和学校共同的价值引导下健康成长。

四、组织变革——"做人教育"课程建设的有力保障

近几年,通过课题研究,学校把两办、教导处、大队部、德育处、科研中心、教研室等有关职能部门整合在一起,保证了课题研究的顺利进行。但落实"做人教育"实施指导意见和"做人教育"课程建设指导意见的情况并不理想,一个重要原因是目前常规部门中没有一个部门进行专门的课程管理和追踪落实。因此,今后"做人教育"课程建设深入开展的最突出的问题,是缺乏专门管理部门,这会影响课程政策的统一部署和持续督导。因此,当前一个紧迫的工作是建立一个专门的类似"课程管理中心"的机构,把近年课题研究的工作转入该机构,抓好研究成果的实践转化,探索建立持续、有效的课程建设实施机制。课程管理中心的工作职责和管理制度可以根据工作需要来制定。课程管理中心可以吸纳课题研究中的骨干教师加入,与教研室的关系可以参照"扁平化"管理理念探索新的运行机制。唯有如此,上文五个重点工作才能逐步得到有效落实,附小依托课程的"做人教育"才能得到持续、健康的发展。

参 考 文 献

冯生尧 . 2017. 课程评价含义辨析 . 课程教材教法，（12）：3-8

姜元涛，沈旸，茶世俊，等 . 2014. 析论校长的办学理念与学校的办学理念，教学与管理，（18）：54-56

金花 . 2011. 运用多种激励机制激发教师主观能动性 . 生活教育，（8）：10-11

廖哲勋 . 2004. 关于校本课程开发的理论思考 . 课程·教材·教法，（24）：11-18

全景月，姚计海 . 2014. 社会情感学习（SEL）项目的实施背景与价值探析 . 基础教育参考,（17）：73-77

王凝 . 2016. 教师教学评价能力提升的诉求、问题与对策 . 基础教育研究，（9）：15-18

雅克·德洛尔 . 1996. 教育——财富蕴藏其中 . 联合国教科文组织总部中文科译 . 北京：教育科学出版社

杨焕强，王红艳 . 2014. 激发教师主观能动性之浅论 . 陕西教育（教学版）（3）：20

张正江 . 2005. 教育的本质：传授知识还是培养人？——与王策三先生商榷 . 教育发展研究，（5）：36-38

周群，李劲松 . 2014. 以校园文化建设促进学生自主发展的实践探索 . 学术探索，（12）：142-146

附　　录

附录一　云南师范大学附属小学"做人教育"指导意见

各校区、各部门及教研室：

为促进学校的持续健康发展和本着对学生未来负责的精神，经第五届第二次职代会讨论通过，决定将"良习修美德 好好做个人"正式作为附小的办学理念，统领今后学校的一切办学行为。为有效实施"做人教育"，特制定本意见。

一、"做人教育"的意义

办学理念是校长及其领导班子、广大教师，甚至学生对学校办学目标及其实现途径的一种认识和追求，其核心问题是"培养什么样的人""怎样培养人"。对这一问题的解答和共识指引着师生的行动方向，体现着学校的办学特色。2006年，附小首次把"良习修美德 好好做个人"作为德育主题提出来，并通过师生的真情实践获得了初步成效。从 2011 年 9 月开始，学校通过由校外专家指导的课题研究，对"良习修美德 好好做个人"理念的内容体系和实施机制进行了较为系统、深入的研究，并将其概括为"做人教育"。附小提出"良习修美德 好好做个人"理念和实施"做人教育"，对学校自身发展乃至探索基础教育发展的规律和思路，都有积极意义。

首先，这是探寻和回归小学基础教育原点的需要。小学六年是一个人成长的黄金时期，对其一生的发展有很重要的影响。那么，在这六年里学校究竟要给予学生什么？生命的核心是成长，而成长一定要以人为本，小学生的成长尤其如此。那么，小学教育如何体现"人本"？要回答这些问题，就必须回归教育的原点，即教给学生做人的基本道理以及认识世界的基本知识和基本技能。这是"立德树人"党的教育方针在附小的具体体现。

其次，这是解决小学基础教育面临现实问题的需要。当前有的中小学校存在一种重知识传授、轻人格培养的现象，这不利于学生的健康成长和全面发展。附小作为一所重点小学，有责任使教育回到"人"的教育上来。即使我们改变不了环境、改变不了别人，但我们可以改变自己。由此所积累的经验，相信也将对其他学校解决同类问题产生积极的影响。

最后，这是引领和促进附小持续健康发展的需要。经过七十多年的发展，附小达到一定高度后，需要妥善解决如何继续保持发展动力和提高教育质量，以避免名校遇到的"高原期"问题。学校要持续不断地往前走，要依靠所有人遵循的文化传统和具备的人文精神，核心就是"良习修美德 好好做个人"的办学理念。

二、"做人教育"的目标、内容和实施途径

附小"做人教育"包含目标、内容和途径三个层面的内容。"好好做个人"是面向未来生活的理想教育目标，而实现这一目标需要"良习修美德"，即长期进行爱心、责任、合作等方面的习惯养成教育，全程、全员、全方位育人，为学生进入社会好好做个人奠定扎实的品质基础。

（一）做人教育目标

附小的育人目标是教育学生"好好做个人"，即学校要为学生未来成为受人尊敬和欢迎、对社会有贡献且自己能感受幸福和快乐的人打好品质基础。"做人"的内涵很复杂，结合小学教育的性质和学生特点，我们的理解是：任何个体的人都要融入社会，作为社会人，受人尊敬和欢迎是立身之基，对社会有所贡献则是获得更大社会认可的前提。同时，只有个人感受到生活的幸福和快乐，才能真正成为一个健全的人。从这三个从原点出发的做人教育目标，体现了人要处理好的

最基本的三个关系，即个体与他人、个体与社会、个体与自我的关系。

（二）做人教育内容

结合学校历史传统、办学实践经验以及学生现实表现，我们认为：附小学生至少要具备有爱心、负责任、善思考、能合作、有毅力且心态阳光等六个方面的优秀品质，这是一个人今后生活和立足社会的基本品质。因此，做人教育的基本内容，包括爱心教育、责任感教育、思维品质教育、合作精神教育、意志品质教育以及阳光心态教育等专题教育。

（三）做人教育途径

做人优秀品质的培养，不可能一蹴而就，而是需要一个长期、持续、春风化雨的过程。学校要坚持全程、全员、全方位育人，即小学六年全过程育人，教师、管理者和后勤服务人员全员育人，教学、德育、文化建设、管理、校园人文环境等学校方方面面全方位育人。通过"三全育人"抓好长期的习惯养成教育，以小事养大德，以大德启大智，以德智和谐促进学生的全面发展，使学生在生命乐园里自由快乐地成长。

三、"做人教育"的组织保障

（一）学校成立领导小组，统筹规划做人教育

周群校长任组长，曾东风书记、彭晓红副书记、赵占国副校长、戴丽慧副校长、孙祥副校长任副组长，大队部、政教处、科研中心、教导处、两办等部门负责人为领导小组成员。领导小组办公室设在学校办公室，负责"做人教育"日常事务的协调。

（二）各部门分工合作，合力推进做人教育

大队部和政教处在少先队工作计划和德育计划中全面表达和反映"良习修美德 好好做个人"的理念，自觉地把这一理念作为少先队工作、学校德育工作及校园文化建设的指导思想和出发点。

学校科研中心要重视"良习修美德 好好做个人"理念的普及培训，通过有

效的校本培训促进这一理念向全体教师理想追求和自觉行动的转变。

各教研室要结合学科特点，研究如何在教学工作中渗透"做人教育"，切实做到教书育人。

学校两办要研究如何在常规管理中增加做人教育的文化内涵，特别是进一步明晰"阳光管理"的理念和执行细则，努力促进管理育人。

总务处要在服务工作的细微处和质量上体现以学生为本，使学生获得健康、安全、和谐的成长氛围和学习环境。

（三）成立专题研究课题组，以行动研究推进做人教育

学校以负责专项工作的部门为主体，邀请校外专家指导和参与，成立德育与文化、教学、管理、后勤服务等领域如何落实做人教育的专题研究课题小组，深入探讨"良习修美德 好好做个人"理念在该领域的具体要求和实施方式，以研究成果指导和推进做人教育。学校科研处统筹专题研究，两办落实和推动研究成果转化，学校提供必要的资金支持。

"良习修美德 好好做个人"办学理念的实施和"做人教育"的推进，是云南师大附小发展中的一件大事，全校各部门及全体教师一定要高度重视。既要大处着眼，深刻认识"做人教育"所反映的教育发展趋势和规律，增强"做人教育"的理论自信和责任感使命感；又要从小处着手，使做人教育的办学理念在日常教育教学和管理服务工作中得到有效落实。

云南师范大学附属小学校长办公室

2013 年 7 月 3 日

附录二　云南师范大学附属小学"做人教育"课程建设指导意见

各校区、各部门及教研室：

多年来，云南师范大学附属小学一直以"良习修美德 好好做个人"作为学

校德育主题，引领学校的育人工作。2013 年 7 月开始，附小正式将"良习修美德 好好做个人"作为学校办学理念，在全校展开"做人教育"，到目前取得了一定的成效。"十三五"期间，学校将围绕"立德树人"这一根本任务的校本化落实，以"良习修美德 好好做个人"理念为统领，进一步加强课程建设，深入推进"做人教育"，全面提升学校办学水平和育人质量。为了切实做好这一工作，经多方征求意见，提请教学指导委员会和德育教育委员会讨论，并报职代会审议通过，特制定本指导意见。

一、背景分析

2012 年 11 月，党的十八大报告提出，把立德树人作为教育的根本任务，培养德智体美劳全面发展的社会主义建设者和接班人。2013 年 11 月，党的十八届三中全会通过的《中共中央关于全面深化改革若干重大问题的决定》进一步指出，全面贯彻党的教育方针，坚持立德树人，加强社会主义核心价值体系教育，完善中华优秀传统文化教育，形成爱学习、爱劳动、爱祖国活动的有效形式和长效机制，增强学生社会责任感、创新精神、实践能力。为把党的十八大和十八届三中全会关于立德树人的要求落到实处，充分发挥课程在人才培养中的核心作用，进一步提升综合育人水平，更好地促进各级各类学校学生全面发展、健康成长，2014 年 3 月，教育部印发《关于全面深化课程改革落实立德树人根本任务的意见》，就通过全面深化课程改革来落实立德树人根本任务做了部署。2015 年"六一"儿童节，习近平总书记在中国少年先锋队第七次全国代表大会上，寄语全国各族少年儿童要从小学习做人、从小学习立志、从小学习创造，强调童年是人的一生中最宝贵的时期，在这个时期就注意树立正确的人生目标，培养好思想、好品行、好习惯。党的教育方针、习总书记讲话精神和教育部课改政策为小学阶段教育的立德树人根本任务落实明确了方向和要求，是云南师大附小围绕立德树人推进"做人教育"课程建设的根本指导思想。

云南师大附小一贯重视德育工作，并于 2006 年将"良习修美德 好好做个人"作为德育主题提出，但其思想内容一直不是特别丰富和具体。从 2011 年 9 月开始，学校开展了由校外专家指导、学校骨干教师参与的校本课题研究，以贯彻落实"立德树人"根本任务为中心，结合附小办学实际和学生发展特征，将社会主义核心价值观融入学校办学理念，对"良习修美德 好好做个人"理念的内容体系进行了较为系统、深入的研究，并将其指导下的办学实践及其特色概括为"做人教育"。2013 年 7 月，经第五届第二次职代会讨论通过，学校将"良习修美德 好好做个人"由德育主题正式上升为学校办学理念，并下发关于实施"做人教育"的指导意见，要求全校各校区、各部门及教研室全程、全员、全方位地实施"做人教育"。

"做人教育"实施以来，学校在课程建设、品牌活动、学校管理等方面循序渐进地进行了一系列实践探索，尤其是在课程整合、校本课程开发以及引进教育部—联合国儿童基金会"社会情感学习"课程等方面进行了有益尝试，并取得了初步成效。以此为基础，2013 年 12 月，学校申报的全国教育科学"十二五"规划课题"'立德树人'在小学教育中的课程化研究"成功立项，成为推进"做人教育"工作的重要抓手。然而，由于一些主客观因素，目前，课程作为附小"做人教育"主渠道的作用尚未得到充分发挥，"良习修美德 好好做个人"的办学理念尚未真正转化为全校教师内在的精神追求和自觉的教学行为。为此，学校将把课程建设作为"十三五"期间的一项中心工作，以"良习修美德 好好做个人"理念为统领，全面深化课程改革，有效提升学校的办学水平和学生培养质量。全校上下要达成共识，通力合作，自觉抓落实。

二、目标任务

"做人教育"课程是落实"良习修美德 好好做个人"理念、实现以做人品质为中心的学生核心素养发展目标的主要载体，是学校综合办学实力和办学特色的根本体现，直接影响附小学生培养质量。广义上，"做人教育"课程可以指学校中一切有助于实现"做人教育"目标的元素。"十三五"期间，学校将以"良习修美德 好好做个人"理念为统领和指导，采取更加有力的措施，进一步深入推进学校的"做人教育"课程建设。

（一）核心目标

根据"良习修美德 好好做个人"理念，教学生学习做人是附小课程建设的中心任务。通过六年的课程教学，希望帮助附小的学生逐渐养成以"有爱心、负责任、善思考、能合作、有毅力且心态阳光"等做人品质为中心的核心素养，并在未来因为具备这些做人品质和核心素养而成为受人尊敬和欢迎、对社会有贡献

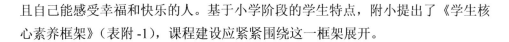

且自己能感受幸福和快乐的人。基于小学阶段的学生特点，附小提出了《学生核心素养框架》（表附 -1），课程建设应紧紧围绕这一框架展开。

（二）主要任务

1. 完善学校课程体系

学校课程体系是附小以"做人教育"为核心的课程总体框架。要以学生做人品质发展目标为统领，对学校课程进行顶层设计，统筹规划学科基础课、主题活动课两类课程，形成层次清晰、立体化的课程结构，建立起反映国家课程标准要求、符合附小学生成长需要的学校课程体系，用以引导教师认清个人所担任课程在学校课程中的方位和价值，做好具体课程的开发与实施。

2. 推进国家和地方课程的校本化实施

国家和地方课程是"做人教育"的主要载体。它在附小的落实应当以学生做人品质发展为目标、结合学校实际进行二次开发，当前实施的途径之一是课程整合。要深入挖掘国家和地方课程中有助于培养学生做人品质的元素，分学科内、学科之间、课堂内外以及学科课程与教师等层面整合课程内容，使国家和地方课程切实落到学校，接附小"地气"，切实服务于附小学生的成长。

3. 加强校本课程的特色化建设

校本课程是"做人教育"课程的有益补充。它对学生做人品质培养具有更强的针对性，因此更能体现附小办学的特色。要以学生做人品质发展为目标，对已有校本课程的目标、内容、实施方式等进行修订和完善，并根据需要开发新的校本课程，从而形成以六种做人品质培养为鲜明特色的附小特色课程（简称"六品"特色课程）。

（三）预期结果

1. 形成一批研究成果

为了提高认识、增进交流、扩大影响，要鼓励和支持校本研究，将课程建设的实践经验整理为案例集并加以理论提升，发表系列课改文章并出版课改专著。

2.建设一批精品课程

重点支持建设部分跨学科整合课程和校本课程，打造一批充分体现"做人教育"理念、教学效果好、在省内甚至国内有一定示范性的精品课程。

3.打造一支专家型教师队伍

依托精品课程建设，打造一支人品高尚、教育理念新、课程领导力强、教学成效突出的专家型教师队伍，以便发挥他们在全校及省内外教师中的示范、引领和辐射作用。

三、指导原则

鉴于附小课程建设基础相对薄弱，要完成上述目标任务，学校和教师面临的困难和挑战是比较大的。这就要求学校相关部门和广大一线教师要充分发挥主动性、积极性和创造性，勤于思考，勇于创新，大胆实践。这些创新和实践应遵守一些基本原则，以确保课程建设的正确方向和实际效果。

（一）人本性原则

要围绕学生做人品质发展目标来思考课程建设，并通过发挥师生作用来抓落实。首先，课程内容要加强与学生生活实际的联系，关注学生的学习兴趣和经验，符合学生学龄特点，体现学生身心特征，遵循学生发展规律。其次，课程实施应充分发挥师生的主动性、积极性和创造性，既要发挥教师的主导作用，倡导教师启发、讨论、参与式教学，也要尊重学生的主体地位，倡导学生主动参与、善于合作、乐于探究、勤于动手。再次，课程效果上不仅要关注学生以做人品质为中心的核心素养发展，也要关注教师通过参与课程建设而获得的专业能力提升。

（二）规范性原则

进行课程整合和开发校本课程时应遵循课程建设的基本流程，形成稳定的课程纲要，避免随意性和经验性。要以课程整合和开发的必要性分析为基础，按学情分析、课程目标确定、课程内容选择、课程实施方案设计、课程实施、课程评价、反思与改进等一般流程进行课程整合和开发，并参考国家课程标准的表达格式，分学情分析、课程目标、课程内容、课程实施建议、课程评价建议等，对校本课程的相关要素进行规范的表述，形成指导性强、相对稳定的校本课程纲要。这是"做人教育"在学校课程中持续推进、形成特色的重要基础和保障。

（三）系统性原则

按学科基础课、主题活动课、环境文化课三种类型进行课程建设，注重不同类型课程之间的联系，注重"做人教育"在其中的贯通性，逐步形成相互连通和衔接的立体化课程结构。提倡全科育人，注重发挥跨学科育人的综合功能，寻找不同学科之间关于"做人教育"的内在联系，挖掘散见于学科课程中的"做人教育"元素，并将相关课程内容及其资源进行有机整合和系统化。

四、工作思路

（一）存在问题

近年来，附小"做人教育"课程建设取得了初步成效，但也还存在一些问题，制约着"做人教育"的深入落实。主要表现在：主观上，有的教师育人意识和能力不强，重智轻德、重结果轻过程，课程意识薄弱，课程规划及开发能力不足，教学方法侧重讲授、交流互动不足等；客观上，学生做人品质目标尚未融入各学段、各学科的课程目标中，有的教学内容与学生生活联系不够紧密、交叉重复、操作困难，学校特色活动、综合实践课及社团活动课仍停留在活动层面而缺少规范性的课程纲要，课程整合的推进不够全面，针对六种品质的校本课程有待进一步开发，评价机制重智轻德、相对单一等。

（二）工作思路

针对上述问题，学校在今后的工作中将按以下思路推进"做人教育"课程建设。

1. 以"做人教育"理念为统领完善学校课程体系

要以"'立德树人'在小学教育中的课程化研究"课题组为依托，认真梳理现有各门课程，按照学科基础课、主题活动课、环境文化课的类型进行归纳和提升，并根据"做人教育"要求和"补缺"原则，提出新增课程的建设规划，画出做人教育课程体系的结构图，形成立体化的学校"做人教育"课程体系，为具体课程的开发与实施打好基础。

2. 将学生做人品质要求融入具体课程的目标

学生做人品质目标与课程目标结合，是"做人教育"课程建设的关键环节，是进行课程整合和校本课程开发的基础工作。首先，各学科教研室和各年级教研室要组织集体研讨和备课，将学校提出的学生做人品质目标细化为本学科本学段的学生做人品质目标。其次，将本学科本学段的学生做人品质目标与国家、地方课程目标有机结合，形成特定学段中某一门课程的"做人教育"目标。进行目标融合时，应当以"国家课程标准不降低、地方课程目标不走样"为前提，将附小学生的"六品质"要求纳入其中。在融入的过程中，可以先深入理解"六品质"目标，然后主动发现和深入挖掘课程中与此相应的做人品质元素；也可以先关注到学科课程中的某些做人品质元素，然后再与"六品质"目标相对接。

3. 全面推进国家课程和地方课程的校本化实施

近年来，附小在推进国家课程和地方课程校本化实施时，尤其针对各学科课程存在割裂的问题，提倡和支持开展不同学科课程之间的整合。在国家课程、地方课程校本化整合的探索中，学校总结了一些成功经验，实现了以人为本的新型课程开发，提高了学生做人品质培养的有效性。下一步，学校将对目前已经开展的整合课程经验进行总结、归纳并推广，进一步加强学科基础课程的整合力度，提高整合质量。要以各年级组、各学科教研室为单位做好以下工作：首先，以相互联系的课程目标为主线，梳理、细化学科知识点，并以教材为基础，从多种途径收集助于实现"做人教育"目标的其他课程资源（包括学生生活经验、教师特长和兴趣等）；其次，将知识点汇总形成知识网络，找到各学科间知识的交叉点；再次，研究、确定出各年级的整合课名称，并制定出一学年或一学期里的课程整合计划方案；最后，各年级教研室同课异构，并不断完善，推出更多的具有附小特色的优质整合课。同时，要鼓励和支持学科内、课堂内外以及学科课程与教师等层面的课程整合。

在各年级和教研室集体备课的基础上，教师也应主动做好个人的学期课程教学计划，提出新学期的"做人教育"课程目标、课程内容整合计划、课程实施进度安排、课程实施方法设想、课程资源开发打算、课程评价方法改进等，将学生做人品质培养贯穿于整个学期的课程教学。

4. 将特色活动上升为校本课程

要充分发挥校本课程自主性、灵活性强的特点和优势，抓住校本课程"源于学生、为了学生"的内涵，开发独具特色且满足学生发展需要的校本课程。这方面，附小已经有良好的基础，经典诵读、民族大课间、书香之家、小博士论文评审、班级文化展演等都是学校教师和学生自主开发的特色校本活动。这些活动分别从传统优秀品德学习、身体素质锻炼、阅读习惯养成、创新意识培养、文化氛围建设等方面培养学生，有效地落实了"做人教育"。因此，各年级、各学科教研室和相关教师要把以上特色活动进行梳理，并围绕学生做人品质培养的需要，将课程目标、课程内容、课程实施、课程评价、课程资源等课程要素加以修订和完善，形成主题活动课程稳定、规范的课程纲要。同时，要查找当前校本课程对"做人教育"支撑不足的问题，利用附小周边和附小已有的课程资源，在毅力、思维、责任等方面针对性地开发所欠缺的新的校本课程，从而形成以做人品质培养为鲜明特色的"六品"特色课程。

5. 改善评价机制和考试办法

围绕学生做人品质的发展，加强发展性评价，将学生做人品质发展的情况纳入综合素质评价体系。要探索符合"做人教育"要求的课堂反馈、阶段考核、期中、期末考试等办法，采用形式多样、开放式的评价方法（如行为观察、情景测验、学生成长记录袋等），发挥评价促进学生成长、教师发展和改进教学实践的功能，建立以做人品质发展为根本、科学多元的评价制度。同时，要改善对教师的评价办法，调动和发挥教师开展"做人教育"的积极性和创造性。坚持对教师课程与教学评价的正确导向，营造开放包容的文化氛围，鼓励教师在宽松的环境中自由探索和大胆尝试。

6. 加强反思和改进提升

课程建设需要反复尝试和改进。各位教师要及时开展教学反思，增强相互之间的交流，肯定经验，发现不足，提出改进的建议，使附小的课程建设循环改进，不断提升。反思和交流的核心是课程和教学在多大程度上发展了学生的六种核心品质，形式上可以采取大教研、案例写作、有奖征文、课改论坛等。

五、主体力量

教师是课程的开发者和建设者，是"做人教育"课程建设的主体力量，教师的课程领导力直接影响和决定学校课程建设的成败。教师课程领导力指的是教师以国家课程标准为依据，结合学校实际和学生发展目标，合理进行课程规划，创造性地将国家和地方课程进行校本化整合或自主开发校本课程，并有效实施课程教学，最终全面提升课程质量的能力。附小教师是一支具有高素质和精技能的队伍，拥有良好的课程开发与实施能力，但"做人教育"课程建设对教师提出了更高的要求。学校将帮助教师针对存在问题，通过使做人教育目标逐渐"进头脑""进课程""进课堂"，不断提升教师的课程领导力，力争建设一支师德好、理念新、专业强的教师队伍，为课程建设奠定坚实的人才基础。

（一）进头脑

提升教师对课程和"做人教育"理念的认识水平，是课程建设的先导性工作。教师要自觉加强学习，不断提高思想认识。学校将通过派出教师到全国课改示范学校学习考察、邀请专家来校开设辅导讲座等方式，开阔教师认识视野，提升教师的认识水平。同时，通过组织教师讨论交流、学习结果检测等方式，增进教师对"做人教育"理念价值、课程建设目标任务、指导原则和工作思路的理解和认同。

（二）进课程

要改变过去有的老师缺乏课程规划、"备一次上一次课"的习惯，以学生做人品质目标与课程目标融合为核心，对一学期安排的课程进行统筹规划，自觉推进各种形式的课程整合和校本课程开发，将"六品质"要求有机地融合进每一门具体的课程当中。

（三）进课堂

要将"做人教育"目标融于每一次课堂教学中，利用教学活动对学生进行做人方面的思想引领、品德教育和人格熏陶，把做人品质要求落到实处，做到润物细无声，有效实现育人目标。

六、组织保障

（一）强化组织领导

以"良习修美德 好好做个人"理念为统领全面深化课程改革，是一项复杂而艰巨的工作，需要精心谋划、认真组织。学校将由"'立德树人'在小学教育中的课程化研究"课题组负责学校课程体系构建研究，教学指导委员会和德育教育委员会审议专项工作方案，再由两办、教导处、大队部、政教处统筹安排各部门推进落实。学校相关职能部门要结合部门工作特点，积极支持和配合课程的开发与实施，根据需要制定具体工作方案。各年级组、各学科教研室要依据"做人教育"要求，针对各年级学生的学情，研究制定一学年或一学期的课程计划，组织整合课程和校本课程的集体备课和交流反思。各位教师要认真落实教研室的课程计划方案，主动参与课程整合和校本课程开发，深刻反思和自觉改进教学工作。多方合力，循序渐进，不断推进"做人教育"在课程中的科学开发和有效落实。

（二）完善管理体系

课程建设顺利推进需要有力的组织保障和制度保障。相关部门要对已有管理制度进行系统梳理，找出不利于"做人教育"课程开发与实施的突出问题，并进行针对性的修改和完善，形成运行顺畅、保障有力的课程管理体制和机制。其中，课程评价对学校课程建设具有重要的导向和激励作用，要重点关注和开展专项研究。

（三）加强条件保障

各部门要在学校的统筹领导下，加强对"做人教育"课程建设的条件保障；要根据职责分工，在经费、人员、信息技术手段以及工作时间等方面，为课程建设提供必要的支持。学校将设立专门的课程建设经费，为参与课程建设的教师提供相对宽松的时间安排，并重点支持一批教师投入精品课程的开发与实施。

（四）健全激励机制

采取有力措施，充分激发全校教师投身课程建设的积极性和创造性。首先，把课程建设情况作为重要内容纳入学校年终的工作考核范围。其次，设立"优秀课程开发与教学成果奖"和"教学名师"称号，每年评选一次。最后，对学校课程建设项目中的重要科研成果予以承认，对取得重要进展的优秀成果给予奖励。

（五）加强家校合作

课程建设需要整合各方力量，统筹学校、家庭、社会等资源。其中，家庭是在"做人教育"中一个极其重要、稳定但目前又相对薄弱的资源。要发挥家庭的重要作用，使学校和家庭在"做人教育"中形成合力。学校将以"做人教育"为主导，继续发挥三级家长委员会的作用，加强家长学校建设。同时，加大学校"做人教育"理念对学生家长的宣传力度，把学校的"做人教育"与家庭的家风建设结合，将"六品质"要求转化为家庭的教育要求，促进学生在家庭和学校共同的价值引导下健康成长。

在"良习修美德 好好做个人"办学理念的引领下，推进"做人教育"是师大附小落实立德树人根本任务的主要途径，课程建设则是深入推进"做人教育"的重中之重。全校各部门及全体教师一定要高度重视，务必全员投入课程改革，全方位落实各项工作。要不断提升教师的育人意识和育人能力，充分开发利用课程资源，健全支撑保障课程改革的机制，共同建设具有附小特色的课程，真正把"良习修美德 好好做个人"办学理念转化为全校教师内在的精神追求和自觉的教学行为。学校将力争在变革中适应，在主动适应中提升，不断更新教育教学理念，让课程改革在附小落地、开花、结果，努力培养出"有爱心、负责任、善思考、能合作、有毅力且心态阳光"的附小学生。

云师大附小学生核心素养框架

维度	一级指标	二级指标
有爱心	爱自然	亲近大自然
		保护大自然
	爱生命	珍爱自己
		有同情心
		尊重他人
		与人为善
		平等对待一切生命
	爱集体	爱家庭
		爱学校
		爱家乡
		爱祖国

续表

维度	一级指标	二级指标
负责任	个人责任	认真完成学业
		坚持锻炼身体
		增强自理能力
		知错能改
		有安全意识
	家庭责任	主动做家务
		勤俭节约
		关心和体贴家长
		分享与担当
	社会责任	承担班级和学校的工作
		信守承诺
		文明言行
		遵纪守法
		有自食其力和服务社会的意识
善思考	乐思	勤于观察
		保持好奇心
		主动发现问题
	会思	收集和整理信息
		有效记忆
		大胆想象
		提问和质疑
		独立判断
能合作	认同	认可共同目标
		相信和依靠同伴
	参与	遵守规则
		善于沟通
		分工协作
有毅力	确立目标	目标专一
		追求优秀
	持之以恒	有自制力
		不懈努力
		有勇气面对挫折

续表

维度	一级指标	二级指标
心态阳光	乐观向上	有自信心
		管理情绪
		态度积极
	有幸福感	悦纳和宽容
		懂得感恩
		能欣赏和感受美

云南师范大学附属小学校长办公室

2017 年 1 月 19 日

附录三　胡新懿教授指导附小课改实录（摘要）

在云南师大附小课程建设研究的过程中，我们有幸两次邀请到教育部基础教育课程改革专家胡新懿教授莅临学校进行指导。胡新懿教授曾先后担任清华附中校长和北京市海淀区教委副主任，在课改方面积累了丰富的实践经验和理论认识。退休之后，胡教授仍倾心于基础教育事业，尤其是在深入推进课程改革方面躬耕不辍。为了与读者朋友分享胡教授对学校课程建设的深邃思考和丰富指导经验，我们特意将胡教授的两次指导录音进行了整理、修订。在此，对胡教授致以衷心的感谢和由衷的敬意！

一、"'立德树人'在小学教育中的课程化"课题研究推进指导

指导时间：2015 年 5 月 3 日

指导地点：云南师范大学附小会议室

指导专家：胡新懿教授

指导主题："'立德树人'在小学教育中的课程化"课题研究的思路与重点。

课题组参与人：周群（云南师大附小校长）、赵占国（云南师大附小分管科

研副校长）及马晶等附小课题组核心成员。

主持暨记录整理指导：荼世俊（云南师范大学副教授、博士）

录音整理：某公司

文字修订：傅琳钧（云南师大附小教师）、周长龙（云南师大成人继续教育学院研究生）

记录导读：胡新懿教授介绍了《教育部关于全面深化课程改革落实立德树人根本任务的意见》、核心素养等前沿性的政策信息和教育理念，充分肯定云南师大附小以课程为主渠道落实立德树人根本任务的重要意义，并就学校课程建设思路和要点进行了指导。通过这次指导，云南师大附小课题组成员更加坚定了以"做人教育"理念统领下课程建设来落实立德树人根本任务的信心和决心，也更进一步明晰了课题研究和课程建设的整体思路和工作重点。

访谈实录：

周群：胡教授，您好！因为您经常到各地学校做调研考察，想必也很了解我们做研究的目的，是为了促进学校的教学质量，提升学校的办学水平。正是出于这一目的，我们申请了一个全国教育科学"十二五"规划课题，即探讨"'立德树人'在小学教育中的课程化研究"。虽然我们前期做的工作很多，但都是碎片化的。不过，我们已逐渐意识到，附小要具备可持续发展的核心竞争力，理念是灵魂，课程是关键。在这一研究中，我们力图将附小的"做人教育"理念、育人目标、课程建设融为一体，相互帮衬着一致向前。今天，恳请胡教授为我们把把脉，支支招，就我们如何将课程建设工作做得更好，给予一些指导和建议。

赵占国：胡教授，您好！我先汇报一下我们的初步思考。总体来说，我们学校提出的办学理念是"良习修美德 好好做个人"，简称"做人教育"理念。这个理念是有一定历史根源的，附小从西南联大的时候，就很注重学生行为习惯与做人品质的培养。这样的理念和行为代代相传，一直延续到周群校长任职。我们新一届班子上任以后，一直在思考德育主题问题，并于2006年提炼出了"良习修美德 好好做个人"的德育理念，到今天快10年。

在这10年中，我们的德育工作与其他方面工作都围绕着"好好做个人"的理念进行。但是，各个年级、各个校区、各个班都按照自己的想法在做，所以在工作过程中出现了一些问题。后来在茶博士的帮助下，我们将学校的办学理念重新进行了提炼梳理。经过全校上下的认真讨论，我们提炼出"三种人"与"六品质"，即培养孩子有爱心、负责任、善思考、能合作、有毅力，且心态阳光，通过这些做人品质培养，帮助附小学生今后成为受人尊敬和欢迎，对社会有贡献，并能自己感受到幸福和快乐的人。2013年，学校正式将这一思想称为"做人教育"，并将其上升为办学理念。

不过，由于这两年还是各班、各年龄段、各校区自己在做，因而不够深入，我们希望通过全国教育科学"十二五"规划课题的研究，把各种实践经验进行总结，以课程为主要渠道，形成一个纲领性的框架和指导意见。我们想分年段地将做人品质与学科教学结合。就现行小学教材来讲，很多内容是和我们提出的"六品质"密切相关。比如，语文课就有很多思考、合作等方面内容，只是平时我们处理的是一篇篇课文，但没有主动与做人品质相关联。我们想通过课题研究，把小学课程里凡是和"六品质"有关系的文本进行一个整合，再对学生进行有针对性的、系统的培养。这方面，我们想听听胡教授的指导。

茶世俊：关于课题，我补充几句。我们前面两三年都在思考"好好做个人"具有哪些品质？又花了一两年的时间讨论这些品质的落实。我想今天这个会，我们要围绕做人教育，重点关注做人品质培养怎么渗透和深入到课程中。胡教授是教育部课程改革专家指导组的组长，熟知教育部的政策要求，也了解各地实践情况，可以同时给我们方向上的指引和操作上的指导。下面，我们就有请胡教授做指导，掌声欢迎！

胡新懿：周群校长好！大家好！听了几位领导和茶博士的发言，我觉得自己对附小的了解是非常碎片化的，所以说指导真不敢当。但是我可以利用所掌握的信息，从教育部的角度，结合正在着手做的一些事，与大家共同讨论哪些工作要坚持和强化，哪些工作还应做微调。下面我想从一道语文试题讲起（播放PPT），看完之后，我想请大家谈谈怎么做这道题。

　　这道题是山西省某年语文高考题，但是它放入了数学的要素，是一道跨界的题，跨的是数学界和语文界。严格说，我们的改革就是要朝这个方向走，就是进行跨学科的课程整合。实际上，这里是考查一个人的表述和倾听素养。这道题分值为两分，可惜数万考生当中，答对的只有三个学生。这反映了我们国家对人的核心素养的关注，是国家强调的方向。你们提的做人品质符合这一方向。

　　现在很多国家和国际组织都强调人的核心素养。西方有一个报告里讲，在资本驱动的全球化社会，人才的培养规格已经从现代化操作工，发展为培养具有创新精神、实践能力和强烈社会责任感的学习者。社会主义中国更强调人的全面发展和个性发展。党的十八大提出一句话，我认为是极其重要的，就是把立德树人作为教育的根本任务。师大附小抓住"立德树人"来做这个课题太重要了，抓住了中央政策的兴奋点、关注点！

　　2014年4月24日，教育部印发了个文件①，是把十八大说的立德树人这件事给具体化了。这个文件我认为关键是国家提出抓两个大事：一是"五个统筹"，二是"十项改革"。核心素养是十项改革②的内容之一。

　　先说"五个统筹"③。你们可用这五个统筹来看自己的研究，有的是我们能做的，有的是我们做不了的，但有的我们可以做，也必须做。比如说第一个，学段统筹，我们就做不了。我们只能做我们小学阶段自己的事，对吧？但学科统筹就可以做，前面给大家出的题就是要大家注意把学生核心素养揉起来，进行跨学科培养，这就是一种学科统筹。建议课题组同志围绕着这个文件，除学段之外的四个统筹都要涉及。千万别只做第二件事，即不能只局限于学科统筹。如果你只做学科统筹的话，人家就会觉得你只注重学科学习，而忽视其他方面的统筹。

---

① 《教育部关于全面深化课程改革落实立德树人根本任务的意见》（教基二〔2014〕4号），2014年4月24日。
② 这十项改革是指：①研究制订学生发展核心素养体系和学业质量标准；②修订课程方案和课程标准；③编写、修订高校和中小学相关学科教材；④改进学科教学的育人功能；⑤加强考试招生和评价的育人导向；⑥强化教师育人能力培养；⑦完善各方参与的育人机制；⑧实施研究基地建设计划；⑨整合和利用优质教育教学资源；⑩加强课程实施管理。
③ 这五个统筹指：①统筹小学、初中、高中、本专科、研究生等学段；②统筹各学科，特别是德育、语文、历史、体育、艺术等学科；③统筹课标、教材、教学、评价、考试等环节；④统筹一线教师、管理干部、教研人员、专家学者、社会人士等力量；⑤统筹课堂、校园、社团、家庭、社会等阵地。

再说"十项改革"。第一就是研究制订学生发展核心素养。换句话说，我们国家现在还没制定出来，但可以说马上就出来了。在国家制订学生核心素养的背景下，我认为师大附小开展做人品质的提炼和培养是件很有意义的事。有些老师会担心国家还没提出来，我们就提，万一相抵触怎么办？可是等国家出台政策才研究，这样耽误事。我认为现在我们附小做这个事是对的，是应该做的。另外，即使国家以后才出台，我想我们已经走到前面了。附小要有创新精神，按国家要求做，没关系的。说到这，我想说说国际上的核心素养研究，给大家提供些信息，以便你们更好地提炼做人品质。

20世纪末，核心素养就被国际关注，最先考虑这一问题的是世界经济合作与发展组织（Organization for Economic Cooperation and Development，OECD）。OECD准确提出核心素养是在1997年，已经过去很多年了。他们拿出了一个我认为是比较完整、科学的体系，它的三个维度是人与自己、人与工具、人与社会对我们附小提升做人品质会有启发。

再看日本，有三个方面素养：基础能力、思维能力、实践能力，每一个能力里边又有三到四个方面，其中思维能力又是非常大的一个课题。还有新加坡，主张培养四个特点的人：自信的人，自主学习的人，热心的人，积极贡献的人。

中国政府已经决定采纳OECD的理念，OECD理念的三个维度，即人与自己、人与工具、人与社会。我们在做立德树人校本落实的时候，六类品质与这三个维度能不能与OECD的纬度挂钩？我们要进行研究、改造。比如，"人与自己"，这个维度的具体指标，一看与他人建立良好的关系；二是团体合作；三是管理与解决冲突。附小的学生这三个指标必须要考虑，在开展各式各样的课程当中，要把它设计进去。那么，这三个维度上的品质与课程的具体关系是什么？就是综合素质！开始我给大家看的考题，就是希望不要各个学科自己单打独斗。前不久芬兰爆出一个爆炸性的新闻，取消学科教学，搞问题教学。什么叫问题教学？就是把我们生活当中的问题拿出来，围绕问题进行学习。而这个问题有可能牵扯语文、数学、生物、历史等，根据问题综合运用知识。我想跟大家强调的是，OECD淡化学科，强调综合。师大附小在国家课程标准不降低要求的前提下，课程一定要强调综合性，而不要在自己的那个学科上再深挖洞了。

今天我想说的是怎么在课程中培养学生核心素养，就是强调通过学科统筹和整合，培养学生的核心素养。现在国家正在做这件大事，真的非常非常关键。教育部去年下半年做出制订学生发展核心素养体系的重大决策，这是对中国有益的一件大事。最近新闻媒体不时报道各种恶性事件，这与教育中缺乏核心素养培养有极大关系。因此，核心素养必须得培养了，再不培养就完了。所以我的想法是，我们的这个课题研究，建议放在核心素养这个大背景下去做。

周群：胡教授的指导很有高度，那么，我们附小学生的核心素养是什么？我们想到的是做人的原点，就是把个人与他人、个人与社会和个人与自身三种关系处理好就是做人的基本要求。在处理三种关系所需要的核心素养当中，哪些是最基础的？哪些是要通过小学六年给予的？我们提出的是有爱心、负责任、善思考、能合作、有毅力及心态阳光六类品质。我们现在的困惑，主要是怎么与课程建设有机融合。

胡新懿：附小的做法很好！附小的做人品质培养和课程建设符合国家要求，大家要有信心，争取探索出国家政策在西南边疆成功实施的案例经验来。结合你们的关心，我就如何以核心素养为中心开展学校课程建设谈点看法。

我先给大家介绍北师大附中"全人格教育课程体系"。北师大附中的"全人格教育"，是毛泽东的一个老朋友林砺儒定的。林砺儒先生是20世纪20年代的中共党员，是这个学校的其中一任校长。他在做校长的时候，是中共地下党员，在当时的社会环境下能提出"全人格教育理念"，是很不容易的。这一理念被北师大附中延续和继承下来，成为今天他们学校课程建设的指导观念。在这个理念下，北师大附中的课程结构先是一个三层组成的立体图；再看剖面图，说明的是北师大附中培养的人的素养。我举这个例子的意思是说，课程体系就是这个样子，但每个学校要做自己的设计。大家对比有什么具体问题呢？可以讨论。

教师1：刚才听胡教授讲座后，我的感受就是话语体系，一些用词建议要与国家和世界现在最前沿的一些词合拍。比如说"学生发展核心素养"这八个字，要在我们的课题中出现。

教师2：胡教授，国家课程是国家意志，在课程体系中如何体现？怎样进行校本实施呢？

教师3：德育工作有单独的课程，也要结合其他学科。请问如何在学科教学中渗透德育？

胡新懿：正好我今天带来了现任教育部长袁贵仁同志主编的一本书《中小学管理评价》。其中第二章学生管理一共四节，第一节就是阐述学生的品德教育这一块。里面讲得非常清楚，你读读，真的非常好。教学是教学，学习是学习，德育是德育？不是那么回事，而是渗透于学科教学中去。这要结合附小实际来实施，附小的根本目标是培养"三种人"。刚才我说北师大附中叫"全人格教育课程体系"。你们说的是有自己特色的"做人教育"，可是"做人"这两个字有可能好多学校都会提，那我们有什么特点？能不能在这里多加两三个字。比如说"做三种人"课程体系，既能够代表你校特色，又突出了"做人教育"的本质。我建议你们能够将课程体系围绕做人教育目标来设计，就是与刚才所说的那个北师大附中的一样，把你们要让课程结构对一个人起什么作用表达出来。你们的课程体系图，我觉得有些地方没说清楚，有的课程属性不一样的，摆放时不能随意。

还有，学校特色课程当中的综合实践、研究性学习和健康教育。严格说这三个也是有问题。国家课程中包括综合实践活动，综合实践活动是国家课程的必修课，咱们搁在学校课程里了，这就不太合适了。研究性学习是综合实践活动课方式之一，你又把它抽出来了，这也不合适了。北师大附中的课程强调"全人格发展"，据此来做课程分类，很清晰，值得参考。我还特别欣赏安徽一个小学的游戏课程，我估计就是综合性的。综合实践活动不是说这个是数学的，那个归语文的，而是要强调跨学科。这就跟刚才说的问题教学有关，围绕一个问题，运用多学科知识和方法来解决。我在想，学校除了那些不能动的国家学科课程，其他的课程能不能全都实施问题教学。

茶世俊：谢谢胡教授指导！我们对研究的思路清晰了许多。还有，前面我们课题组赵副校长提了两个问题，请胡教授给我们解答一下。

胡教授：第一个问题我觉得提得非常好，不同学段应该有不同的品质要求，我很赞同这一点。我建议把《中小学生守则》拿来看看，甚至把其他国家的也拿来看一看。你看美国的那十条，真的特别容易做到。我想能不能把品质要求列得具体点，可操作些。比如低学段的孩子可以做到六品质的哪一条，中学段的又做到哪些？如果有些拿不准怎样表述的话，其实也没关系，哪怕先空着都行。以后想到了，再给它写上。实在不行的话，不按每个年级写，可把小学分低、中、高三段，或者两段。

周群：实际上我们平时也是这样做的，但是我们现在在归纳和提炼时，就不太知道怎么能把这些工作更好地梳理和分类。听了胡教授的指导，启发非常大，觉得我们的研究任重道远。我们要从新的角度来重新梳理所做的办学理念提升和课程建设工作。我一直觉得我们有很好的基础，但现在是乱的，需要好好梳理。胡教授说我们的做人教育工作非常重要，这让我很受鼓舞，要是您不这么高瞻远瞩地点一下，我们还不知道意义究竟在哪里。真是一语点醒梦中人呀！胡教授讲到的建议，接下来我们得好好消化，胡教授指出我们提炼做人品质这一工作的超前性，只能说我们的题目是选对了，但接下来重要的是如何实践和探索，而不是挂在口头上的。胡教授，衷心感谢您！

茶世俊：我们今天花了近三个小时的时间来开这个课题研讨会，很值得。我最后用一句话来概括主题，就是如何通过课程来促进立德树人的校本落实，具体点可以说如何用学生核心素养来引领学校的课程体系建设，但这里最核心的是如何用做人品质的发展来引领附小课程体系建设。下面我说两个建议，供大家参考。一是对胡教授非常丰富而且最前沿的信息，要做好学习和消化的工作。可以将有关书籍、政策文件购买或查阅后，发放给相关工作人员，如《中小学管理评价》、立德树人加强课程建设的文件，中小学生守则等。二是参考胡教授指导，继续完善做人教育的理念内涵和课程框架。这非常重要，但也很难。

我觉得，我们都是真心做教育的。胡教授，高端引领，帮我们明确了目标方向，也给了我们信心。周群校长很低调，很谦和，很扎实，所以才从2011年开始研究坚持到今天。希望大家增强信心，继续努力把课程建设研究做好。谢谢胡教授！谢谢大家！

二、《基于"做人教育"理念的学校课程建设：云南师范大学附属小学的实践探索》书稿修改意见

指导时间：2018 年 1 月 4 日

指导地点：云南师大专家公寓会议室

指导专家：胡新懿教授

指导主题：《基于"做人教育"理念的学校课程建设：云南师范大学附属小学的实践探索》书稿写作思路与方法。

课题参与人：周群（云南师大附小校长）、戴丽慧（云南师大附小分管教学副校长）及马晶等附小课题组核心成员。

主持暨记录整理指导：茶世俊（云南师范大学副教授、博士）

录音整理：许嘉豪（云南师大附小教师）

文字修订：许嘉豪、傅琳钧（云南师大附小教师）、周长龙（云南师大成人继续教育学院研究生）

记录导读：胡教授主要对本书的定位、整体写作思路和课程建设的关键环节进行了指导。重点提出两点具体建议：一是以叙事的方式写附小校情分析，在其中带出学校的办学理念，以增强可读性；二是注意学校课程的科学分类，并将现有课程合理纳入课程结构，做到逻辑自洽。

指导实录：

周群：感谢胡教授对我们书稿写作的指导！我们出书的想法是探讨如何把云师大附小的"良习修美德好好做个人"的理念更好地落实，更好地落地，而且成为更多学校可以参考的依据。写这本书，不仅是希望对学校工作的一个促进，同时也是对我们所有课题组老师的一个肯定，但压力还是很大。从开始着手，到现在，开了无数次写作会议，所呈现的已是第十稿了，但心里还是没底，老是觉得到底是不是合适？因此胡教授能不能给我们一些指导？

您最近通过茶博士转告给我们的指导都非常好。其中，您提出的"西南联大"这个内容很单薄，要再加一些内容这个建议，我们就做了修改。现在来看，要把这本书出得面面俱到、很完美，那是不可能的。

我现在的想法就是最好能让它成为一本实用、实战性强的书。

胡新懿：刚才周群校长说的我很赞成。我觉得这本书不应该是一本理论性的书籍，应该是理论指导下的教育实践操作的书籍，这样可能就会对全国的学校有借鉴作用。为什么叫理论指导下呢？不是把我们所做的事简单地堆积，而是用理论来指导梳理，梳理之后要有理论提升。在理论的指引下，大家看了之后才会觉得有收获。

荼世俊：是的，一旦归纳得好，就是理论指导下的教育实践操作。我们书里面最主要有两个理论观点：第一，把学校的办学理念作为立德树人根本任务校本落实的思想纽带。因为中央要求很宽泛，针对各级各类学校，但如何落实到一个学校里边来？过去好多学校有一个问题没有解决，就是思想层面怎么来转换？怎么落地？思想没有落地的话，就没法指导育人。所以我们认为学校办学理念是一个中层理论，它把中央宏观要求与学校具体的传统、经验、看法、共识等结合起来，形成了学校所追求的价值观和理性认识，其中核心是育人目标。即具备"六品质"的"三种人"。因此，您说理论指导下的教育实践，这个理论可以具体指"做人教育"理念。第二，我们将课程看作立德树人根本任务校本落实的主渠道。附小开始时划分了学科、活动、环境三类课程。不过，后来做了调整，只留学科与活动课程。为了更好地分类，我们专门买了书，为学科课程和活动课程分类寻找理论依据。但是否合适，还在讨论。

周群：我们的课程就国家课程来说没问题，但地方课程比较薄弱，只有一个"民族团结"，而且从五六年级才开始。校本活动课程对附小来说是一个非常大的特色，我们除了各种系列校本活动之外，国家教育部规定的综合实践活动课也开设得比较好，在三年前就已经开展了。所以我们就想把课程分成两块，一块是学科课程，一块是活动课程。

胡新懿：我粗粗看了一下书稿目录，总体感觉还真的很不错。但对标题，我有两个想法：一是"云师附小"这四个字必须得有。"做人教育"是谁的"做人教育"？是云师附小的"做人教育"。二是，严格说不叫"课程化"，因为对"化"字大家是有很多界定的。其实就应该说是云师附小"做人教育"课程，而且应该是一个探究性质的研究。

荼世俊：或者是云师附小"做人教育"课程建设或探索。

胡新懿：对，这样就可以了，那个"化"字就不出现了。一般我们所说做人教育课程，实际上是指学校整体的一个课程，所以前面有个附小名称的话，指向就很明确。如果"做人教育"课程然后下面加副标题，读者都注意不到云师附小。

茶世俊：方便读者检索关键词。

胡新懿：对！再看看各章。总共是五章对吧？第一章是理念概述，第二章是课程建设，第三章是保障机制，第四章是成效，第五章是案例。从这个标题来看，逻辑是清晰的。但你这五章我就光粗粗地看，更吸引我的是第五章。你说怎么弄了半天就欣赏我们第五章？前四章为什么不欣赏？关键是增加可读性。现在咱们要求每个学校都要做课程建设，做课程建设的第一件事实际上就是学校的校情分析。校情分析是指你们这 70 多年来都积淀了什么，这主要是对学校发展历史沿革的回顾和总结。那么理论在哪里呢？理论就隐含在历史沿革的回顾中。历史回顾可以通过故事、图片、实例来写，这样可读性更强。理论是故事自然而然产生出来的。为什么我说必须要把西南联大的故事给拽上？假如说您这本书中把一张照片搁在这，再写上一千字的故事，多棒啊！读者读下来之后就觉得真是有血有肉有骨头啊！而且你讲的过程当中，可以往里面补充一些我们所说的理论，比如说讲西南联大故事时你把西南联大的教育理论给放进来，这是对学校历史发展 70 年故事的讲述和背后理论的挖掘。总的就一个意思，不要就理论来谈理论，因为你们不是写学术著作，只是写实践做法。用叙述方式写，用故事来佐证理论，可读性就不一样了，也更容易被同行接受。

茶世俊：其实这样写，过程性资料也就完善了。

胡新懿：对！校情故事写完之后，再结合中央政策要求等，确定你们的办学理念，即培养三种人、六品质。校情分析和理念梳理之后，重点是课程建设。说到课程建设，你们目前学科活动课程建设分类图真的很不错，但是跟现在教育部倡导的是有距离的。你们提到了这是参考张华的观点，张华教授是华东师大的，华东师大是海派，就上海海派。上海是教育部特批的一个教育改革特区，张华教授团队的任务是按照教育部的指示，全力帮扶上海。所以严格说，张华的那些话语体系是"上海"管理体系。但云南是不是要按照上海的那个管理体系去做？我的建议你们是云南，还得走中央版，所以我觉得有些图必须要改造。学校课程管理各地的学校都在做，但方向不一定正确。我认为真的还是要讲究科学，做顶层设计和课程规划尤其如此。你们书的重点是第二章。但现在很多学校在这儿是模糊的，混乱的。所以我希望你们在这个问题上应该起到一个正确的引领作用。课程规划这项工作，可以用三张图简要表述，首先要从培养目标的校本表达开始。请看第一张图（展示PPT），这是培养目标校本表达图，这是北京通州区一个学校的图，提了九个素养。你们提的是六个品质，每个学校和每个学校应该是不一样的。比如，云师大附小这么好的城区小学，与昆明郊区甚至农村的学校，校情不一样，培养目标上的侧重点也会有差异。但一定要注意培养目标要落在"人"上，而不是落在品质上。"三种人""六品质"的核心概念是人，而不是精神，不是品质。现在好多学校把核心词落在品质上，落在素养上，就是不出现那个"人"字，这是不对的。"人"前面加多少定语我都不管，但必须得把"人"字表现出来。比如，这所马桥学校写的就是"马桥教育培养自主发展的马桥人"。

戴丽慧：那我们可不可以这样理解，像我们学校提"良习修美德好好做个人"，就是要培养具备有爱心、善思考等六个核心品质，受人尊敬和欢迎，对社会有贡献而且能感受到幸福和快乐的附小人？

胡新懿：就是这个意思！不是培养"六品质""三种人"，而是具有"六品质""三种人"人格特征的附小人！接下来第二件事，也就是画第二张图，课程层级图。以北京这所学校为例，他们的课程分成三层，分别是基础、拓展、个性发展。请注意，基础课程的表达方式突出特点是有个括弧。这个括弧非常精彩，因为它注明是面对全体学生。换句话说，百分之百的学生都得学基础课程。你看中间的课程叫什么？兴趣拓展课程。它是面对什么呢？面对不同爱好的学习群体，允许有选择，就是一个群体一个群体选择他们所喜欢的课。你再看第三层：个性课程。它的括弧也非常好，写的什么？针对每一个学生特点。这样，基础课程是百分之百的学生学，中间拓展课程是百分之N的学生学，最上面是一对一的个性课程。"面""线""点"有机结合，既考虑到整体，又照顾到部分，还为每一个学生着想。所以我觉得这一结构设计特别好。蓝色、橙色、紫色等不同的色彩表示课程层级，就更显目。总体上，这一设计体现的是学校为学生服务的一种先进教育理念。其中，我觉得最为精彩的就是后面那三个括弧。至于里面填哪些课程，倒可以再考虑。

那么，上海用的什么分类呢？是基础型课程、拓展型课程、探究型课程。严格说，上海现在发现这一分类还是有瑕疵的。因为基础课的学习，也需要探究，就像我们的老师教学生一个数学公式，用探究的方式把它学会。相比来说，北京这所学校这三层看上去是很简单，但比较科学。当然问题是你们能不能确实为每一个学生做好个性化服务，为他们提供一对一的课程。学生学钢琴可以，但如果不是学校给他提供服务，而是社会提供的话，那这就不能算附小的课程。如果做不到，我个人的感觉是小学两层足够了，即基础和拓展课程。

周群：我们其实这也有三个层次的课程，但的确没这样讨论过。

胡新懿：你不管几层，关键在写书的时候要说明白，各类课程占你的整个课时量的10%还是5%，这要实事求是。再往下看，设计第三个图，这叫课程群结构图。这个表头看叫"课程群结构图"，是平面图但它是三维的。横着上面的第一排，是按功能分的，就是基础课程、拓展课程、个性课程。竖着是按照学习领域分的，共八个领域。目前小学一般课程就是11门，那可划分为几个领域？语文外语算一个，就是语言这个能力。数学是单列的，但现在好多地方把数学跟科学混合，是不对的。数学是基本功，所以不能和科学混合的。再一个就是科学。其次还有艺术、体育等等。现在把综合实践活动课列为一个领域，这是必需的。学校开了一大堆的课程，怎么对应地摆放进去？关于这所学校我极其欣赏的是这个表头，我觉得表头是科学的，但他往里填的内容是欠缺的。可能就会出现有的框里是一堆课程，有的可能就一两门。实际画图时要总图和分图相结合，不一定全写到一张总图里。比如，综合实践活动课总图里如写不全，就再做个分图。

周群：我们现在还是分两类课程，即学科课程和活动课程。这可看作是二维表。

胡新懿：那你们活动课程再分成几类？

马晶：分成综合实践活动课程和校本特色课程。综合实践活动方面，我们一到四年级是班级课程，五、六年级是社团活动课。校本特色课程有"社会情感学习"课程、班级文化建设、经典诵读、大课间、小博士、毕业季展示等这些课程。

胡新懿：听下来给我感觉，这样给校本特色课程分类是乱的。它有的是相互交叉相互融合，有的是相互分开。这如果没弄清，后面就乱了。学科课程和活动课程这么分，也有点欠妥。大家想想，学科课里就不活动了吗？比如语文课，我们真要是搞课改的话，语文课里面该不该一个学期有一次参观，比如说昆明博物馆参观的课。我们的课程建设是不是说学科课程就是在教室里头学，到外面蹦蹦跳跳就是不对的？绝对不是。比如说语文主题教学，你们的方法是领着学生到一二一大街进行实地考察，这种课请问能按照学科和活动完全划开吗？不好划的。所以我刚才给大家举例，分基础课程、拓展课程和个性课程，是不是比分学科、活动课程更科学一些？语文课是基础课程，但可以拓展出一二一大街的考察活动。基础课程严格说是国家的，基础课程里面90%都是国家课程，但是你别忘了主题教育是用了你自己的独特的教育资源，比如西南联大旧址。这种主题教育可看作是一种学科实践活动课。这是用活动方式上学科课程，所以学科与活动课程的分类我感觉是不合适的。

我刚才反复强调，学科课程可以有活动。如果说你2/3是在教室里头坐着不动，1/3是出去活动，它俩完全不相关，这是不对的。现在要的就是把坐在教室读书和出去活动给揉起来，那样效果就不一样了。这么一弄的话就该认真地去思考：是用教科书来教，而不是纯粹教教科书。教科书是教学内容的一个部分但不是全部。我现在看到好多小学生真的都很烦，烦在哪呢？他们拿到新书都特别兴奋，但一个礼拜不到的时间就全都翻遍了。但上了课之后，忽然发现老师怎么还那一个词儿、一课书地教，听着听着就没新鲜感了。但如果说我们的老师这个单元是3篇课文，学完后我又给你加进很多鲜活的东西，学生就永远是兴奋状态，如果再有些什么活动让他去做，那学习效果可真的就不一样了。所以我们考虑课程分类的思路必须打开。

当然，不是说是校本课程开设越多越好，而是要讲得出你开设的理论依据。比如说五年级学生成绩分化明显，有那么七八个孩子的数学特别差，该不该我们每周得给他们专门开一门拓展课。这拓展课就是要把这七八个孩子的数学拉到平均水平。这节课也应该算你学校的校本课程。因此，不是说一提校本课程就都是蹦蹦跳跳说说笑笑玩玩闹闹，不是这样的。

戴丽慧：校本课程有时候不是针对全班，也可以是有一些针对个体的，包括心理有问题的孩子。心理辅导也是校本课程。那我们以前分的这个学科课程应该改成基础课程，活动课程改成拓展课程吗？

胡新懿：对，就这意思。我要再补充说下课程规划。规划的意思是什么呢？规划不是说昨天和今天的事，而是应该说明天的事。明天的事里面，包括今天和昨天。因此，我们写第二章课程建设，应该是写未来的事。未来里 70% 是做过的，值得接着做的；30% 没做，但计划要新增。我们不能课程建设弄了半天，你说的都是昨天和今天的事，就不谈明天的事。这怎么行啊！当然，这或许对你们有点为难，为难在哪呢？就是你们现在写的都是过去的事。问题是现在不是做课程建设总结，而是要做课程规划，写明天的事儿。明天的事儿里百分之七八十是已经做了，但还有百分之二三十还没做，要计划做。

还有，班会严格说属于国家课程，还有经典诵读，你是往哪归呢？难道跟语文课没关系吗？所以课程分类必须要认认真真地研究一下。这个图你们给做出来了，我认为绝对是精彩的。但是要逻辑自洽，逻辑你得自己解释，而且得解释通了。接着我们再看：综合实践活动算活动课程。综合实践活动课程应该是国家的必修课程。那么综合实践活动里面又包括哪几部分？国家只规定是国家课程，你填进去的这个课，既是学校课程，又是国家课程，因为国家课程规定必须要有综合实践活动，但是上什么课他不告诉你，所以你就往里填。往里填的时候出现的问题得说好，做到逻辑自洽。所以我就说你们这几个图是粗糙的。我建议读袁贵仁那本书《中小学管理评价》，有些借鉴。说到这，我问一下，2017 年 12 月 12 号，教育方面有什么事？教育部颁发了什么？

周群：《义务教育学校管理标准》。

胡新懿：对！请问这个标准与 2014 年颁布的有什么不一样？2014 年那个文件是试行，现在"试行"两字给抹了，说明这是正式的了。

这个文件里面明确提出了学校必须构建课程体系。袁贵仁部长 2014 年那本书对这个问题也全都讲了。建议读袁部长书的 106 页，课程教学管理。里面讲了两件大事：一件是课程建设，另一件叫教学建设。我的感觉是你们的做法跟部长说的这个是不太一样的。你们没有按照部长的这个思路去做。我们在北京通州区指导时，校长们读完这本书之后，反应什么呢？说没想到部长谈这件事谈得这么清楚。当然严格说这本书又有点老了，它是 2014 年出来了，今年 2018 年了，但我的感觉是书的脉络是清楚的，还可用。

那么怎么去画课程群结构图呢？我还是主张你们用各式各样的彩色纸墙。国家课程、地方课程、学校课程以及基础、拓展、个性课程，一门课你就写一张卡片，然后贴墙上。国家课程写在红纸上，地方课程写在黄纸上，校本课程写在绿纸上，然后在墙上码出来。这么一码你就看出课程关系了，可能有的时候它会重叠。就像刚才你们所说的那个经典阅读课。你语文课肯定写一张红的卡片，对吧？放在那儿了。你又开了经典阅读的一门校本课程，请问你绿色这张纸往哪摆？跟那个红色关系是什么？假设这个内容是完整的，那你可能要切出 1/5 来填到那个红色卡片里去。就等于说你这张红色的卡片里面有了一个 1/5 绿色的，这是必须得考虑的。所以你这么一弄就很快梳理出课程关系来了。

这张各色纸组成的表你一开始就用计算机画是画不出来的。但是你手工就可以贴出来，再用相机拍下来。然后把照片里的图画到计算机上，并用文字进行叙述，这就比较容易说清楚。比如，你把经典阅读作为一个校本课程单拿出来的话，严格讲它是面对不同学生群的，但同时又属于语文教学基本工作。可见，这个梳理工作是值得做的。重庆南岸一个学校，他们就是这样做的。领导班子大家伙十来个人，把课分颜色贴墙上，贴完之后进行梳理。有时候大家会争论，争论后你就清楚课程怎么放了。

这样梳理后，有些课程内容就知道该往哪里放了。这本书很有必要写，但是课程结构这几张图，要争取出点成果来。

荼世俊：我们也讨论了好几次，花了一些时间和精力，但还是很难，很纠结。

胡新懿：我觉得真应该这么去做。在墙上粘贴固定下来了之后，拍一张大照片，然后再来画到电脑上。要有总图和分图，包括刚才你们所说的校本。假如说全校80门吧，经过分门别类之后，你们把这80门分成5类。比如国旗下讲话、升旗仪式，这都是你们学校的校本必修课呀，人人都得参加的。框架都给它搭起来，大括弧、中括弧、小括弧一层套一层不就清楚了吗？人家就感觉你附小的课程不乱了。

周群：是的，课程要这样经得住挑剔，做到逻辑自洽。

茶世俊：课程方面附小做了好多事情，现在就是要把做了的事情梳理清楚，用一个框架来分门别类地重新摆放现有课程。这样我们自己看起来更清晰，别人也好参考。

胡新懿：就这意思。其实就是前面用的三张图。此外还有两个表。什么意思呢？第一个表是小学一至六年级，你哪些课开了？12个学期，人家一看就知道你的这门课是在四年级上学期开的。这就叫作课程安排表。第二个表叫课时计划表。比如说根据三年级下学期孩子的心理特点，给学生开两课时的课。如果咱们下学期是20周，两课时除以20周，周课时是0.1。现在我们的课表给上级看的周课时都是1课时。课时因为涉及工作量，跟钱挂钩，有的老师就希望周课时是1课时，但是校长舍得吗？你可能不舍得。因为如果每周1课时，必须给20课时。但如果只是0.2课时，周课时就变薄了。这个学期如果就给你两课时，就出现了微型课。你把几门课时少的课程同时安排在一起，课表就有意思了。可能你这个班第1周星期四下午第一节课安排心理课，第2周到第12周，其他11个班。这个心理课老师的工作量就累积起来了。但现在全国出现什么情况呢？每周一般都是至少一节课。有的地方还稍微松一点，双周一节。可是我们设计这门课程本来1课时就完成，干嘛非要给它扩充到10课时，这不就是浪费吗？

戴丽慧：比如说像心理健康卫生课，开的是青春期教育，因此是为了帮助六年级的孩子度过青春期。我们现在是用周三一个下午的两课时，上大课。

胡新懿：这涉及校本课程怎么开的问题。现在好多学校开设校本课程的原则基本上是：老师有什么能耐开什么课，就是根据老师的本事来开课。这个老师会弹钢琴，就开钢琴课。那个老师会跳舞，就开舞蹈课。这种原则绝对是错的。正确的应该是根据学校培养目标，比如"六品质，三种人"来开设。先不说地方课程，我们就按两类课程开设，一类叫国家课程，一类叫校本课程。国家课程带国家意志，灌输多，尤其是小学生教育。但你开设的校本课程再灌输就不对了。按照互补的原则，你学校开设的所有课程都应该是动手。只要不动手，对不起，你这课不要开。说到这，请问我们刚才说的心理课，把全年级放在一块，给他们讲两节课，这就不合适了。怎么改呢？首先别是几个班上大课了，改为一个班一个班上。要把问题设计出来，创造一个情境，让学生讨论。比如与父母冲突了，以小组为单位讨论怎么解决。先用 10 分钟，每个组围绕这个问题，讨论怎么解决？能够怎么解决？之后再利用 10 分钟进行交流。交流完之后把印好的心理教材发给大家，看教材建议怎么解决。根据教材的理论，你们来看看孩子们的处理方法是对是错。这个课改变了过去老师教学生怎么去做的常规做法，改为他们讨论出自己的解决办法，老师再根据教材进行指导。

戴丽慧：如果校本课程不能上大课，那比如说像我们的安全教育课怎么办？实际它上是更大的课堂，学校一到六年级一块儿进行消防逃生、地震逃生、防爆防恐逃生。

胡新懿：安全这个课，严格说不应该算校本，应该算国家课程。安全教育给你几课时？假如 4 课时的话，刚才提到了有一些是属于必须灌输的。比如灌输两课时，还有两课时是要活动的，靠动起来他才能真正掌握，而不是光在这听，听完之后转过脸就忘了。或者一次集体讲座，一次集体活动，然后再两节班级活动。性质都是逃生，但可以一班练防恐，二班练防地震。孩子们会迁移这些技能，不必每班把防恐、地震都做一遍。附小如果这样做，我觉得肯定在全国是领先的。因为现在大家伙都是处于一种迷茫状态，不太清晰。

茶世俊：这个思路很好的，具体下来再商讨。

胡新懿：今天就说这些，不好意思说太多了，不一定对，供你们参考。我有些看法可能颠覆了以往你们的认识，别生气啊。

周群：胡教授，今天收获真的非常大，您帮我们这样一理就更清晰了。如果这样来思考的话，我们这本书可能才更有意义。真的，茶博士，我一直都在想我们不能光想顶天，还要立地。什么样的书更能立地？今天胡教授说的让我们很受启发。国家课程，其实这个概念不是我们过去想象的就只是语文、数学，而是党的教育方针和相关政策里规定的都应该是国家课程。

胡新懿：是的，凡是方针里面要求的。但到您这学校需要进行创造性的组合，这样才会更精彩。现在很多学校基本就是教教材，而你们要是跳出教材，就不一样了。我觉得你们附小这么优秀的学校应该跳也必须得跳。这一跳，是引领，是一种创造性的引领！

周群：其实我们很多都做了但没有把它理出来，没有弄清它。

胡新懿：是的，要科学地梳理。比如说一二·一运动纪念馆参观，你们肯定变成一个规定动作了，是吧？

周群：一年级入队的时候，就是在一二·一纪念馆这里进行的。

胡新懿：对呀，那干嘛不把它做成富有特色的少先队课，或综合实践活动课呢？要求全体一年级学生必须得上，这样其他学校就该受启发了。这就是附小不一样的地方。别个地方的学校根本没有条件考虑这个事，但我们就近水楼台先得月，充分利用了一二·一运动纪念馆这个红色文化资源了。

茶世俊：谢谢胡教授！这是我感觉最深入的一次讨论，自己也受到很大启发。之前联系胡教授时，胡老师特别强调，这次书稿写作和修改实际上是附小课程建设的顶层设计，一定争取前来指导。今天的指导验证了胡老师的判断。最后，让我们以热烈的掌声对胡教授的指导表示衷心的感谢！

后　记

　　在多元纷杂的教育系统中，小学教育以其对人之品质与技能养成的特殊重要性，凸显其在各级各类教育体系中的基础性地位。自改革开放以来，无论党和政府，还是学界乃至社会公众，都对小学教育予以高度关注。尤其是21世纪以来，我国进行了数轮规模宏大、影响深远的基础教育改革，其中对小学影响特别深远的是素质教育和课程改革。这些改革一方面较好地体现了国家发展基础教育的意志，为基础教育更好地贯彻党的教育方针指明了方向；另一方面，这些改革也有力回应了社会进步对新时期小学基础教育发展的诉求。在这一过程中，一些新的基础教育发展理念、课程设置观念得到了集中实践、深化。

　　为有效落实国家的基础教育改革要求，更好地通过教育科研、理论创新来指导现实的学校发展，云南师范大学附属小学得到了全国教育科学规划办领导小组的支持，获得了全国教育科学"十二五"规划课题"'立德树人'在小学教育中的课程化研究"的研究机会。由国立西南联合大学附属小学发展而来、身处西南边疆的云南师大附小，虽然是我国千千万万小学中普通的一所，但也顺应改革大潮，在落实国家基础教育改革要求的过程中做了自身的努力，特别是在立德树人根本任务的校本落实过程中，以"良习修美德 好好做个人"理念为思想纽带，以学校课程建设作为工作抓手，进行了育人工作的实践探索和理论思考。结合学校发展实际，课题组总结提炼出学校"培养具备有爱心、负责任、善思考、能合作、有毅力且心态阳光的学生，使他们将来成为受人尊敬和欢迎、对社会有贡献且自己能感受幸福和快乐的人"的育人目标，将其作为课程设置导向，进行了一系列课程改革研究和实践，重点是把国家、地方、校本三级课程按基础课程、拓展课程和个性课程三个层次课程做了新的优化和统筹，并取得了初步成效。

在研究过程中，我们的一些做法、经验，先后得到了教育部、云南省教育厅相关部门领导同志以及业内专家的支持和肯定，同时也得到了北京、上海、黑龙江、江苏等地的相关兄弟院校的关注和支持，在区域内引起了一定的社会效应和示范价值。可以说，前后7年多（2年校本课题、5年全国教育科学"十二五"规划课题）的课题研究，既促进了学校在办学理念和课程设置改革导向上的进一步明晰和精炼，同时也深化了学校领导班子、课题组成员和学校一线教师对新时期学校"做人教育"理念重要性和课程改革思路的认识。为将我们的这些初步成效和收获与广大同仁交流请益，经过课题研究专家的多次指导和鼓励，我们特将课题研究的系列成果整理为《基于"做人教育"理念的学校课程建设：云南师范大学附属小学的实践探索》一书加以出版。

当然，由于研究水平的限制，加之我们对国家基础教育课程改革精神的理解尚有差距，本书所呈现的内容定还存有不足，有待今后修正和改进。所谓"他山之石，可以攻玉"，之所以呈现这样一个并不太成熟的阶段性研究成果，一方面是寄望于引发更多专家、学者和领导对学校办学理念提升与基础教育课程改革相关问题的关注、思考，共同为基础教育改革的深化献智献力；另一方面是希望通过本书的出版，获得专家和同仁的指导和批评，以引导、激励附小管理者和一线教师进一步思考学校办学理念的课程落实问题，在研究与实践的互动中推进学校科学发展。

全书由课题主持人周群负责课题研究思路和书稿总体框架设计；荼世俊、姜元涛统筹协调研究过程、指导各章节修改、对部分核心内容进行改写并对全书内容逻辑一致性进行完善；张馨文、王丹、周长龙负责全书整合与统稿，刘胜兰负责学术规范和文字校订。各章节写作统筹和执笔人分别如下：

前言撰写：荼世俊。

第一章写作统筹：曾东凤、曾睿、颜丽、陈老定。执笔：第一节为金颖、姚丽娜；第二节为宋凡一。

第二章写作统筹：曾东凤、曾睿、颜丽、陈老定。执笔：第一节为王丹；第二节为姚丽娜、金颖；第三节为金颖、姚丽娜、宋凡一。

第三章写作统筹：戴丽慧、赵占国、李粉珍、王珺。执笔：第一节为马晶（文稿）、戴丽慧、王珺、苏鸿伟（课程体系图表设计）；第二节为米雪、刘锦霞；第三节为周栋梁、郭敏霞、邱西丽；第四节为李俊、何颖婷、刘雄娟。

第四章写作统筹：杨宏杰。案例整理：第一节为傅琳钧；第二节为杨宏杰、杨爱华、高红；第三节为杨宏杰、高红、杨爱华。案例作者见正文。

第五章写作统筹：孙祥、钱卫珉。执笔：第一节为余畅；第二节为刘玲、宋凡一；第三节为黎敏、余畅。

第六章写作统筹：彭晓红、丁雪艳。执笔：第一节为夏乐然、胡秋艳；第二节为胡秋艳、夏乐然。

附录中胡新懿教授指导实录的整理和校订由傅琳钧、许嘉豪、周长龙完成。

最后，需要特别指出的是，本课题研究得到了全国教育科学规划办公室和云南省教育科学规划办公室的悉心关注与指导，从研究立项、实施到书稿酝酿、付梓，先后得到了教育部基础教育课改专家胡新懿教授、北京师范大学苏君阳教授、云南师范大学伊继东教授、云南省教科院李慧勤教授，以及相关学科教育与课程研究专家马力教授、明庆忠教授、李劲松教授、王艳玲教授、陈静副研究员等专家的关心和指导。特别是胡新懿教授两次前来学校指导，对办学理念提炼与写作、课程体系设计、案例写作等做了具体指导并应邀写序，陈静副研究员对课程体系构建、课程案例写作等做了深入指导；云南师范大学西南联大博物馆馆长李红英、国家教育行政学院云南培训基地办公室副主任铁发宪对本书西南联大及附校有关内容进行审定并提供相关资料和图片；科学出版社教育与心理分社朱丽娜、刘曹芃和崔文燕编辑为本书的出版付出了诸多辛劳。课题组谨向各有关方面表示衷心的感谢，也真诚期待着学术同行和学校领导的探讨与交流。

由于时间仓促，水平有限，书中难免会有疏漏，文责由作者自负。恳请专家、读者批评指正。

云南师范大学附属小学校长　周群
2018 年 7 月